社区营造工作指南

SHEQU YINGZAO GONGZUO ZHINAN

王 健 主编

中国社会出版社
国家一级出版社·全国百佳图书出版单位

前言

如何玩转社区营造？这本书想要呈现给不同的主体——基层政府、社会组织、基层群众性自治组织以及社区居民——如何以共同参与营造的理念在社区“搞事情”。这是一本实践手册，尝试回答社区营造是什么，为什么，怎么搞。

社区营造行动就是要在社区不断“搞事情”，为什么要“搞事情”，要搞些什么事情，用什么理念“搞事情”，往什么方向“搞事情”，事情应该怎么搞……都是本书想要回答的问题。我们希望，对这些问题的回应和讨论能够有助于社区工作者厘清思路、助力行动；有助于社区行动者去认识和协调更多的营造资源；有助于社区去发展多元化的新社群，形成社区内生的有机主体，让社区居民从冷漠疏离走向熟悉信任，让社区组织从一盘散沙走向自治德治法治相结合，让社区成为有情感联系、有爱与关怀的温暖家园，居住在此的人们成为守望相助、出入相友、急难相扶的社会生活共同体。

全书由八个部分组成，分别是总论、运营篇、执行篇、工具篇、路径篇、创新篇、政策篇、他山之石。总论介绍了成都推动社区营造的现实需求、背景、要求、原则、任务和目标。运营篇介绍了在一个城市整体推动社区营造的步骤与做法。执行篇直观展现社区营造行动从何处着手，如何发展，遇到问题怎么处置，怎么把居民动员起来，动员效果如何评价，等等；用案例加点评的方式，通过对社区营造的流程描述，展现成都市社区营造项目的实施过程。案例有正面的也有反面的。这些反面的案例就是成都市社区营造曾经入过的“坑”，对读者应该更有价值。工具篇主要着眼于社区营造项目所需要的能力和技术，包括调查方法、会议方法、能力建设、志愿者的募集与管理、在行动中不断总结和反思的行动研究。路径篇介绍撬动社区营造的支点，以及从支点切入展开社区总体营造的路径。理论上社区营造的支点可以成百上千，包括但不限于村规民约（院落公约）、公共空间、社区福利、社群支持、社区资本、社区文教……本书不可能穷尽，这里只提供一些成功的案例，希望能激发出读者对社区营造行动的更多想象。创新篇介绍了当前和今后对社区发展极具影响力的几种社会创新——社区共享经济、社区基金会、社会企业和社区规划。政策篇汇集了成都市推动社区治理、社区营造相关的政策文件。这些政策汇编虽然都只是成都的，但对其他地方有一定借鉴意义。他山之石提供了一些成都以外的经典社区营造案例，以开阔眼界，希望朋友们从中找到有“通感”的理念与方法，用于自己社区的营造实践。

本书是集体智慧的结晶，参与撰写的是成都市社区营造的实践者们：政策的创制者、推动者，学界的研究者，社会组织和社区的一线行动者。本书用社区营造的理念付诸创作，从全书的框架到每一个篇章的内容，都经过参与者多次讨论，达成共识再集体行动、分头完成，“组装”后呈现在大家面前。我们希望：本书的成功不在于有多少人看到它，而是有多少人看后会用于自己的实践、会与朋友分享书中的故事，有多少人从中得到启发开始实施社区营造行动。

“人类的一切进步都是人类的灵魂的链接方式的进步。”社区营造正在城乡社区创造更多更好的社群联结，恢复社会信任，培育社会资本，启动社区规则，重塑社会风气，提振社区经济，催升社区温度，营造社会善治的土壤。

我们相信，一个更美好的社会，将在我们每个人的共同努力中到来。希望更多的同行者加入社区营造这个充满魅力的新领域，找回社区的公共精神，共同推动城乡社区可持续发展。

目 录

第一章　总　论

一、社区营造及其现实需要

“营造”一词，古已有之，意指建造、构造、编造，语出《晋书·五行志上》:“清扫所灾之处，不敢于此有所营造。”北宋崇宁二年（1103 年），李诫著有《营造法式》一书，由李诫在两浙工匠喻皓《木经》的基础上编成。朱启钤、梁思成等人 1930 年 2 月在北平正式创立中国营造学社（Society for the Study of Chinese Architecture），从事古代建筑实例的调查、研究和测绘，以及文献资料搜集、整理和研究，编辑出版了《中国营造学社汇刊》，为中国古代建筑史研究作出了重大贡献。梁思成、林徽因夫妇著有《〈营造法式〉注释》《中国建筑史》等。

“社区营造”是从传统建筑领域借用到社会治理领域的一个词语，好比“建设”不仅仅指工程设施，同时指社会领域的建设。社区“营造”不仅仅指在社区进行物质建造，改善生活服务设施，“通假”到社会领域，是指推动社区内部互助公共事务、发掘所在地历史、营造公共空间、改造生态环境、提振社区经济、建构社会规则，在冷漠疏离的邻里关系中恢复和重建社区感，重塑社会风气，重构社区社会资本，增进人与人的信任和联结，增进人与环境的社会联系。基于这样的信任与联系，当面对公共议题的时候，社区的居民能够自发组织起来，利用当地的资源推动解决问题的集体行动，联合起来提供社区的准公共产品，提升社区的福利水平，进而提升社区的和谐宜居生活品质。这一过程，就是社区营造。

社区在“国”与“家”之间，是国家与社会的交互界面。

政府将社区视作“打通服务群众的‘最后一公里’”，群众也习惯性地把社区当作“政府”，遇到问题就向社区提出要求，盼望社区给予解决。然而，社区并不是“政府”，居民的需求除了政府应该提供的基本公共服务以外，更多的家庭所需服务是通过市场机制由市场满足的。目前，政府加市场仍然不能满足居民和家庭的所有需求，许多个性化、多样化的需求，会遭遇“政府失灵”和“市场失灵”。这种情况下，往往需要居民之间通过社会化联结形成自助互助体系，通过协商达成具有共识的契约和规则（村规民约、社区公约、某一项公共事务的管理规约），依靠社区的力量来满足居民的需求。比如闹得沸沸扬扬的“红黄蓝幼儿园虐童事件”[①]，许多人认为这个问题无解，理由是无论政府怎么样加强监管，监控都会有盲点，无论幼儿园收费多高，高收费也并不意味着孩子在幼儿园就保险。这样一个貌似无解的难题，如果家长群体自己组织起来，全园上千家长，每天由几个家长组成志愿者团体，轮流到幼儿园做义工，同时做服务评估，这个问题立马迎刃而解。还有当前许多城市的居住小区，物业服务机构与业主以及业委会之间频繁尖锐的矛盾纠纷，已经成为困扰城市治理的一大顽疾。按道理说，这是一个市场行为，业委会按照全体业主的决议受业主委托与物业服务机构签订服务合同，业主交费是一个契约精神下的众筹行为，物业服务费是业主众筹的费用，物业服务机构收取物业服务费提供合同约定的服务。但是，如果业主都不承担社会责任，不选举业委会，或选出来的业委会不履职，物业服务机构的服务则无人监管，服务质量差、侵占公共收益等情况必然成

① 红黄蓝幼儿园虐童事件：2017 年 11 月 22 日晚开始，有十余名幼儿家长反映北京市朝阳区管庄红黄蓝幼儿园（新天地分园）国际小二班的幼儿遭遇老师扎针、喂不明药片，并提供孩子身上多个针眼的照片。此事引发全国舆论大哗，2018 年 5 月检察机关向法院提起公诉。

为大概率事件。这样的问题靠市场机制很难解决。那么需要什么样的机制来解决？小区公共事务的管理是谁的责任？业主自己都不关心自己小区的利益，不组织起来为能够获得好的公共产品负责，还能有谁有权利有能力来负起这个责任？

针对一个一个的社区、小区、楼栋、院落的各类公共议题，通过各种方法把这些议题的利益相关方找出来，鼓励他们一起来出主意、想办法、开脑洞，理性沟通、协商讨论，形成各方能够接受的最大公约数的意见，进而形成一个个的管理规约，推举出一个个管理这些公共事务的自组织，按照达成共识的规约实施常态管理，也就是社区成员自己组织起来，进行自主治理，互相监督，从而能够在所有人都面对“搭便车”、规避责任或其他机会主义行为诱惑的情况下，取得持久的共同收益。这个过程，就是社区营造。

社区事务纷繁复杂，很多议题并没有现成的解决方案，也没有一个最佳解决方案，只有最适合这个社区、利益相关各方能够接受的方案，因此自主治理是唯一可能产生比较好的治理效果的方法。只有通过当地人的相互沟通、相互协商，才能产生比较符合实际情况的操作规则。居民组织起来依据取得共识的操作规则来自行管理社区公共事务，即便是委托专业组织服务也要自己负起选择和监督的责任而不是当甩手掌柜，这才是“打通服务群众‘最后一公里’”的正确打开方式。

然而，当下的社区，居民大多数还习惯于“搭便车”、习惯于遇事就找政府，缺乏合作和公共精神。社区营造，就是通过找到一件件大家共同关心的事关公共利益的小事，推动大家一起来行动。人人都是志愿者，在行动中提升自治能力、增进自治意识、形成自治习惯，最终形成具有公共素养、公共精神的公民，奠定人与人、人与环境和谐相处的社会基础。

二、社区营造的原则

每一个社区都是独一无二的，其人员构成、资源禀赋、历史人文、区位环境、居民需求都不尽相同，因此每一个社区的营造方案、路径和办法也不相同，社区营造的成功案例只能被借鉴，不可被复制。但是，社区营造仍然有一定的规律可循。开展社区营造行动要遵循一系列的原则。区分一个行动是否是社区营造行动不看它是否列入市、区县、街道的社区营造示范项目，而是依照以下这些原则来衡量，在社区遵循这些原则展开的所有行动都是社区营造行动。社区营造的主要原则有七个，分别是居民主体、协商民主、自下而上、共同参与、权责一致、过程导向和可持续原则。

（一）居民主体原则

我国宪法第一百一十一条规定：城市和农村按居民居住地区设立的居民委员会或者村民委员会是基层群众性自治组织，居民委员会、村民委员会设人民调解、治安保卫、公共卫生等委员会，办理本居住地区的公共事务和公益事业，调解民间纠纷，协助维护社会治安，并且向人民政府反映群众的意见、要求和提出建议。居民是社区的主人。居民不仅是公共产品的消费者，更是社区公共事务能动的建设者、问题的提出者、组织化的参与者、公共产品的提供者。居民是有能力的，居民的社会资本能够为社区所用，汇聚起来，就是能够解决社区问题的丰富资源，而组织化的居民才有力量推动社区的发展，这个力量就是社区的力量。居民主体是社区营造的首要原则。

（二）协商民主原则

协商民主是在尊重各方利益差异的基础上，通过平等、理性的沟通协商，达成共识、推动问题的解决。社区是去中心化的场域，在社区只能经由不同利益主体间的平等协商达成共识来推动问题解决，不能通过一个绝对权威来命令居民服从，居民也不可能简单服从。协商民主的逻辑要贯穿社区发展的全过程，既要尊重多数人的意见，更要让少数人的声音被听见，使居民在协商中提升民主议事的意识和能力，提升制定规则的能力，培养契约精神和公共精神。通过各种不同的利益主体相互讨论协商，居民了解问题的来龙去脉，了解大家的意见以及各方作出了什么样的妥协，形成了什么规则，即便经过协商最终形成的解决方案不能让所有人百分百满意，大家也能因为了解而理性，不会因信息不对称的误会激化矛盾。简单地采取少数服从多数形式进行民主决策，少数人的利益就有可能得不到兼顾，票决民主的不足需要通过协商民主来弥补。协商民主是社区营造的核心原则。

（三）自下而上原则

社区营造行动需要居民自下而上的推动，集体行动的动力要来自内因而非外力。供给侧改革的目的就是要解决政府提供的服务和产品与居民真实需求不匹配的矛盾。往往政府辛辛苦苦干了很多以为对居民有利的实事而居民却并不买账，因此最有效的办法是做居民们想做而且他们能做，能够“参与”的事，而不是做自上而下要求居民“参加”的事。居民参与社区公共事务应当形成事由民议、策由民定、财由民理、责由民担、效果民评的长效机制，在自下而上开展社区营造行动的过程中塑造居民的责任意识和志愿精神。自下而上是社区营造的通用原则。

（四）共同参与原则

社区是社会生活共同体聚居地，社区范围内的所有居民、组织都是社区成员，都有参与社区事务的权利、责任和义务。所谓共同参与，并不是一个社区所有的居民共同关心一个问题，而是有一群人关心一个他们共同希望解决的问题，另外一群人、两群人关心其他的问题，对这些问题一群人一起来出主意想办法，或众筹，或互助，或共同决定信托代理管理人，将一个个困扰大家日常生活的问题通过自组织的集体行动进行化解，通过达成共识的一个个规则进行自主管理，共同营造舒心美好的温暖家园。每个人对社区的日常有不同的体会和认知。有的家庭是空巢独居老人，居家养老就是这样的家庭迫切需要的，如助餐、助医、助行、助浴，等等；有的家庭有婴幼儿，早教和亲子关系就是他们的需求；有的小区老旧、环境脏乱、人员进出无序，那么安全与秩序就是这样的小区居民首要关心的问题。共同参与是社区营造的共治原则。

（五）权责一致原则

谁主张谁受益，谁受益谁负责，权责一致是社区营造的行动逻辑。“天下没有免费的午餐”，如果免费那一定是有人埋单。即便福利国家也不可能由政府满足所有居民的全方位需求。政府有依法承担基本公共服务的职责，满足需要政府托底的特殊群体基本的有尊严的需求。此外，各种个性化差异化的需求应当按照权责一致原则区分政府、市场组织、社会组织、基层群众性自治组织、居民自组织以及居民之间的权利责任义务边界，引导居民主动承担营造美好生活的社区责任，建立自组织整合资源自主解决社区公共生活议题。权责一致是社区营造的基础原则。

（六）过程导向原则

一个行动的价值评价并不由随之而来的结果决定，而是由完成这一行动的意图和过程决定。居民对社区公共议题进行有序协商达成妥协和共识，进而形成有效集体行动的过程，既是完成某一项社区营造行动的过程，更是对居民的公共意识公共精神进行培育的过程。推动自组织自治理的集体行动不是一蹴而就的，居民意识的转变是渐进的，有反复、有曲折、有停滞、有冲突、有妥协、有合作，达成共识的过程要经过若干次的协商、博弈，规则制定后也可能会有人破坏规则。这一切过程都是宝贵的公众教育过程，居民在学校教育中缺失的公民教育需要在社区补课，因此社区营造行动的过程价值高于行动效率及结果，更多时候需要牺牲效率，经过一个又一个持续不断的营造行动完成一个又一个公众教育任务，在行动中实现社区营造的终极目标——社区公众教育。社区营造项目完成的成果——社区花园的呈现、准公共服务产品的提供、节日庆典的举办、社区文化的形塑……都是社区营造行动过程的衍生品，而不是这个行动本身追求的目标。过程导向是社区营造的价值原则。

（七）可持续原则

社区营造的核心任务是本地人整合本地资源服务本地需求推动本地发展。由于提供服务的自组织成员是本地居民，他们是不会离开的“志愿者”，社区营造集体行动的动力来源于社区居民的真实需求。行动者能够将需要解决的问题作为创造价值的机会，通过解决问题获得居民用出钱出力出心出席表达的价值认同，从而获得可持续发展的资源，如此循环往复自然实现社区营造可持续发展。可持续是社区营造的关键原则。

三、成都市推动社区营造的背景及要求

2007 年，成都市经国务院批准进行统筹城乡综合配套改革试验，深入实施农村产权制度改革、新型村级治理机制改革、

村级公共服务和社会管理改革、土地综合整治等一系列改革。其中新型村级治理机制改革以建立村民议事会制度为突破口，还权于民，做实了民主决策，将推进改革涉及的村级利益分配权利还给村民，对需要决定的公共事务交由村民决定，保障了统筹城乡综合配套改革的顺利推进。

为了确保社区自治权，以及社区成员、居民对社区公共事务知情、参与、决策和监督权利的实现，成都市从2012年开始为每个社区（村）配置不低于20万元（逐年递增，现在已经达到40万元以上）的专项资金赋能社区（村）。2018年5月，成都正式设立"城乡社区发展治理专项保障金"，由市、区两级财政在年度预算中安排给城乡社区（城市社区、涉农社区和建制村）民主使用的专项资金，用于社区公共服务和社区发展治理。成都市为此出台《创新城乡社区发展治理经费保障激励机制的意见》及其配套文件，确保社区有钱办事，确保资金的"社区"属性。设立社区发展治理保障金（以下简称保障金）的目的有三个：（一）保障金是实行参与式预算的社区基金，由社区居民（自组织）提出需求，社区议事会确定资金投向，专项资金评估委员会进行项目评审决定实施方案，社会组织以及居民自组织作为实施主体提供社区服务，事由民议、策由民定、实施自主、效果民评，居民全过程参与；（二）能达到社区服务供给侧改革的目的，将公共服务的选择及提供权利还给社区，不简单地自上而下直接由政府提供，解决了供求不匹配、居民不买账的问题；（三）通过保障金的使用，还居民的知情权、参与权、决策权和监督权，保障社区的自治权，同时赋予社区自身发展的能源和能力，形成了民主保障民生、民生促进民主的成都特有的基层治理生态。

为了解决老旧院落环境脏乱差、无物业服务的问题，2012年成都市民政局开始推动老旧院落的院落自治。老旧院落自治从“三有一公开”（有院落自治小组、有院落自治公约、有院落自治活动、院落事务及财务全公开），发展到“五有一公开”，增加的“两有”分别是有院落党组织以及有院落公共空间。院落自治可以看作成都市以院落公共事务为支点的社区营造，简单的一个制度设计，坚持了社区营造的所有原则：

居民主体——院落自治小组是院落居民骨干组成的自组织。

协商民主——院落自治公约由全体居民参与协商共同制定。

自下而上——院落的环境卫生安全秩序是院落居民的真实需求，是居民有动力去推动改善的公共事务。

共同参与——老旧院落的居民要经过若干次的协商、若干次的博弈才能确定院落的管理方式，是自治管理互助轮值，还是聘请门卫保洁满足基本安全和卫生需求，还是委托一般物业服务机构提供专业服务，服务方式不同直接与每家每户要缴纳的物业服务费用挂钩，院落自治需要全体院落居民的参与才可能实现。

过程导向——全体住户通过协商共同决定并实施院落治理的过程，就是居民的社区责任唤醒的过程，召开协商会议推选院落自治组织成员、讨论院落自治公约、停车办法、物管费缴纳办法、院落公共空间的管理办法，每一次会议都是居民教育的课堂，民主训练的机会。居民在意识上认可院落的管理是自己的责任，才会在后续的自治管理中主动参与、主动配合。如果政府简单粗暴地进行干预，即便老旧院落实现了短期的干净整洁，也难以持续。

权责一致——准公共产品不是免费的，院落公共事务需要全体住户承担责任，缴纳与服务水平相当、经协商达成一致的物业服务费用，同时主动遵守院落公约维护院落秩序。

可持续——居民组织起来自发提供准物业服务产品，并且实现产品的可持续提供，完全符合发现的问题就是创造价值的机会这一逻辑，能够实现院落可持续的自治理自发展。院落自治实现了全市所有老旧院落准物业服务全覆盖。

“还权赋能”是成都市基层治理的一贯理念，在这个理念指导下开展的新型村级治理机制改革、村级公共服务社会管理改革、城市社区的老旧院落自治工程，都指向一个方向：政府的行政权力由直接干预社区事务转向政府提供资源和支持，政府归位于供给基本公共服务、创造治理环境、提供政策支持，将自我管理的权利还给居民，发展以居民为中心的参与式的社区治理。

经过将近10年参与式社区治理实践，成都的乡村和社区，居民逐步形成了一定的协商民主意识和自我管理的习惯。在此基础上，2016年成都市民政局发文推动城乡社区可持续总体营造行动，对社区营造的原则、方法、路径作了可操作的指引。市民政局每年投入1200万元资金开展社区营造公益创投示范项目，区（市）县、街道（乡镇）、社区（村）也各有配套，两年共投入9600万元支持了几百个由支持型社会组织陪伴、社区两委配合、居民组织化开展的社区营造示范项目。其后，在总结前两年实践经验和教训的基础上，2018年再次发文在全市全面开展城乡社区可持续总体营造行动，并将此项任务纳入了市委市政府社区发展治理五大行动，规划到2020年在90%以上的城乡社区和村庄开展可持续总体营造行动。发文件不仅是理念的宣导，更为重要的是形成了一套深入人心、逻辑清晰、有操作性的话语体系，便于全市政府序列以及社区、社会组织的行动者对社区营造行动由谁来推动、谁是主体、各方怎样配合、项目如何开展、资金如何保障等方面形成更清晰的认知，明确了每年15个亿的财政投入全部用于推动城乡社区发展治理的五大行动，为社区营造提供了良好的社会环境氛围。

四、社区营造的任务

城乡社区可持续总体营造行动是实现政府治理和社会调节、居民自治良性互动的有效路径。社区营造最终是要使社区居民自己行动起来，主动关心社区公共事务，达成居民共同认可的社区愿景，能够发掘和培育本地资源解决社区问题，实现社区可持续发展。

不同的社区开展营造的方法和路径往往因人因时因地因势不同而千变万化、没有穷尽，然而撇开种种各异的表象总有一定规律可循，一定路径可依。社区营造“造”什么其实并不重要，重要的是营造的过程，在这个行动的过程中“造”出对社区的认同感，“造”出公共精神，“造”出社区的文化与价值共识。

第一步，发掘培育社区积极行动者。通过开展各种居民乐于参与的社区活动，将居民“诱”出家门，增加他们面对面沟通、交流、互动、联系的机会，引导居民关心社区公共事务，激发参与意识。在社区活动、集体行动中发掘有志愿精神的积极行动者，给予资金、资源、组织、培训等多方面支持，将其发展成为居民骨干，也就是社区积极行动者。简单说，就是把在社区发现的“好人”，培养成“能人”，引导成“社群领头人”。

第二步，引导积极行动者组建居民自组织。对社区积极行动者进行知识、态度、能力全方位赋能，在提高其组织、沟通、协商、协调能力的同时，加强居民骨干对项目管理、筹集资金、处理矛盾和建立规则等实务技能的培养，使其有能力带领居民一起做他们想做而且能做的事，逐步将社区活动项目化、项目组织化、组织在地化，形成一个个互助合作的居民自组织，如老年协会、儿童团、健身营、绿植组、厨艺队、合作社、公益市集等，改变居民在社区“一盘散沙”的格局，形成多样化、多元化的社群组织。

第三步，以建构公共性为目的转化自组织。营造多样性是社区营造的初始任务。然而多样性不必然导向公共性，因此需要引导以社交凝聚为目的的文体娱乐自组织向院落自治、社区安全、邻里互助、环境卫生、互助养老、幼儿照顾、垃圾分类、社区融合、“三留守”关爱等能够提供社区准公共产品的公益自组织转化，也就是提升居民集体行动的公共性，提高居民管理社区公共事务、解决社区矛盾问题的水平。

第四步，开展社区公共意识公共精神教育。在社区营造行动中开展法治、规则、权利、责任、民主、参与、合作、协商、公私界限、尊重多元价值、利他志愿精神等公共意识教育，在集体行动中培养具有公共精神的社区居民，不断提升其参与社区公共事务、解决社区公共议题的意识和能力，当行动带来的改变被更多的居民看见，就能不断影响更多居民成为具有社会主义核心价值观的社区志愿者，为了他人的利益愿意参与更多的社区活动，进而不计得失，为邻里提供更多互助志愿服务。

第五步，寻找支点撬动社区营造。通过关键支点切入，带动居民意识转变和行动能力提升，解决一个至多个社区公共议题，撬动整个社区开展可持续总体营造行动，实现当地居民达成共识的社区愿景。关键支点类别导向参照如下：

1. 满足居民服务需求。专业社会组织从为空巢老人、留守儿童、困境残疾人、失业人群等特殊群体提供专业服务切入，通过开展团体活动、技能培训、社区教育，发掘服务对象中有意愿为邻里进行志愿服务的居民，进而协助服务对象在骨干志愿者的带领下组织起来，开展以志愿精神为行动逻辑的自助互助的自我服务。

2. 管理社区公共事务。从村组道路建设管理、沟渠清掏、小区公共环境卫生、秩序维护等社区公共事务切入，动员居民通过协商甄选迫切需要解决的公共议题，集体商议制定公共事务管理制度、管理规约，建立院落自治委员会、小区自管小组、沟渠维护小组、水库管理小组、安全巡逻志愿队等自我管理的自治小组，形成社区公共事务自我管理长效机制。

3. 建构社区公共空间。从社区公共空间的规划、设计、建设、营运切入，通过社区居民参与、社区规划师协作，建设长者空间、连心驿站、社区书馆、风雨长廊、休闲广场、露天凉亭、社区花园、可食地景等室内外公共空间，组建空间使用、维护的志愿者团队，建立公共空间共享维护机制，为居民创造有利于交往、互动、协商、互助、学习、活动的空间场景。

4. 营造社区生态环境。从美化改善居住环境切入，通过动员居民共同参与营造绿色生态、环境优美的院落、小区、社区、街道，普及自然教育、垃圾分类、资源循环利用等绿色生态环保理念，撬动居民组织化参与社区环境治理。

5. 发展社区产业。从产业发展切入，挖掘当地优势资源，发掘社区骨干，通过建立合作社、兴办社区社会企业、改建民房兴办特色民宿、发展乡村体验旅游、推动城乡社区互助等方式，吸引更多群众参与乡村振兴大业。

6. 形塑社区文化。从群众喜闻乐见的民俗节庆活动、非物质文化遗产保护、天府文化传承、社区历史发掘等方面切入，通过活化社区历史文化、促进邻里交往互动、催生社区网络联结增进信任、促进互助，创造社区集体记忆，营造社区共同意识，形塑社区公益文化。

城乡社区可持续总体营造支点多元开放，资源、需求、开展兴趣活动以及发展产业、管理公共事务等都可以作为切入点。通过支点撬动社区可持续总体营造行动，其核心目的在于以持续的造“物”造“事”的集体行动实现造“人”，培育居民的公共精神和社区意识。

第六步，搭建平台深化社区协商。搭建多方参与协商的议事平台，推动社区各利益相关方遵照众事众议共决的原则，求得社区公共利益的最大共识，并形成有效的集体行动解决社区公共议题。广泛吸收各类社会组织、业主委员会、物业公司、驻社区单位、农村集体经济组织、农民合作组织及成员、流动人口等参与协商，通过开展常态化的社区协商工作，引导居民在沟通、协商、妥协的过程中形成民主意识、主体意识、公民意识。推动建立村规民约、社区公约、院落公约、林盘公约等社区规范，形成社区居民有序自治的良好风尚。

第七步，建构社区营造的生态价值链。营造美好社区不能依赖政府投入，需要创造社区发展的生态价值链闭环以实现社区的可持续发展。社区基金和社区社会企业与社区公益自组织“三位一体”可以形成社区良性发展生态链。

第八步，发展社区社会企业。大力发展植根社区的社会企业，以商业为表、公益为核回应社区需求。充分发挥社会企业以社会责任为使命的天然优势，遵循按劳分配、管理自治、民主决策等原则，在解决困难群体就业、消除社会排斥，社区贫困救助、促进资源循环利用、满足居民生活服务需求等方面弥补政府福利空白。社区社会企业将盈利收益捐赠给社区公益基金（会），用于支持社区自组织和社区中的积极行动者开展社区营造行动。

第九步，建立社区公益基金。社区区域内的所有个人和单位都是社区营造的潜在资源。通过闲置物品交易的社区市集、主妇联盟的共同购买、乡村社区生态农产品对接社区销售、辖区单位和社区居民捐赠、企业冠名、创办公益慈善超市和社区社会企业等多种方式，可以筹集社区公益微基金。公益微基金的筹集过程，就是筹钱、筹人、筹规则的过程，在这个过程中撬动居民参与社区公共事务。

社区社会企业的利润盈余进入社区公益基金的资金池用以资助社会组织的专业服务以及社区居民自组织的集体行动，解决社区问题、满足社区需求，此闭环形成社区可持续发展的公益生态价值链，可以极大增强居民自主意识，降低对政府的依赖，增强社区可持续发展能力。

五、社区营造的目标

社区营造的终极目标是社会善治。社会善治的基础在社区。“人”的全面自由发展是社区发展治理的目的。社区营造行动看得见摸得着的产出是公共空间、社区服务、社区生态、社区经济、福利产品等。其实社区营造行动最核心最重要的产出不是那些有形的东西，而是转变了意识能够进行自我管理、自我教育、有行动力、有自治意识和公共精神的积极公民，是人与人互动产生的信任，是人与环境联结产生的归属，是因了这些信任和联结积累社会资本从而产生更多美好的可能，是凝聚了社区精神的社区文化。

社区营造是无用之用。其成功的标志是在居民自组织自治理自发展的过程中，建构社区的主体性，从而在社区主体性的基础上延展出胜任处置任何复杂情况的能力，生长出社区居民间的互助友爱、团结合作。如此，将更好地推动政府治理、社会调节和居民自治的有效衔接和良性互动，建构自尊自信、理性平和、积极向上的社会心态，形成“向上向善向美”的社区精神和多元主体共建共治共享的社会治理格局。

第二章 运营篇

社区营造有不同的执行主体，在社区营造过程中执行主体的目的和角色功能也各有不同，本篇即从地方政府、街道、社区、运作机构四个主体视角分别对社区营造的运营过程进行分析。

一、地方政府视角下的社区营造

成都的实践表明，开展实施社区营造的“第一推动力”是政府的强烈意愿和积极行动。从横向的职能分工看，国家（政府）在做顶层设计的时候需要明确不同主体的角色职能，明确自身之于社区的角色主要集中在提供法律、政策以及社区的整体规划、资源配置、治理引导等，处理好自上而下的行政推动与自下而上的营造行动的关系是关键。

从纵向的营造流程看，国家（政府）在主导社区营造的过程中，需要始终秉持参与式治理和行动研究的思路，不断对政策和规划进行修正，以政策的顶层设计推动示范项目的展开，以项目评估和追踪研究等办法来修正行动纲领和资助政策，不断完善顶层设计的整体架构和运作逻辑，逐步推进区域社区营造生态的成熟和深化发展。

成都市社区营造是由成都市民政局做顶层设计，委托具有专业能力和经验的枢纽型社会组织做整体运营，采用政府购买社会组织服务，同时开展公益创投等方式，让社会组织以项目的形式，直接入驻社区，以“引导者”“助推者”“协作者”的角色培养社区居民的公共意识和参与意识，协助其成立自组织，建立协商议事规则，逐步实现社区居民从接受服务到主动参与的转变，从而实现社区自治，创新社会治理。

（一）社区营造中的政府治理

世界许多国家和地区的社区营造，即便萌芽来自民间力量，能够在一定区域内推广和铺开，也必须依靠政府的引导和资助，即所谓的“行政社区营造”。在这个过程中，政府需要提供政策规划、资金支持，并引导发展方向，最终走向全民社区营造。

与国际通行的“社区”概念不同，我国“社区”更多是行政概念，而非社会概念。因此，将行政概念的社区发展成为有公共精神的社区，政府治理是前提。政府实现治理，容纳更多的社会力量参与基层社会管理，才能在社区形成多元化的治理主体，保障和落实社区的“自治权”。在社区营造的过程中，政府各职能部门的重要作用，就是通过政府治理实现管理和服务职能的调整，积极引导和推动社区营造项目落地，并在一定区域内推广和铺开。

1. 社区营造的主导力量

党的十九大提出：加强社区治理体系建设，推动社会治理重心向基层下移，发挥社会组织作用，实现政府治理和社会调节、居民自治良性互动。可见，政府是社会治理多元主体中的主导力量；但是政府不能包揽解决所有问题，这就需要引入社会力量，启动多个相关项目，解决多个公共议题，从而撬动整个社区开展可持续的营造行动。

成都实践证明：城乡社区可持续发展总体营造就是实现政府治理和社会调节、居民自治良性互动的有效路径。社区营造最终是要使社区居民自己行动起来，主动关心社区公共事务，达成居民共同认可的社区愿景，能够发掘和培育本地资源解决社区内问题，实现社区可持续发展。

2. 统合政府资源和社会力量

对政府而言，社区营造可以是提供资源、社区动员、构建新的政府与民间的关系的一种政策手段。在社区营造的初期，政府是引导和支持方。通过政府提倡，把社会力量和政府资源相互整合，通过政府的政策倡导，把社会和政府资源相互整合，结合各地民间自发性力量，统筹发挥基层政府、社会力量、居民群众主体作用，提升基层社会治理水平，将城乡社区发展成为具有共同情感联结、共同社区意识、共同文化凝聚的社会生活共同体。

3. 转变提供服务方式

社区营造是一种在社区中培育由下而上自治理、自发展力量的方式，强调自我主导、自我发展，而不是等着万能保姆型政府来解决所有问题。因此，在社区营造中，政府需要转变在社区提供服务的方式，除必须由政府兜底负责提供的公共服务以外，属于居民自治共治范畴的，政府要由一竿子插到底直接提供服务转变为让渡自治空间，将社区事务的决策权还给居民，同时赋予一定财力资源支持，鼓励居民自发联结形成自组织自我管理自我服务，自主解决社区问题。

（二）引导开展社区营造行动的具体步骤

政府部门开展社区营造主要包括四个步骤：

第一步，制定行动纲领和资助政策；

第二步，确定运营团队和运营方案；

第三步，项目征集和项目书优化；

第四步，项目评估和追踪研究。

以上“四步走”的营运过程并非严格按照一个周期的先后顺序来进行，也并非走完四步就完成了社区营造。由于社区营造是一个长期持续的过程，每一年的资助都是在前一年的评估基础上进行，三年一阶段的项目资助采取“轮轴转”的方式轮替推进，而政策宣传、能力培训、参与评估、追踪研究等助力措施则贯穿于营造始终，在有必要的时候适时推进。

第一步，制定行动纲领和资助政策。

社区营造的政策主要在提供特定的资源以鼓励社区营造，它有别于长久以来完全由政府从上而下决策执行的行政模式，而是结合社区营造的独特性，由民政部门发展出一套更能贴近社区需求、更能启发社区创意、更能扩大资源投入的政策推动方式。

例如：2016 年 6 月，成都市民政局印发《2016 年社区可持续总体营造行动方案》，确定行动内容、行动主体和项目申报主体，明确项目管理办法和资金保障，随之配套印发《成都市城乡社区可持续总体营造行动实施办法》和《成都市城乡社区可持续总体营造资金使用管理细则》，做好整个社区营造行动的统筹谋划。

成都社区营造执行的理想状态是，政府部门不主动制订计划内容、不选定执行对象及方式，而是让最了解社区需求的社区组织提供方案，政府再根据提案的创造性与可行性来确定补助的对象与规模。但由于社区居民公共事务参与率和社区自组织的专业能力尚不足以自发形成成熟的营造项目，所以在起初阶段主要通过社会组织深入广泛开展社区调查，与社区自治组织协同设计项目，吸引居民参与。

需要注意的是，根据社区营造实践活动的不断推进，相应的政策文件也要根据执行中出现的新问题与新特征做不断的调整和完善，并做好稳妥的可行性验证，避免出现政策落后和不符合实际的“管理失控”现象。

第二步，确定运营团队和运营方案。

运营团队起着沟通资助部门和落地项目的中介作用，对于区域的整体营造策略有一个比较系统的直观的理解，能够搜集社区营造行动中出现的问题并予以有效解决，如项目方案变更和沟通、经验分享与交流、政策宣讲和能力培训等，并能够承担一部分宣传任务，有效协助资助部门做好整个社区营造行动的方向引导。

运营团队一般根据资金安排和相关法律法规要求，以（非）政府采购或公开比选等方式确定。这一过程需要明确评审要求和评分细则，兼顾专业性和执行力，保证好中选优、优中选强。

注意事项一：注意运营团队的稳定性，避免因为人员流动频繁造成的业务不熟和交接不顺。

成都市民政局2016年开始社区营造行动时，以委托第三方公开比选的方式确定运营团队，运营期限为三年，项目合同一年一签，次年对前年运营绩效进行评估验收，在验收合格的情况下双方商谈续签采购合同事宜。这种做法保证了运营团队的工作周期和营造项目支持周期保持一致，并保留了资助部门进行更换团队的权利。

运营方案由资助部门提出要求，通过与运营团队充分的沟通协商，确定最终的年度运营方案，应包括项目评审、项目督导、中期考核、成果研究等基本内容，根据资金配置也可以设置社区营造能力培训、交流沙龙、参访学习、网站和新媒体建设、项目宣传等附加板块，并有运营团队提出的创新方式与运营板块。运营方案应作为选取运营团队的重要评审指标，并在合同和年度考核中明确相关内容。

注意事项二：运营方案中，采用督导长期跟踪、参与式评估等方式以保证营造项目的持续方向和有效运行。

运营方案需要不断根据实际运用中出现的问题进行总结和调整，既作为资助部门对项目方向的把控手段，也作为为开展社区营造项目落地社区和组织机构提供专业指导和咨询的有力资源。在条件允许的情况下，有必要开展专业分类督导，需要结合线上线下两种方式做到充分沟通和意见交流。

注意事项三：从社区营造中长期规划出发确定年度资助主题。

社区营造需要结合社区治理的中期和长期规划来设定每一年资助的重点主题，以及三年、五年乃至更长时段的社区营造规划。

出于区域经济社会发展不平衡的考虑，成都市城乡社区可持续总体营造行动第一年的资助工作重点向农村地区倾斜，鼓励成熟专业的社会组织驻点较为偏远的乡村地区开展社区营造，吸引社会组织进入组织化社会力量较为薄弱的农村，激发当地村民参与活力、培育公共意识，激发社区自组织活力。第二年开始则加大了对支持性项目的资助力度，把市级对营造项目的支持类别逐渐转轨到对全市社区营造能力的培训和具有示范作用项目的开发和支持。

根据 2018 年 4 月市民政局、市委组织部、市委社治委联合发布的《关于进一步深入开展城乡社区可持续总体营造的实施意见》要求，成都市社区营造第三年市级支持重点为支持“平台营造”。具体包括：

A. 各区（市）县成立的城乡社区可持续总体营造支持中心，或委托枢纽型社会组织承担本地城乡社区可持续总体营造支持工作，整合支持本地城乡社区可持续总体营造项目。

B. 街道（乡镇）建立的社会组织支持中心，或社会组织联合会，服务本地社会组织、社区自组织，形成县、乡两级社会组织服务平台，促进支持型专业社会组织发挥好陪伴、助力城乡社区可持续总体营造的作用。

C. 鼓励区（市）县、乡镇（街道）等区域范围创新探索

“营造平台”的资助方向、资助方式、评选运作方式等各级别以及区域组合推进社区营造，或者是具有专业取向的营造平台，比如社区规划服务中心、社区环境提升中心等。

D. 以乡镇为范围的社区营造平台可以统筹区域资源，支持有深厚历史文化的场镇、古乡村落开展全乡全镇整体社区营造。

E. 不同层级和取向的社区营造平台之间也可以开展具有互补性的项目合作，整合资源，共同为区域协同社区营造贡献力量。

第三步，项目征集和项目书优化。

根据时间安排和资助需求，拟定和发布项目征集通知。征集通知的发布也是政策宣传和动员参与的过程。可以采取预通知、现场推进会等方式将年度支持主题向社会公众宣传，有效引导当年度社区营造方向；也可以通过召开重要政策文件新闻发布会，并配套问答环节，实现最广泛地传播政府部门的社区营造意图。

征集资助的社区营造项目，以项目书为依据签订资助协议或合同。项目书的优化和完善贯穿于项目评审、项目资助、政策培训和初期督导等流程，不断进行可行性和有效性验证。在为社区营造机构和团队提供足够的专业指导的同时，也需要严格把关和审定项目书的优化。最终完善的项目书作为单个社区营造项目的规划蓝图，必须得到严格执行，并在结项评估时作为绩效考核的文本依据。

第四步，项目评估和追踪研究。

从项目运营的周期来说，评估一般包括需求评估、过程评估和结果评估三大板块。

其中，结果评估又包括产出评估、成效评估、社会影响评估及满意度评估四个主要内容，这四项内容可以较全面地体现出项目的效果。成效评估，是项目结果评估中最关键、最核心的组成部分，是指项目干预给受益群体带来的“福祉”改变，不只重视产出评估和满意度评估，还需要重点评估营造项目落地区域的社会意识改变，也就是人的改变。毕竟社会服务项目只是一种手段，人类福祉的改变才是最终目标。因此，项目的成效一定要体现出人的改变，要针对居民来设计评估指标。

对资助方的政府部门而言，项目评估理应贯穿于社区营造全过程，包括中期评估和结项评估。成都市把“结项评估”作为一个单独的板块与社区营造运营中的其他评估步骤分离，避免结项评估和项目评审由一个平台组织操办，规避“既切蛋糕又分蛋糕”的问题。结项评估的结果作为下一年度是否继续对社区营造项目进行资助的重要参考指标，纳入项目评审，对于评估不合格的社区营造项目将停止持续三年的资助计划。

项目评估不仅是项目运营的重要过程，同时也可以是对全域营造行动的经验总结和模式提炼，这样的持续评估过程可称为对社区营造的追踪研究，并依此开发社区营造通识、工具课程、教材和公开课视频教程等。

（三）其他需要注意的问题和可能的瓶颈突破

1. 需要注意的问题

社区营造是一个长期且持续发力的过程，需要有持续稳定的政策环境和文化氛围。而“短平快”的行政逻辑和社区营造逻辑的矛盾需要得到有效解决，避免政府与商业主导的开发和打造把社区认同基础与共同体文化连根拔起。

“权责对等”是成都社区总体营造的基础原则，“谁主张谁受益谁负责”是成都社区总体营造的行动逻辑。要按照权责对等原则区分政府、社区自治组织、居民自组织以及居民之间的权利责任义务边界。

政府部门需要时刻提醒自己的权力界限，避免“政府打造全部包揽”的路径依赖，明确社区营造的主体是社区居民，最终目标是要实现居民个人和社区共同体的自我发展。同时还需要把关市场主体的公共性，这并不是说社区总体营造要禁止市场主体的参与，而是需要注意商业运作的过度扩张，避免借社区营造之名行推销赢利之实。

2. 主要瓶颈

2018 年，成都市深入推进社区总体营造的政策文件，要求全市各级各部门要形成合力、协同推进。建立城乡社区可持续总体营造重大决策，依托城乡社区发展治理工作领导小组和联席会议研究决定，常规工作牵头单位推动落实，相关部门协调配合的工作机制。其中组织、社团、规划、建设、房管、文广新、林业园林、城管等部门都需要在其中发挥部门职能作用，推动各层级各方向的社区营造行动。

政府作为多元主体中最重要的第一推动力，需要具备社区营造的理念，还权赋能，以人民为中心，把社会组织和社区自治组织、居民自组织作为治理主体，政府与社会共同治理，而不是把社会作为被治理的客体。自上而下推动的城乡社区可持续总体营造存在的最大问题，在于难以突破单部门或单独几个部门“分头行动”的行动瓶颈，绝大多数政府部门没有社区营造的理念和意识，而是以传统的行政思维推动工作，用目标考核、下达行政命令的方式要求街道和社区完成本部门的工作任务。需要在推动社区营造的过程中影响更多的政府部门以社会各主体共同参与营造的理念来推动本部门工作在基层的落地落实。

（四）社区营造的一般逻辑

2009 年诺贝尔经济学奖得主埃莉诺·奥斯特罗姆在研究公

共事务治理的过程中，发现自主治理以及治理模式多元化非常重要，在她看来，公共领域中各种公共机构的利益冲突在所难免，参与人的利益关系原本就多元化，由于事前的完美机制设计无法实现，利用不同参与人和机构之间的利益竞争来达成某种事后的治理就是有效的和必要的。事前的机制设计应该侧重于其自身的演变能力和自适应能力，而不是一开始就想弄出一个一成不变的完美制度体系。这就意味着好的治理应该是不同利益团体或者中心的竞争和制衡过程中，自我演变出来的多元治理模式。

可以说，社区营造是一个复杂的系统工程，营造的过程充满了复杂机构的复杂博弈。在这个复杂的系统工程中，最初的顶层设计可以看作是管理学意义上的事前治理，要求初始的顶层设计就具有充分理性的机制是难以实现的，因此在重视事前治理的同时还需要强调“事后的治理”。同时应该强调治理的多元化，看到治理过程中还有大量的中间治理机制，而这些治理机制处于不间断的自我演化过程中。成都的社区营造实践并不存在一成不变的僵化模式和固定程序，它充分尊重和汲取实践过程中的成果。社区营造的七个主要原则简单明了，行动步骤流程清晰，有着较强的可复制性和可操作性。社区营造的理念和方法也具备很强的兼容性，社区居民、社会组织和其他主体在接受和践行社区营造行动的过程中，可根据自身情况进行“扩容”和“升级”。

二、街镇视角下的社区营造

（一）概述

2018 年《关于进一步深入开展城乡社区可持续总体营造行动的实施意见》明确了社区发展治理不仅仅是政府的责任，同时也是广大居民的权利和责任，以居民为主体，组织化的推动，激发居民对社区公共事务的参与，形成政府、社会组织、驻区单位、自治组织等多元主体共同参与的格局，推动实现政府治理、社会调节与居民自治良性互动的局面。

街道和乡镇作为落实市委市政府中心工作的重要环节，在实施社区营造实践过程中主要起到枢纽型平台作用。具体表现在对资源的有效整合、引入和支持各类社会组织参与辖区社区营造、组织和培育社区自组织成长、对辖区社区营造项目进行监督管理、为辖区社区营造项目提供技术支撑等。本节将以成都高新区肖家河街道为例，回答在街镇层面如何发挥枢纽平台作用，组织社会各方力量和资源，落实推进社区营造工作。

（二）案例

肖家河街道位于成都高新区南部园区，面积约 4.75 平方公里，辖 7 个社区和 1 个工业园区，实有人口 8.03 万人，党政机关和驻区部队 11 个，派出所 1 个，居民院落和单位宿舍区 156 个。街道自 2012 年开始引入专业社工机构，以兴蓉社区为核心区域，辐射周边社区，重点从组织培育、居民服务、困难群体、互助文化等方面开展社区营造工作，2012—2016 年间培育了一批优秀的本土特色社会组织，涌现出一些亮点特色院落等，居民初步参与到社区公共事务尤其是文化营造中来，为下一阶段街道整体社区治理工作打下了基础。

1. 成立肖家河街道社会组织发展中心

基于组织分散、资源分散、社会组织业务导向而非社区需求导向、社区“三驾马车”老龄化、居民参与更多聚焦在文体团队层面等问题，2017 年 6 月，肖家河街道社会组织发展中心成立，定位为集办公、活动、展示和外联等于一身的社会组织与社区营造支持型区域枢纽平台。

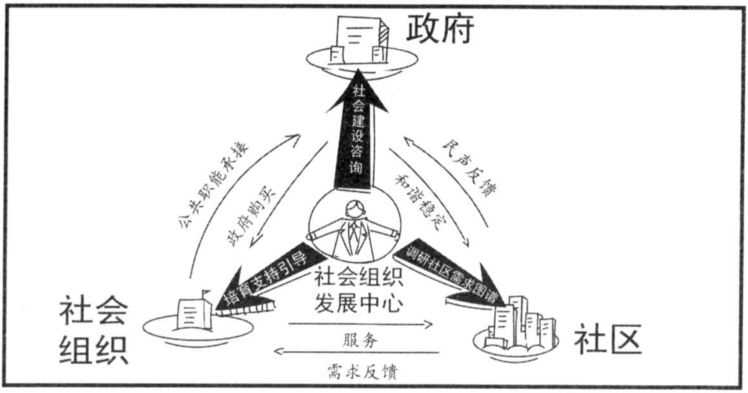

通过引入和培育社会各领域的优秀社会组织，向社区居民提供优质公共服务、引导居民参与社区治理，实现社会组织参与社区服务、政府购买服务、资源整合与能力建设功能，致力于落实肖家河“党委领导、政府负责、社会协同、公众参与、法制保障”的创新社会治理格局。

2. 工作方式与内容

发展中心采用肖家河街道办事处委托第三方社会组织运营的模式，由成都高新区安逸舍社区服务中心（恩派发起）统一运营管理。近一年半的运营，发展中心梳理出的具体社区营造策略如下：

（1）社区资源手册。从“人”“文”“地”“产”“景”五个维度梳理辖区所有社区的资源以及需求，形成社区资源需求手册，成为社区引进社会组织项目、培育社区自组织、开展年度服务等内容的重要依据。资源及需求根据社区走访结果进行定期更新。

（2）组建专家智囊团。邀请社区营造实务领域、研究领域的专家组成智囊团，除各自擅长的专业培训以外，尤其注重具体社区的社区治理规划、街道及社区痛点问题的探讨、社会组织的辅导等。

（3）供求对接平台。肖家河街道社会组织发展中心推出“社区营造+和美社区——肖家河社区公益嘉年华”大型活动，持续8天围绕不同主题分别在玉林中学（肖家河校区）和7个社区开展。内容包括社会组织展示、经验模式汇报、项目需求发布、参与活动体验、便民生活服务、义卖、分享会、相亲会等，通过多途径趣味活动提升居民参与感、寻找和发布社区需求。

（4）组织培育。肖家河街道推出了针对社会组织的社区基金扶持计划，并针对社区自组织推出了微公益大赛。

社区基金扶持计划（2018年），是对自2015年开始的街道级公益创投项目的创新。公益创投项目一般要经过项目征集、项目初筛、项目路演评审、专家复核会议等环节来吸引社会组织申报公益创投项目为辖区居民开展服务。例如2017年公益创投共吸引90余家社会组织参与，最终有35个项目获得资助。2018年，公益创投项目更聚焦社区发展，并通过社区资源手册、嘉年华现场对接活动，促进社会组织更加了解社区需求，并据此提出项目申请。

社区基金扶持计划的资金来源于街道业务口项目资金、公益创投资金和各社区部分社区保障资金等渠道，通过整合形成社区“资金池”。例如2018年总计资金量390万元，其中190万元为街道公益创投资金，60万元为社区建设资金单列，38万元为残联口资金，10万元为计划生育口资金，92万元为社区的社区保障资金。社区基金扶持计划支持的所有项目，在落地实施过程中，由中心跟进监测，并将各社区有经验的持证社工匹配到各个项目中，共同参与督导，将社区社工的对口对接工作与项目督导结合起来。

微公益大赛，是针对社区自组织的支持项目，其目的是鼓励社区居民关注社区公共议题、社区居民需求，主动发起并实施社区公益项目。2017 年微公益项目共支持了 21 个社区微公益项目，涵盖亲子互动、社区文化、运动康健、志愿服务等多个类型，数百场社区活动，覆盖 7 个社区数千人次居民。社区自组织初步体验了公益项目的申报、组织实施及评估总结等流程，并有优秀的组织在能力提升后参加了 2018 年社区基金计划，成功申请到项目。

2018 年第二届微公益大赛与 2017 年相比，居民参与激情大大提升，提案增加 3 倍，且中青年群体参与比例提升，更多有趣好玩的服务项目走进了邻里关系较为冷淡的楼盘小区。各社区的居民自组织完成了从“配合社区参加活动参加比赛”到自发组织活动、策划小公益项目的转变。

（5）能力建设。根据不同主体，街道社会组织发展中心分别针对社会组织、社区自组织、社区“两委”及社区社工设计了不同的课程体系。例如，社会组织核心课程包括项目开发、项目设计、项目管理、项目传播、社区动员技术等；社区自组织则以社区需求识别、活动策划、社区自治案例、社区提案申请、社区自组织联动等为主，将各个主题融入陪伴式辅导中；社区“两委”及社区社工则包括政策解读、社区营造、开放空间技术、社区资源梳理、社区动员、公共空间中的居民参与等。

（6）咨询指导。主要指中心对入驻组织的日常咨询指导服务，如社区自组织备案、社会组织年检、社区发展治理规划建议等。

（7）“三社联动”机制。为弥补社区持证社工缺乏项目实操经验的空白、加强社会组织与社区的联结、推动社会组织在社区的项目落地与资源协调，搭建社区、社会组织、社工“三社联动”平台，定期举办“三社”联席会议，邀请街道科室工作人员、中心智囊团专家、社区书记主任、社区持证社工、社会组织项目负责人一起参与，就社区营造痛点、社区项目实施难点等议题进行充分讨论碰撞。

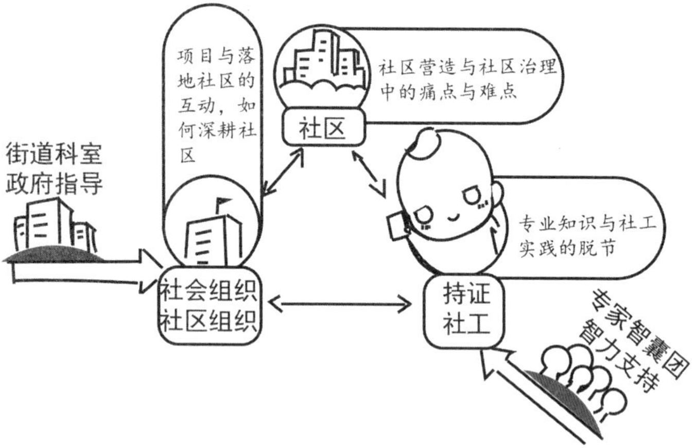

（三）总结与反思

肖家河街道通过建立由第三方社会组织“肖家河街道社会组织发展中心”运营管理的方式来实现街道层面在社会资源整合、社会组织引入支持、社区自组织培育发展、社区项目检测与评估、能力建设与技术支持等功能，探索形成了肖家河街道社会组织参与社区治理的“1237N”① 模式，并在全国范围得到广泛宣传。

总体来看，街镇层面社区营造工作的枢纽平台作用具体体现在如下几方面：

1. 资源整合。街镇平台可充分挖掘整合内外部资源，动员

① “1237N”即：以党建引领为核心筑牢发展基石，通过搭建双创中心、发展中心激活组织细胞，通过完善“三三制”（社区院落治理“三驾马车”与三个自治管理平台）、“三社”联席制（社区、社会工作者、社会组织）、“三保障制”（阵地保障、资金保障、队伍保障）三个制度护航工作方向，落地街道七个社区形成治理合力。

一切可为社区营造而用的人、财、物等各种资源，拓宽资源来源渠道，并通过有效的机制使资源能更有效地投放到社区建设中。

2. 社会组织引入与支持。结合社区需求评估引入合适的社会组织，提供能力建设和渠道资源支持，监测评估社会组织服务成效。

3. 社区组织培育。指导社区组织规范化、专业化运作，开展社区项目开发与运作、社区动员和参与等技术培训。

4. 社区项目监测与评估。建立社区项目评估指标，并作为街道层面专业的第三方评估平台对辖区项目进行统一监测和评估，以评促建，提升项目质量。

5. 能力建设及技术支持。针对引入街镇平台的社会组织、内部培育的社区自组织以及辖区内所有社区建设者，制订并落实与之相匹配的能力建设及技术支持计划，社区营造重在“造人”。

从本案例中可以看出，把街镇作为社区营造支持平台，其良性发展离不开四大要素支撑：资金池、公共空间、赋能培力、执行主体。

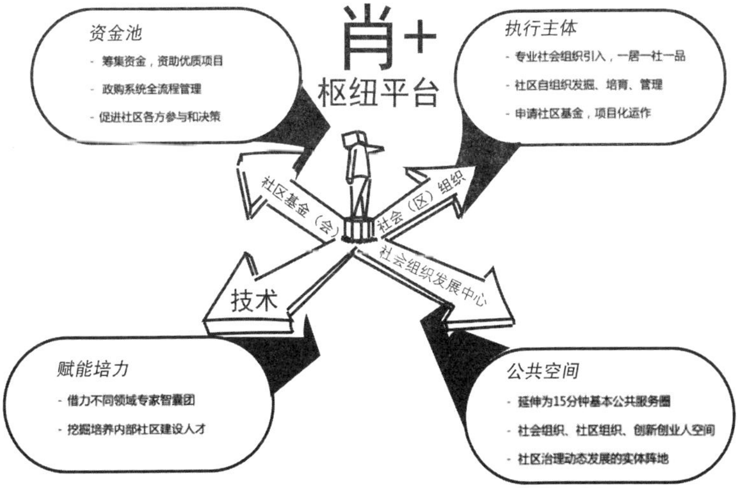

1. 资金池——社区基金（会）。社区基金（会）是社区公益资源的蓄水池，把关注社区发展的政府、企业、居民等多方力量有效整合，通过源源不断的资金筹集和社区发展项目的资助、统一的管理归口、使用规划、政购系统全流程管理，形成社区长远发展的可持续资源供给机制。

2. 公共空间——社会组织发展中心。任何服务项目或活动的开展、规划和功能的发挥都离不开一定的空间载体。社会组织发展中心作为街镇社区的公共空间，实现了辖区建设主体、资源等在这一平台的集聚，可以更加有效地进行资源对接、信息互通，发挥网络效应。同时，由此空间延伸的社区综合体，将为辖区居民打造15分钟社区公共服务便民圈。

3. 执行主体——社会（区）组织。专业的社会（区）组织、内生的社区自组织是社区营造重要的执行主体，通过每个社区外引专业社会组织打造品牌项目，打造“一居一社一品”模式；对内加强对社区居民领袖、志愿队伍、居民自组织、文体团队等的培养或引导转型，培养内生力量。社会组织、社区组织也是申请社区基金、承接社区项目的主体。

4. 赋能培力——技术支撑。联合政府、企业、社会组织等力量打造首个街道级社区建设学院，既是街道社区建设的专家智囊团，也是肖家河街道社区工作者、梯队人才培养、结构优化的重要保障。

三、社区视角下的社区营造

（一）概述

社区营造项目真正落地是在社区。与区县、街道层面不同，除了社会组织、社工、街道和社区干部外，居民将成为社区层面最重要的参与主体。但与其他主体相比，居民在社区营造中的主动性和主体性相对薄弱，社区层面的主要任务就是在整合社区资源、查找社区居民需求的同时，广泛动员社区居民参与，提升社区对居民的认同感与归属感，进而激发居民参与活力，最终实现社区营造目标。

本节内容，将着力探讨如何挖掘和提升社区各参与主体的主动性与主体性、构建志愿服务可持续条件，让参与主体意识到彼此互为资源，并通过多方共同营造公共空间以促进社区公共事务的解决和公益事业的进步，逐步完善基层治理体系的实践路径，进而推动社区共治共建共享的治理成果。

（二）案例

成华区猛追湾街道祥和里，被誉名为成都美食一条街，街长760米，商家店铺168家，其中餐饮60余家，老旧院落17个，居民2200余户。生活在美食街的居民生活虽便捷，但是密集的餐饮店存在不同程度的油烟污染、噪声扰民、食品安全、消防安全、占道经营、下水堵塞等问题，影响了居民的正常生活与出行。社区收到居民的投诉日益增多，网格员、城管队员、社区“两委”、社区民警出勤调解不断，但效果不佳，反而令社区工作人员精神倦怠，居民、商家依旧水火不容，甚至大打出手。尽管多方参与到矛盾的调停中，但是每一次的“历史重现”并没有让我们看到问题解决的根本出路。

社区开始思索，如何转变工作方式？将绊脚石转化为垫脚石。此时恰逢成华区社区公益创投大赛，社区党委领导、社区社工一起开始酝酿，通过前期需求调研，设计公益项目“吃货的天堂——商居自治联盟”参加创投大赛，以期解决商居痛点问题，促使商居共融。

1. 不花钱、不修车位，解决食客停车难问题

起初，商家自治联盟执行团队通过专业的社会工作方法，

运用参与式需求调查方法，挖掘双方各自的诉求。在第一次开放空间会议的现场，80%以上的商家提出“食客没有停车位”的难题，要求社区解决。

后来执行团队联系交警大队了解到，祥和里这条街是成都市严管街之一，不仅不会妥协错时用餐停车，而且还会增加巡逻力度。于是执行团队带领部分居民，打开祥和里地图，行走在院落和大街小巷中，用脚丈量了社区的每一寸空间。最终，团队跑遍了祥和里街17个院落的门卫以及旁边的酒店、商场，终于凑出了61个停车位！

当团队义工将61个停车位的分布、容纳车辆数量、院落门卫电话号码（便于商家在有食客需要停车前打电话问门卫是否还有车位）编辑并打印，发给每个商家，商家被团队感动。社区迈出了商居共融的第一步。

2. 不一样的端午，一样的祥和人

端午节，各社区都在开展包粽子活动，而祥和里居民的端午节有点儿不一样。为了促进商居融合，商家与居民第一次站出来，为社区做公益。祥和里众商家率先为端午节筹款、计算成本和购买食材，居民志愿者们为老人包粽子，党员及祥和儿童之家的孩子们为腿脚不方便的社区老人送粽子到家。

此次活动商家们表现出极高的积极性，愿意捐10元、20元，甚至100元，共同营造了社区良好的公益氛围，连接了整个社区的共同情感。祥和人开始拥有邻里之间的归属感与互助意识，愿意了解社区发生的事情，并为此承担一份责任。

3. 积分兑换，让社区资源转起来

基于祥和里社区公益参与度调查数据：90%祥和人都愿意参与社区公益活动。据此，“祥和里社区志愿者时间银行积分兑换”机制诞生，实施社区志愿者志愿服务时间积分，可兑换的合作商家从2015年12家逐步拓展到2016年52家、2017年60

家、2018 年 66 家，辐射百货、美容美发、餐饮、保健、教育、医疗、装修、家政、服装等 10 余项领域，大大盘活了社区资源。

社区志愿者除了享受商家提供的超值积分兑换服务外，还有志愿者认证奖励，即志愿服务分别达到 100 个小时、300 个小时、600 个小时、1000 个小时、1500 个小时后，可相应荣获一星级、二星级、三星级、四星级、五星级志愿者资质认证。

4. 爱心众筹，奉献祥和

2016 年的重阳节，项目执行团队又在发起一件感动祥和的事情——联合四川省科技扶贫基金会，发起“温情关怀 · 爱暖重阳”，为社区低保老人、残疾老人、红军老人、90 岁以上老人、养老院老人领取众筹爱心牛奶。

众筹对象为祥和里社区、街道、商家、居民、志愿者、社会各界爱心人士。与此同时，项目执行团队通过街访和随机抽样的方式，确定老人们的需求，并在社区中进行资源搜索，链接到超市提供的有机牛奶，并以 5 折的优惠价格购得。此次众筹在培养社区居民责任意识的同时，也有效助推守望相助、疾病相扶、邻里相亲的社区共同体营造。

5. 发布公岗，助益社区

在“商居自治联盟”执行团队的引导下，16 位院落负责人逐渐在社团开展的各个活动中崭露头角，他们对自己的院落人员、特长和爱好如数家珍，这些负责人或将成为新一代居民代表领袖。据此，执行团队制定了“祥和里社区志愿者公益岗位清单”并向社区发布，以期引导居民、商家根据自己的兴趣或能力参与公益岗位服务，并发展壮大志愿团队。

此项目经过近几年的持续推进，居民和商家的态度有明显转变：从对“商居自治”的质疑、嘲笑、观望，到主动参与和积极支持；从美食街“下班每周必堵”，到现在“一年难得堵”；从以前“自扫门前雪，不管他人瓦上霜”，到现在“一个篱笆三个桩，一个好汉三个帮”。社区互助局面悄然形成。

（三）总结与反思

祥和里社区按照“让居民围绕公益转、公益围绕社区转、社区围绕资源转、资源围绕积分转”的执行理念，经过近几年深入持续推进社区营造，逐步形成了三张具有鲜明特色的品牌名片：公益+美食一条街、志愿者时间银行、社区感恩慈善年会，真正激发了居民对社区的热爱、关怀、兴趣和责任。通过本案例，可总结归纳出，在社区层面社区营造需要把握的几个关键要素：

1. 以居民需求为导向，激发社区居民主人翁意识。居民是社区发展治理的主体，是社区发展的主人。社区在社区营造中的重要任务之一就是通过各种途径（如借助专业社工机构力量开展社区调查）查找居民需求，并围绕居民需求整合各方资源，共同为解决社区发展治理问题寻找出路。这一过程的重点，是要提升社区凝聚力和归属感，着力培养居民参与热情，达成居民社区共识，这是社区营造可持续推进的基本前提。

2. 要将社区拥有的所有元素视作优势、视作资源。其中包括社会组织、社工人才、社区居民、志愿者、商家企业、爱心人士等，充分认识、挖掘和发挥这些资源主体的特长和优势，并为其健康成长创造必要条件（如提供场地支持、经费支持等）。

3. 以社区为平台，多途径有效链接和整合社区资源。社区营造的过程，也是社区建立人与人之间、人与环境之间、人与社区之间互助网络的全过程。社区在社区营造中要给予各类行动主体充分发挥其作用的系统性支持，如通过举办公益众筹、公益创投、节日活动等途径，在社区层面搭建资源链接平台，实现各类资源有效整合与居民需求有效衔接，促进社区治理多元主体高效互动，从而推动社区营造见实效。

4. 要有明确的方向和战略思路，持之以恒，方见成效。社区营造是一个持续、漫长的过程。社区要在整体推进思路上明确方向、把握资源、多方协作，形成推进社区营造整体合力。例如，祥和里社区利用在地社工的专业特长，拓展公共空间资源的有效利用，形成社区公益文化，带动社区资本的发展，形成以志愿精神为基础、行动者和资源互为流通的志愿互助网络，以此探索出具有自身特色的社区营造总体运营模式，成效显著。

四、运作机构视角下的社区营造

（一）概述

一般而言，市、区县、街镇、社区都可通过购买服务的形式，把社会公信力高、专业能力强、经验丰富的社会组织确定为承办单位，负责运营管理辖区内社区营造项目。根据购买主体层级的不同，相应的运营管理机构所承担的角色和功能也各不相同。例如，市级、区县重点在宏观层面的策划、培育和管理，其运营管理机构一般以评估管理、公益慈善、培训孵化类为主；在街镇、社区层面，因着力于营造项目的落地实施，其运营管理机构一般以公益类、服务类和管理类为主。

运营管理机构的优劣，关系着辖区内社区总体营造行动工作的成败。一个优秀的运营管理机构及团队就如行动领袖，是倡导者、推动者、引路者、支持者，带领项目执行团队用专业化手段聚焦目标群体、撬动社会资源，推动和确保社区营造达到预期。本节内容主要从运营机构自身工作方式、方法的视角，探讨组织机构运营管理社区营造项目的过程。

（二）案例

案例1：市级层面的运营机构——四川光华社会工作服务中心

四川光华社会工作服务中心（以下简称光华社工服务中心）于2012年3月依托西南财经大学社会工作发展研究中心的师资力量正式成立，成为四川省内首家在民政厅正式注册成立的专业社会工作服务机构，在全省范围内提供社会工作培训、督导、评估、研究、咨询、倡导及实务服务等服务。2016年7月5日，成都市民政局向社会公开招标，最终确认光华社工服务中心成为成都市城乡社区可持续总体营造行动承办单位。

在运营管理中，光华社工服务中心主要开展了如下几方面工作：

1. 开展项目评审，甄选优质社区营造行动方案。受市级、区级委托，负责辖区内社区营造项目申请方案评审，制定评审办法、评审标准，组建由相关领域专家、社工、社区书记、政府工作人员构成的评审专家组，对申报项目进行初审、答辩，确定公益性、创新性、专业性、可持续性较强的项目落地实施。

2. 准确分析服务对象需求，提供及时有效服务。通过发放督导需求调查问卷、个别访谈、信息收集、日常总结等方式，力求更加准确地评估社会组织的各项需求，为社会组织匹配符合其需求的督导服务、培训服务、宣传服务等具体方面的支持服务。

3. 开展项目督导，保障社区营造项目有效运行。建立“1个项目+1个高校专家+1个资深督导+1个专业社工”的“四位一体”专家督导机制，依托公益行业现有资源，邀请15位行业专家组成市级城乡社区可持续总体营造项目督导团队，并结合项目地域城乡社区营造项目类别，划分5个督导互助小组，针对督导需求调查情况，对社会组织及执行项目开展专题线上督导、预约督导、实地督导、大咖专栏和日常督导服务，促进社会组织、项目间的资源共享与交流互动。

4. 树立社区营造示范社区，推动营造质量提升。从组织培育、在地参与、空间标识、品牌活动、宣传影像、执行团队等多个维度对正在进行营造行动的社区进行审核，在农村社区和城市社区中树立社区营造的示范社区，打造社区营造典范。通过示范社区直观的示范作用，推动社区营造各方对社区营造理念、理论、路径的理解与运用，推动成都社区营造质量的提升和进一步发展。

在机构内部管理方面，光华社工服务中心的主要措施有两方面：

1. 建立完善有效的工作机制。一是建立包括信息报送制度、联席会议制度等信息沟通机制，并借助现代通信手段，加强社区营造主办方、承办方、实施方等主体之间的信息沟通；二是加强工作人员管理，明确工作职责、内容、目标，并建立监督问责机制，确保社区营造规范有序。

2. 组织强劲有力的工作团队。建成相关领域5年以上工作经验的专业团队，确保项目的评审评估、督导培训、活动策划、宣传推广、财务管理、行政协调等各项工作的专业化。并深入学习社区营造相关理论、政策内涵，开展相关培训，不断提升专业化服务能力。

案例2：区级层面的运营机构——成都汇智社会工作服务中心

成都汇智社会工作服务中心（以下简称汇智社工中心）于2011年12月在成都市民政局登记注册，先后承接了武侯区、金牛区、青羊区等社区营造项目运营管理，作为在区级层面的运作机构，积累了丰富的平台运营管理经验。从社区营造项目运营周期角度看，汇智社工中心每个阶段的任务和目标如下：

1. 运营管理前期。时长大约 1 个月，主要做一些铺垫工作，包括需求调研、项目征集、项目初审及立项、项目公告及协议签订等，确保了项目执行机构在运营支持体系下有序、有效地开展社区营造活动。

2. 运营管理中期。时长大约 11 个月，主要包括三个方面的内容：能力建设、监测评估、媒体宣传。

（1）能力建设方面：主要通过工作坊、沙龙、参访学习、交流学习等活动形式，增强各执行主体的项目管理能力、执行能力等，提升社区营造理念与认知，开阔眼界，打开思路，更专业地开展社区营造活动。总结、提炼社区治理发展经验，通过示范引领作用，提升社会影响和社会效益。

（2）监测评估方面：主要包括对项目进度、项目目标、项目成效、财务管理、信息报送、媒体宣传等进行督导、监测、评估。日常督导、监测、评估可以纳入绩效考核之中，督促各方树立契约意识、目标意识。同时，督导、监测评估过程，也是解决问题和处理问题的过程，给予项目执行单位工作建议和方法，促使其完善实施策略。

（3）宣传报道：通过主流媒体、新媒体、横幅、展架、DM 单等以及更加创新的多元化的传播手段，广泛宣传报道社区营造先进经验和做法，树立社区营造实践者典型、社区营造案例典型，营造全社会关心、支持、参与的社区总体营造行动良好氛围，倡导正能量。

3. 运营管理后期。时长大约 2 个月，主要包括总结、表彰、案例搜集整理、结项评估、优秀项目推荐等内容。

通过以上 14 个月的运营管理，可以较好地提升街道、社区居委会、社会组织的创新社区治理意识，理顺工作思路，同时也增强项目执行机构的项目管理意识及管理能力。

（三）总结与反思

对运营机构来说，有效运营管理的关键要素包括运营管理机制的有效性、运营管理能力的专业性、资源整合能力的在地性、项目响应与跟进的及时性、绩效指标的导向性。

1. 运营管理制度与机制的有效性

常规的管理制度包括《社区营造项目管理办法》《社区营造项目资金使用细则》《信息报送管理要求》等；除此之外，运营管理机构可以根据项目区域情况及自身能力情况，制定出灵活多样的管理措施和办法，如各类激励奖惩机制、内部管理公约等。

(1)《社区营造项目管理办法》主要内容包括：社区总体营造行动实施主体及职责要求，社区营造的内容，项目申报、项目评审、项目实施、项目评估的四个项目实施阶段及内容，项目监管、项目推荐等内容。

(2)《社区营造项目资金使用细则》主要内容包括资金使用的目的依据、适用对象、使用范围、资金管理、档案管理、监督检查等，目的是加强资金规范性管理，提高资金使用效率。

(3)《信息报送管理要求》主要包括信息报送的渠道、信息报送的明细规定、信息报送的内容及频次等，目的是及时了解和掌握项目执行动态及存在的问题，以确保项目顺利推进。

2. 运营管理能力的专业性

一般情况，政府在采购第三方作为运营管理方时主要考察三方面内容：(1) 机构过去的业绩及相同类型的项目经验；(2) 项目负责人及其团队的资质及专业能力（通常情况项目负责人的基本条件是具备中级社工师以上职称，才具有承担运营管理的专业能力）；（3）项目方案。

其中，运营管理项目负责人及其团队的专业能力主要包括三个方面：

（1）组织协调能力：社区总体营造行动涉及的利益相关方主要包括市（区）级民政部门、街道、社区、社会组织、专家学者、志愿者、社区居民以及其他企事业单位等。运营机构需组织、协调辖区内各方利益主体参与到社区总体营造行动中来，各司其职，各尽其责。

（2）专业知识能力：作为运营管理团队，经常面对的是各级民政部门领导、社区书记、主任或项目负责人、机构负责人等，具备全面的专业知识能力，即可为支持方、协作方、合作方提供更好的专业支持服务。其中，专业知识能力主要包括社区营造的认知、项目书撰写、项目管理、项目资金预算设计与管理、项目宣传与传播等。

（3）沟通能力：以运营管理平台为中心，几乎每天都会与各利益相关方进行全方位沟通。除了善用现代新媒体工具外，人际沟通、语言表达、察言观色等良好的沟通能力，是构建社区营造无障碍运作环境的基础保障。

3. 资源整合能力的在地性

资源整合能力，不仅是运营机构自身的资源整合能力，也包括协助项目执行机构的资源整合能力。从“人、文、地、产、景”五个方面，分析过去的、现在的、未来的本地资源（如志愿者资源、医疗资源、教育资源、场地资源等），发挥项目的杠杆作用，并通过区域党建引领，促进多元主体共同参与到社区营造中。

4. 项目响应与跟进的及时性

运营管理最重要的一环是项目的监测、督导与支持，包括及时主动监测、跟进和及时问题响应。运营管理的项目可能是数个，也可能是上百个，项目背后存在无数问题和需求。作为运营管理机构，开通响应通道，及时为项目执行伙伴督导支持，并随时监测项目进度。通过陪伴支持，营造出互帮互助的社区氛围，增强社区营造的向心力，激发内在力量。

5. 绩效指标的导向性

在项目中期、末期，为了评估项目的成效，运营管理机构协同民政部门制定出绩效评估指标及分值。绩效评估指标引领着项目执行单位的项目行动目标。一般情况，绩效评估指标包括：项目团队、项目管理、项目成效、项目的可持续性、项目的创新性以及资金管理六个大类。

（1）项目团队。主要考察项目人员的稳定性、专业性。要求项目执行单位保证项目人员稳定，专业化地为社区提供服务。

（2）项目管理。注意考察档案资料的规范性、完整性、科学性。要求项目执行单位在开展活动的时候，及时搜集、整理文字资料、图片资料、影像资料等，科学地建立项目档案管理。

（3）项目成效。重点考察社会影响、资源调动、居民反馈等。要求项目执行单位在开展活动的时候，注重项目的宣传、注重社会资源的挖掘和调动、注重服务对象的满意度等。

（4）项目的可持续性。重点考察项目的退出机制，比如社区自组织是否有可持续发展的能力、资金、平台等，社区基金、社区报、资金池、可持续发展的模式等将是考评项目可持续性的标志。

（5）项目的创新性。重点考察项目的理念是否具有创新性，模式、方法是否具有创新性，服务产品是否具有创新性等。所以，项目执行机构要结合本社区的本地特性及资源，创新社区营造活动方式、方法，激发更多人参与，让项目更加具有可持续性。

（6）资金管理。重点考察的是会计核算的专业性、专项资金专项管理的规范性、财务报销的规范性、项目资金管理的科学性等。项目执行机构在专项资金管理过程中，要建立完善的管理制度，确保资金合理、合规、合法使用。

第三章 执行篇

根据各地社区营造的经验，我们总结出在执行社区营造过程中应遵循的几个基本环节，依次为：社区调查、社区动员、项目设计、项目执行、项目督导、项目评估。本篇选取这六个阶段的典型案例，提炼出六个阶段的工作方法与操作指南。

一、社区调查

（一）概述

在实施社区营造项目之前，首要和必需的任务就是进行社区调查。社区调查是指在一定地域范围内的调查，它是一个综合性概念，需要把社区历史沿革、内部组织、外部联系、生态环境作整体性综合考察，以达到综合了解社区情况和社区内部相互依存、相互制约的活动机制的目的。同时还要研究社区内各组织、制度、规范、观念等因素对社区生活所起的综合影响，进而研究社区的发展和存在的问题。

成都的社会组织在进行社区调查时，通常是通过了解社区具体情况，解决社区具体问题，从而推进社区的管理和规划。借鉴成都市社区调查的案例，归纳总结某一类相同社区的典型经验，对所有同类社区的管理具有参考价值。

（二）案例

郫筒街道办事处是成都市郫都区委、区政府所在地。随着城市化进程的快速推进，郫筒街道一些“已征待建”“已征待供”“拆迁类”的地块作为城市发展预留空间，暂时没有进行开发建设，这些地块被称为“三类地块”。截至2017年9月，郫筒街道待开发的“三类地块”约5000亩，由区国土局土地储备中心委托街道进行日常管理维护，然而日常管理效果并不乐观。那么，是否有一种途径，既能满足居民“捡种菜园”的需求，又能提高闲置土地资源利用率，实现土地与社区的有效治理？

基于以上土地治理问题的提出，郫筒街道借鉴外地经验，提出“可食地景”项目的初步想法，即将“三类地块”用园林景观的设计方法打造为农作物园区，一方面可以调动社区的人力资源；另一方面也可美化社区环境。

街道通过问卷调查、入户访谈、座谈及文献研究等方法，对社区需求和社区资源进行了深度调查，以明确“可食地景”项目是否符合居民需求，调查社区资源禀赋是否能够支持“可食地景”项目的实施。

（1）问卷调查。抽样样本综合采用分组抽样和随机抽样，随机选择了试点社区居委会代表、居民代表、社区社会组织代表开展问卷调查，以评估居民需求和居民意见。

（2）访谈法。郫筒街道委托社工机构专业社工采用结构型和非结构型访谈法对辖区的居委会代表、居民代表、社区社会组织代表开展访谈，整理访谈素材。

（3）文献研究法。社工查阅国内外社区治理、“可食地景”文献资料，查阅近年来四川省、成都市、郫都区社区治理文件政策，明确“可食地景”是否符合政策要求。

通过社区调查得出如下结论：

（1）社区居民土地依恋感强烈。社区中70%以上的居民从原来的有地可耕变成无地可耕，其中仍有部分人对土地有执着的感情，想方设法找地种植。通过调查，在不同的年龄群体中

80%以上的居民表示自己想参与“可食地景”，在城市中志愿管理一片可以耕种的土地以圆都市田园梦；社区和社会组织也期望以“可食地景”的形式创新社区治理，扎稳群众基础。

（2）社区居民对社区绿化有高要求。郫筒街道城市内综合绿化率较高，但是绿化带主要集中在小区内、公园内和道路边，城区内有近5000亩待开发土地，没有进行绿化护养。随着城市人口的日益增多，居民对绿化、美化、对人居生态环境的要求越来越高，调查显示84%的居民认为社区绿化需要进一步发展；75%的居民表示绿化形式可以更加多元化。

（3）外来人口多，居民社区归属感不足。郫筒街道为郫都区辖区内唯一的街道，拥有大量的政治、经济、文化资源，吸引了较多外来人口。郫筒街道官方数据显示辖区户籍人口与非户籍人口比例为6∶5，社工前期调查推断外来人口与本地土著人口比例为9∶5。众多外来人口的涌入一方面加快了城市建设步伐；另一方面居民的社区归属感问题日益凸显，调查显示76%的居民无明显的社区归属感，迫切需要政府和社区强化社区治理，千方百计增强居民归属感。

（4）老有所乐的问题亟待改善。人口老龄化是当下中国的突出问题，也是郫筒街道面临的紧迫形势，在访谈中我们得知，由于时代的原因，辖区内老年人大多数文化程度不高，娱乐方式单一，对互联网时代的不适应、对空巢家庭状况的不适应越来越明显，失落和孤独成为大多数老年人的生存现状。95%以上的老年人希望志愿参加“可食地景”，在耕种土地中寻找快乐，扩大社交。

根据这一调查结果，郫筒街道明确了方案的可行性，并决定在社区开展试点工作。

（三）总结与思考

社区调查的方法没有固定的模式，通常是从社区生活状况和现象入手，通过社区资源挖掘与需求发现，掌握社区基本情况，查找社区发展面临的主要问题和居民迫切需求，挖掘解决当前社区主要问题和居民需求所具有的潜力与资本，进而为实现社区未来发展方向和目标所能采取的具体路径提供依据。其思维逻辑是：

（1）分类与分析；

（2）列出问题；

（3）作出结论；

（4）提出建议；

（5）引起社区重视；

（6）供社区治理参与者参考。

在这一过程中，有两个重要的概念，一个是“社区需求”，就是通过社区文献查阅、社区居委会访谈、社区居民上门走访、社区茶话会、座谈会、坝坝会等形式，了解社区存在的主要问题和居民的主要需求；另一个是“社区资源”，社区资源一般包含党、政、人、文、地、产、景七大方面，搜集资源是为了寻找解决问题的路径和方法。

如果在社区调查过程中发现社区问题与需求不止一个，在项目资源有限的情况下如何进行取舍呢？这就需要与居民共同基于社区资源和问题迫切性来分析与商议。例如，对收集到的问题进行归纳总结、分类，然后由居民根据社区资源情况、问题解决难易程度及迫切程度等进行先后排序，进而缩小范围、明确方向。

二、社区动员

（一）概述

社区动员，顾名思义就是发动、引导居民关注社区公共事务并积极参与到公共事务服务与管理中。动员的目的在于建立社区共同意识，促进居民集体参与，逐渐培养和提升社区居民自组织、自管理能力，最终使社区居民真正成为社区发展的主人。

成都市社会组织将社区动员贯穿于社区营造项目的立项设计、实施执行、检测评估整个过程。通过群众动员群众的方式，不断扩展居民参与范围，从而使得社区营造与传统自上而下的社区建设有了本质区别。

（二）案例

鱼凫路社区地处温江区城北城郊接合部，是一个农转居社区。据统计，社区内部0—18岁的儿童、青少年家庭有2000多户。爱有戏的社工在社区中多年的实地探索发现，社区里的家长们有各种特长：书法、魔术、科学实验、主持人、财务教育等，社工便动员家长们将技能拿出来，进行技能互换，于是家庭互助俱乐部的概念，开始在社工和家长们的交流中不断地被完善。

2016年2月，在社工的帮助下，社区成立了儿童汇平台。2016年6月末，临近暑假，爱有戏社工为鱼凫儿童汇的家庭设计了自然和科学夏令营与家庭成长小组两个系列活动。而就在这两个系列活动的报名过程中，家长们又拓展出了书法训练营、钢笔字练字班、游泳俱乐部三个系列活动。

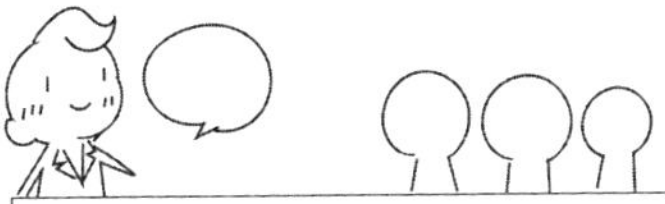

于教练：我会教游泳，我可以在社区做什么吗？

家长们：我们成立个游泳俱乐部吧！

于教练是温江区游泳冠军，是一个游泳教练。6 月末在给孩子进行自然和科学夏令营活动报名的时候，于教练对社工说道："我会教游泳，你看我可以为社区做什么？"

社工还未回复，于教练这话被到社区来办事的其他家长听到。而后一天之内，社工收到了 5 名报名学游泳的家长电话，社工便将报名的家长和于教练拉到了一起。在交流的过程中，家长唐燕说道："我们成立一个游泳俱乐部吧！"

家长们经过两天的线下讨论，梳理出了游泳俱乐部的名称、组织架构、财务制度、活动等。经过半个月的筹备与报名，鱼凫路社区的家长们发起并成立了第一个社区俱乐部——鱼凫路社区踏浪游泳俱乐部。

目前鱼凫路社区踏浪游泳俱乐部拥有会员 27 人，会员年费 50 元/年/家庭，开设了游泳初级班、提升班，游泳俱乐部由家长们独立运作。

家庭互助俱乐部从一个概念走向实体的过程，其实就是一个由社工为孩子组织活动到家长们为孩子组织活动的社区动员过程，这中间经过了动员家长参与的活力建设→家庭参与的活动设计→逐步认可的规则设计三个阶段。

1. 活力建设

鱼凫儿童汇在 2016 年 2—7 月期间，为社区家庭提供服务，分为"乐学""乐动""乐享"三大板块，9 个系列活动，累计开展活动 154 次，累计服务人次 2558 人。在儿童汇成立前期，社工通过活动和儿童汇会员家庭建立了连接。6 月活动报名时，社区要求家长们带着孩子一起来社区报名，加强了家长们之间的线下联系。

2. 活动设计

鱼凫儿童汇暑期活动的设计上，给家长们留下了足够的时间和空间。自然与科学夏令营、家庭成长小组都放在了晚上。家长们来报名的时候，总会问："我们白天有没有活动呢?"这时候社工就会回答："可以有啊，但是白天的话，不清楚咱们想干什么，要不这样，咱们一起商量一下，如果想开展什么活动，我们就去儿童汇的微信群里面发布招募信息，怎样?"有的家长和社工一拍即合，踏浪游泳俱乐部就是在这样的机缘巧合之下成立的。书法训练营也在社区五老志愿者彭冲阳老师的带领下成立，杨素蓉阿姨和杨平阿姨主动找到社区，表示她们可以开设一个针对三年级至六年级的钢笔练字班。

3. 规则设计

鱼凫儿童汇进行了很多的活动，但是如果没有为孩子们的成长带来积极作用，这活动就失去了意义。因此，儿童汇的活动有三条硬性的规定：课程当中的场地布置和整理必须由孩子完成；课程当中至少要有一名家长作为志愿者维持秩序；系列性的活动，父母至少要陪同三分之一的课程。

家长作为志愿者参与活动是俱乐部成长的重要保障。例如，鱼凫路社区的430课堂上半年和大部分的机构一样，采取的是"社工＋大学生志愿者＋孩子"的模式，但是效果不是很好。针对这个情况，社工和家长志愿者、大学生志愿者一起探索出了"1+1+6"的社区自律课堂模式：1位志愿者辅导作业，1位家长轮流维持课堂秩序，6个儿童完成课业。制定课堂规范，明晰课堂职责，制定课堂制度，约束课堂行为，提升课堂效率，受到广大家长的好评。

在儿童汇越来越受到社区居民支持的同时，爱有戏社工意识到家长志愿者的积极性会随着时间的推移而消退，从而导致这一平台出现不稳固性，因此，社工们召集鱼凫儿童汇的家长们进行了一个参与式、开放式的讨论，用开放空间会议的模式，将家长们聚到一起，大家一起来聊一聊：我们还能为孩子做些什么？

第一次开放空间会议过后，鱼凫儿童汇家庭互助俱乐部出现了8个活动小组。8个活动小组的名字皆是由家长们在群内讨论而成，讨论了课程、时间、地点、授课人员，并且积极形成方案，寻求社工和社区的帮助。社工作为资源链接者，为社区内部的家庭进行服务，整合资源，俱乐部内部逐步进行规范化的管理，家庭互助俱乐部进入正轨。

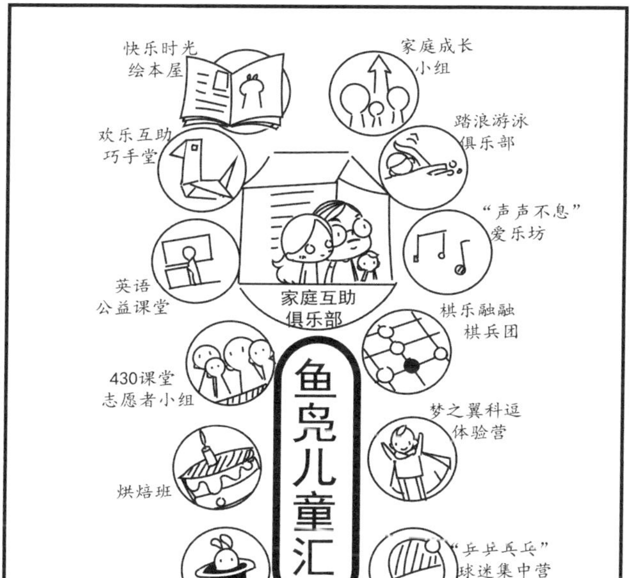

（三）总结与思考

社区动员的目的是落实居民和社区成员对社区事务的知情权、表达权、参与权和监督权，核心理念是要尊重居民主体地位，而不是“为民做主”。从以上案例中看出，社区动员的关键是要找准一个“点”来调动社区居民热情，这个点就是居民普遍关注的社区热点问题或迫切需求，由于鱼凫路社区里儿童比较多，社工抓住了年轻家庭亲子教育的现实需求，通过组织孩子们的活动，充分发掘社区人力资源，优化社区亲子教育环境，成为社区动员的成功案例。

1. 社区动员的一般步骤

（1）社区调查阶段。本阶段的社区动员目标是：

A. 让社区居民明白社区存在的问题；

B. 让社区居民充分表达对未来社区发展的期望；

C. 确定社区居民认可和理解的项目范畴；

D. 在社区居民参与的基础上，形成项目目标与方向。

（2）项目计划阶段。本阶段社区动员的主要目标是：

A. 让社区居民明白项目的整体思路，包括项目目标、具体活动、资源投入等；

B. 让社区居民明白项目的详细计划，包括活动、资源、分工、责任人和日程等；

C. 让社区居民明白自己在未来项目执行过程中的角色。

（3）项目实施阶段。本阶段的社区动员目标是：

A. 动员社区居民主动参与项目活动的实施，并承担项目实施的责任；

B. 保证项目实施计划得到落实。

（4）项目监测、评估和控制阶段。此阶段可从 4 个方面动员社区居民参与：

A. 参与项目监测指标的量化和跟踪；

B. 参与项目效果评价；

C. 参与项目过程、质量和目标的控制；

D. 参与项目财务的监督。

2. 社区动员的准备工作

（1）认识社区，包括社区自然环境、生活环境、人际关系、资源禀赋、特色文化等。只有在认识了解社区的基础上，才能更好地为下一步社区动员做好准备。

（2）明确动员哪些居民参与，即要有明确的目标对象，如妇女、儿童、老人等。

（3）知道怎样接触到这些目标对象，他们会在哪个时间段更容易接触到。

（4）有明确的动员目标，即动员居民做什么。

（5）用什么策略来打动居民的心，即通过什么活动、什么语言能够成功动员居民的参与。

3. 在没有基础条件的社区进行社区动员，需要注意如下几点：

（1）社区动员的重点是促进居民互动、增强社区凝聚力，着力提升居民的主人翁意识，逐步改变居民传统“等靠要”的观念。

（2）由于基础差，往往要依靠外部资源介入和协助（包括专业机构），在关键环节给予有效的技术支持、经费资助与能力建设服务。

（3）需要通过一系列精心设计的活动和好的工作方法，逐步建立社区居民参与公共事务的信心、热情和能力。

（4）需要有好的制度作为基础，即通过居民广泛参与，达成具有共识、得到广泛认可的制度来规范和推动社区的集体行为。

（5）切忌用资金、礼品等物资福利来刺激居民参与社区事务，这是对挖掘社区资本的巨大伤害。

(6) 激发社区内生动力是一个漫长的过程，需要一定时间的磨合与适应过程，不可揠苗助长。

三、项目设计

（一）概述

在社区调查与社区动员的基础上，就可以进行社区营造项目的选择与设计。如何选择社区项目呢？第一，从居民需求最大的方面选；第二，从社区最大优势方面选；第三，从最需服务群体方面选；第四，从最需改善服务方面选；第五，还可以从以前所做的服务中去选，将以往的社区服务转化为社区项目。

根据成都市部分社会组织的经验，要设计好社区营造的项目，先得把项目还原到其生命周期来看。常见的周期是：了解社区—初步想法—项目识别—项目设计—项目书—项目计划—项目执行—项目管理/监测评估控制—项目结项/移交。因此，项目设计与其他社区营造环节是环环相扣的，不能被简单地理解为撰写项目书。要形成社区特色项目，在进行项目设计时，还要考虑以下因素：

第一，差异化，要与过去的服务形式和其他社区单位的不同。

第二，系列化，是要由多个活动组成并联动的。

第三，精细化，活动要向深度拓展。

第四，参与度，即大部分的居民参与并知晓。

第五，满意度，多数居民对此感到满意。

第六，影响度，在本街道、本区乃至全市有一定知名度并具有较强的推广价值。

（二）案例

成都市武侯区晋阳社区属于典型的老旧院落，基础设施配套极其不完善，流动人口又多。该从哪里入手，解决居民日常碰到的生活、环境问题呢？社区工作人员走进居民群众中，通过大量的宣传、走访、拉家常等方式，悉心听取、收集居民反馈的意见，在梳理汇总分析后发现：在社区保障金使用过程中，居民积极性、主动性还有待提高，应该充分激发居民参与到社区治理过程中来，通过结合实际的项目让居民具有主人翁的责任意识，从而使社区形成“多元参与、协商共治”的居民自治格局。

同别人思路不同的是，晋阳社区认为要做好这些事情，需要从居民诉求入手，把居民呼声高的难点问题转化成居民参与社区治理的一个良好契机。在社区一班人的工作思想中，问题不怕多，只要有问题就能将其变成支点，让更多居民参与到社区事务中来，从而不断扩大居民自治的成果。

比如在晋平街 18 号院，有三栋居民小院，由于污水管经常堵塞，污水四溢、臭气熏天，造成居民出行困难。居民多次找到物业公司都未得到处理，居住在这里的居民们苦不堪言。社区工作人员接到居民反映后，第一时间赶到现场，通过了解发现该小区是商品房小区，缺乏维修资金，且又不在社区保障金的使用范围内，造成问题长期得不到解决。为更好解决居民的问题，而且让居民全程参与进来，社区决定把本次事件作为培育居民主人翁意识的大课堂。

于是，这件事被放到了社区“党群活动议事厅”上，社区党员志愿者，各个单元、楼栋组长和 3 栋的居民共计 30 余人坐在一起，共同商量解决之道。

大家一致认为：污水管的堵塞与该栋居民的不良生活习惯

有关，因此，居民应该为此次事件负主要责任。通过社区与居民共同商议，本次维修所需经费由居民自筹一部分，社区补贴一部分来共同解决。

专业的污水管道疏掏公司做了报价，按照市场行情需要7万多元的费用，居民认为每户分摊费用较高，使得项目又陷入了停顿。

为尽快解决居民面临的难题，社区工作人员不怕辛苦，挨家挨户深入调查、走访，发掘了院落内的积极分子做他们的思想工作，居民积极分子主动承担起其他居民的发动工作，居民们群策群力，主动拿出各自的资源，拿河沙、出水泥、砍价……最后费用预算下调到了5.5万元，每户居民承担的费用就相对少了很多，获得居民的一致同意。在收取分摊费用时，社区再次发动居民领头人，很快收到了4万元的维修费用，其中只有两户生活困难的居民未交。

由于资金还有缺口，社区出面协调物业公司补贴了维修费用5000元，社区保障金补助居民自组织项目1万元，保证了项目的正常进行。通过前期的参与，居民们意识到这是自家的事情，自发轮流参与项目的实施工作，很快就解决了困扰多日的污水问题。

在这次问题的处理过程中，社区充分把问题转化为撬动居民参与的法宝，以居民诉求为突破口调动居民全程积极参与，服务社区，形成了一整套公共服务资金的使用规程，完成了公共服务资金使用项目的设计。

（三）总结与思考

一般来说，社区的问题五花八门，折射着千变万化的需求，项目设计虽然没有统一格式，却有共同规律可循。在这一案例中，社区起到了统筹作用，召集相关人员进行协商统筹与项目设计，发动居民参与，且居民承担了主体责任，自筹资金，物业和社区保障金给予补贴，多方协力促进了问题解决。解决问题的过程中有很多注意事项：第一，要把控整体情况，避免失控造成问题更加严重，因此可以由简单入手，逐步深入；第二，要整体统筹和搭建协商共议平台，厘清利益相关方的权责边界，确认解决问题的主体，各司其职；第三，在整个过程中，规则尤为重要，所有行动和方案应合理合法，所有协商过程应遵循大家的约定，有序推动；第四，找到居民中的关键人物，培养其成为能人和居民领袖，由此培育居民自组织，让居民教育居民，让居民最终成为社区治理的主体。

1. 社区项目设计步骤

项目设计的第一步：问题识别与需求瞄准

A. 通过访谈、实地踏勘、头脑风暴等方式罗列出区域内的问题，厘清这些问题的位置分布、责任主体、影响面、影响程度、存续时间、利益相关方的态度等。

B. 针对问题做归类聚焦，找出关键性问题，并在关键性问题中找到问题间的关联线索，寻找最佳的行动切入点。

C. 核心的问题与需求有时不是走访时现场能看出来或问出来的，而是走访完相关方后，团队一起深入分析出来的。

D. 需求类型多，有显性需求，有隐性需求，有短期需求，有长期需求，有个体需求，有公共需求，一定要在调研分析中做多次交叉印证。

项目设计第二步：居民的意愿与项目的构造

A. 目标人群的行动意愿分析。走访社区，观察现象，开启讨论，为“做正确的项目”搜集资料。譬如社区的优势劣势、机会愿景、组织网络、基础设施、在地文化、法律政策等，项目最终是置于这样的外部环境下落地生根的。

B. 拟定项目长清单。组织更广泛的头脑风暴，拟定一些关键的议题，把居民、社区、政府等一起组织起来讨论问题的现状、真伪需求、解决的意愿、过往的经验及行动的办法等，归类构造出可能干预的项目长清单。

C. 形成短清单。与技术员、项目执行人员、资助方等一起来讨论评估项目落地实施的条件，譬如执行时长、人数、环境、经费（金额、渠道、自筹），其他资源（政策、信息、场地）。把这些影响因素考虑进去，再次让社区及居民共同讨论确认增减最可行的项目，形成短清单。

项目设计第三步：进入项目的干预设计

项目设计即是项目的干预逻辑设计，在此部分大致要回答六个问题：为什么要做这个项目（背景）、做该项目为了什么（目标）、打算怎么做该项目（行动方案）、想要看怎样的效果（指标）、会有怎样的风险（预案）、计划用多少钱（预算）。

A. 背景——为什么要做这个项目：共同发现了哪些问题；需求分析导向哪里；为什么我要做？凭什么我能做？

B. 目标——做该项目为了什么：目的是什么（愿景、理想蓝图、长期努力的方向）；目标是怎样“SMART”原则：“S”表示具体明确的量上有数值，质上有描述，成果的相对地理范畴；“M”表示可衡量，指标清晰的，独立客观的；“A”表示可实现的，在资源、时间、任务的限制下能完成的；“R”表示相关性，对于项目产生的变化是清晰的关联的；“T”表示有时限的达成指标、完成任务。

C. 行动方案——打算怎么做该项目：将目标分解成若干个任务，每个任务/活动有明确的方案，且若干个任务之间是强关联性，非零散独立的。

D. 衡量指标——想要看怎样的效果：达到什么效果足以说明成功，过程中的指标是务实客观的。

E. 风险预案——会有怎样的风险：譬如执行团队离职调

岗；合作伙伴的调动退出；目标人群的流动流失等如何管理。

F. 资金预算——计划用多少钱：据项目任务分解而来计划，考虑性价比，注重可持续性。

2. 项目设计评价维度

单就评审者而言，评价一个项目设计会关注四个维度：

一是公共的参与性，是否让居民有更多的参与机会，这些机会是否让更多不同群体的人参与；

二是创新性，流程与内容是否清晰简单便于执行，创意是否接地气，便于落地开展；

三是持续性，居民内生力量主导的组织自我运作是否可持续，他们的活动设计是否多元，持续吸引不同的人参与；

四是影响性，居民的理念意识是否会有改变，参与能力和项目执行能力是否会有提升。

四、项目执行

（一）概述

项目执行，就是在项目设计基础上，通过社区、社会组织、社工“三社联动”，全力推进项目实施，帮助社区居民有效地认识自己的社区，构筑良好的邻里关系，关心社区事务，积极参与到社区服务建设中，重新融入并适应社区环境与生活。对于项目执行，每一个社区，因为地理环境、人文历史、社区构成等不同，其做法也会不一样。

（二）案例

成都市武侯区晋平街26号园中园小区，地处城郊接合部（五大花园），修建于2006年，为农迁安置院落。小区总户数为148户，总人口约为370人，其中流动人口占比约为55%。

城市里快节奏的生活使得居民、邻里之间的关系变得疏离。原本熟识的邻居因为生活方式、居住环境的改变，也变得越发生疏，交流和沟通的匮乏已成为建设和谐社会大背景下亟须面对和解决的问题。

“请问家中一些闲置的物品可以捐赠到这里吗？这些东西都是好的。”一如往常的晋阳社区服务大厅，住在晋平街26号院落的罗亮小两口的提问让大家犯了难，原来罗亮家最近准备翻新房子，无奈家中闲置物品实在太多，很多都是没用几次就束之高阁，还有空置了几年的婴儿车、玩具等，这些都属于家中的鸡肋，放着很少用，但是丢了却十分可惜。联想到隔壁的陈阿姨之前还问大家借用小孩子的脚踏车，阳光惠民的工作人员想到，利用闲置物品之间的相互借用、分享，或许会让这些物品物尽其用。

说干就干。武侯区阳光惠民社会服务中心的工作人员打算：以闲置物品为切入点，通过“物品—人—人心”的渐进式营造，用物品交流把人吸引出家门，通过人来营造“暖心驿站”，改善邻里关系，在物品相互借用的过程中，让大家找回院落亲如一家的氛围，打造熟人社区。

这个闲置物品享借的创意，得到社区居民的一致认同，大家将闲置物品置换的范围锁定在了晋平街26号院落。但是问题来了，让居民把家中的闲置物品拿出来相互借用，成为院落内的“共享”物，居民会支持吗？居民会主动将私物共享吗？

中心志愿者两人一组，采取最保守的方式，对院落中148户居民进行上门宣传，在表明中心的来意之后，很多居民都认为相互借用闲置物品，实在是方便大家的好办法。整个调研结束，总共上门148户，收回了132份问卷，其中117份问卷都表示支持，支持率高达88.6%。大家突然发现，冰冷的水泥森林中，其实也有隐藏着的深深暖意。

中心专业社工将走访入户的调查情况加工整理成了数据化素材，并经过项目申请、初审、答辩等诸多环节，成功申请到了晋阳社区 2016 年的保障金，用于项目的开展。

在项目开展之初，很多居民都表示家中有闲置物品，却不太放心让大家随便借用。阳光惠民社会服务中心也考虑到了居民的担忧，于是中心借助社区的公信力和良好的口碑效应，让居民的物品通过社区的享借平台来进行运转。居民慢慢放下戒备心理，对享借平台的信任逐步增强，物品的流动也更加频繁。

随着项目逐步发展，居民对闲置物品展板的兴趣越来越浓，同时借用的往来也越来越多。阳光惠民认识到，小小的享借平台也需要规范化管理，人手不够怎么办？居民成了最大的资源，于是，阳光惠民中心开展了志愿者招募、志愿者培训、志愿者能力提升等一系列活动，让热心的居民朋友，成为更专业的志愿者。闲置物品在平台的登记、借出、归还等都由志愿者来进行管理。

项目持续到 7 个月的时候，阳光惠民中心就意识到，居民志愿者已经完全可以对平台实现独立的自我管理了。中心着力培育了几名热心的志愿者，让他们成为中坚力量，并帮助他们

制定了规范的值班制度、管理制度，大家慢慢形成了一个有目标、有纪律的团队。

随着项目的推进，居民之间通过一借一还，渐渐变得熟悉起来。同时，由此还引申出了许多其他项目，比如大家一起组织社区花台种植、爱心义卖、跳蚤市场、闲物鉴宝等活动，增加了院落居民面对面交流的机会，“有家的感觉”，大家对院落的感情也与日俱增。

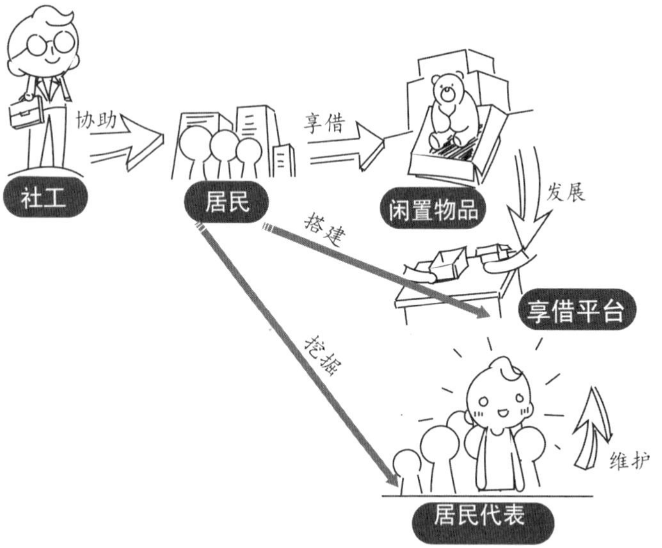

（三）总结与思考

邻里关系冷淡或疏离是当前城乡社区普遍存在的问题，而社区工作的目的就是加强邻里的互动、沟通和交流。该项目的切入点是：利用每家每户都有的闲置物品资源来解决问题，达到活化邻里关系的目的。项目设计符合实际需求，门槛低、易参与、有趣味、有影响力、可传播性强。在项目执行过程中，根据实际情况与项目进展，不断调整项目执行方案，发掘在地资源，回应本地需求，由此带动整个社区家庭之间的互动，改善社区人际关系，构建新的社区链接，提升社区社会资本，达到营造社区关系的目标。

1. 项目执行要完成的目标

（1）开展改善社区成员的生存环境并有利于社区发展的活动；

（2）意在解决社区问题和回应社区居民需求；

（3）社区党委主导下的社区自组织过程，增强社区成员共同意识的过程；

（4）社区发展治理的主体是社区成员，通过项目执行让其成为社区发展的主要力量和成果的享用者；

（5）社区发展治理需要社区成员的参与，他们不能是被动的参加，而应通过项目执行主动参与共商共议共决；

（6）建立社区外部组织与社区组织良好的合作关系，而不是管理关系；

（7）社区自治组织要通过可持续投入去增强社区要素并促进其有序发展。

2. 项目执行的三个关键点

（1）开展初期信任关系的建立。在征求意见阶段，社工和志愿者应“扫楼”征集需求，这既可以了解居民的真实想法，又对接下来的项目执行进行全方位的宣传，还能达到与居民建立初步信任关系的目的。

（2）社区与社会组织的友好合作和资源整合。社区更加熟悉在地的实际情况，也更容易取得居民的信任，社会组织作为专业力量，可以设计项目并引导居民共同参与项目执行，在参与中培育居民，影响居民意识的转变。

（3）培育居民带头人。“培育能人”是社区营造的核心，也是保证营造具有可持续性的重要因素。挖掘居民志愿者，培育居民骨干，最终由居民骨干和志愿者进行平台的运行，实现了可持续的共建共治共享。

五、项目督导

（一）概述

在推进社区营造项目过程中，为确保项目的成效，一般会设置有项目督导的环节。督导是对项目的进展情况进行系统分析的一个连续过程。督导有助于项目活动的持续调整与完善，亦可作为后期评估的基础。

督导要建立一套“督导系统”用于收集和利用项目相关进展信息，帮助工作中涉及的相关方作出合理的决策与行动，它不仅仅是收集信息的工具，还必须作为交流的系统，促进相关方互相交流信息，所以要遵从对应指标、收集信息、分析信息、展示交流、改善工作等环节加以实现。

常见的项目督导内容为财务管理、进度管理、质量管理。

（二）案例

2018 年简阳市启动城乡社区可持续总体营造示范项目。项目第三方成都公益组织服务园（以下简称服务园）通过项目发布、需求调研、项目评审、项目公示、项目书优化等环节确定了 5 个示范点位的执行单位及项目方案。为顺利推进项目实施工作，达到预期成效，服务园制定《简阳市城乡社区可持续总体营造示范项目督导方案》，实时跟进指导各项目的相关工作：

第一是建立了清晰的督导目标：其一，确定督导的目的方向是什么；其二，复盘项目既定目标与分目标以及项目活动之间在执行过程中关联的逻辑性；其三，监管各个项目的执行进展及各个活动“任务、成本、时间”这铁三角之间的互动有效性；其四，组织相关资源针对项目执行方执行过程中遇到的问题给予系统性的支持，提升督导对象的执行能力。

第二是制定因地制宜的督导策略：服务园依据落地社区属性（农村社区项目 2 个，城市社区项目 3 个）以及社会组织属地（简阳本土社会组织 2 家，外来社会组织 2 家），综合各项目村居情况，将督导策略分为两部分：一方面是常态化督导，包含每月线上、线下跟进，简报信息报送等；另一方面是定制化督导，包含专题专家督导等。

第三是确定具有可操作性的督导形式：其一，线下的实地督导，按照提交的项目进度表与月度工作计划表，进行实地督导形成记录；其二，线上跟进，每月通过简报、简讯报送等实时掌握项目情况；其三，就项目开展的共性问题和不同类型社区项目的问题，邀请行业内专家，开展专题督导会，进行专业指导。

第四是设计多元多维的督导内容：一般涵盖项目档案管理、项目财务管理、项目进度管理、项目目标管理、项目质量管理和项目宣传推广等方面。

围绕此督导设计，服务园开启了一系列的督导计划与行动，如 2019 年 3 月的季度项目进度与目标管理专题督导会，针对督导对象的特性及需求邀约了成都市民政局资方代表、社会组织社区营造专家、一线社区营造书记导师、综合运营导师组成督导团，首先是各个项目执行团队汇报展示季度内的项目活动都做了什么，怎么做的，谁来做，居民参与的情况怎样，活动效果怎么样……督导组也会事先建立相关督导的维度、信息的来源、收集的方式等以便在督导过程中更加系统地掌握项目的基础信息；其次是针对掌握的信息及执行方提出的问题，做“项目任务、预算成本、时间周期”三者关系的分析，以便协助执行方找到问题的症结与破解的方法；最后是回到项目设计的初衷主旨，用项目逻辑去检测或“对标”项目立项时的项目设计，监测各项活动的落实性、关联性、有效性。

督导中，服务园经常发现执行方往往会陷入一场又一场的活动中，而且活动都是“独立性”的存在，没有看到活动之间的关联，把活动等同于项目；或者执行方对于活动举办的最终目的或产出不清晰或理解不到位，常常会有把“概念”当成“理念”，把“手段载体”当成“目的目标”来推动的情况，抑或执行方在社区埋头苦干，忘了适时沟通其他利益相关方，整合不到资源，没有能发挥出“1 +1 >2”的效果……

（三）总结与思考

督导没有固定的模式，但督导前一般先要熟悉项目立项时的设计，与相关方沟通确认本次督导的目的与用途，然后设计相关的督导内容及信息收集方式，最后才与相关方展开系列的督导对话，督导是一个交流系统，目的在于促进相关方互相交换信息，其关注的重点一般有：

1. 了解项目社区基本情况：所有的社区营造项目督导都要建立在一个特定的情境环境下，督导对话才会真实有效，因此要尽可能地让多方主体归置到项目区的社区类型、自然条件、资源条件、环境状况、社会关系、生产关系、面临的困难与问题等，以此为基础建立对话机制。

2. 项目立项时设计的模型：协助相关方重新认识项目立项时的目的、目标、策略路径及活动设计，确定是否有变动、是否有理解差异，在此共识之下再去理解项目的进展才有意义，不然就是“问责制的验收”，而非“建设性的督导”。

3. 项目活动进展情况：某一时期内开办了哪些活动，为这些活动做了哪些投入（人力、财力、物力、时间），活动都有哪些产出（几场次、参与人次、男女比例等），按项目计划实施了吗？资金使用如何，与预期计划相比，完成的比例是多少，滞后延迟的原因是什么等。

4. 项目实施的效果与影响：项目的目标能否实现，满足了目标对象的需求了吗，村居民参与的广度与深度怎样，他们满意吗，项目对于受益者、实施机构有什么影响（正面或负面），是否带来了态度、观念和行为方式上的改变或行动能力上的提升，是否增加了项目社区的社会公平性等，这些变化是由哪些关键的因素引起的。

5. 针对问题讨论如何改善：项目存在什么困难与问题，如何才能克服，哪些措施可以改善项目实施；项目的外部（政策）环境是否在变，这种变化给项目带来哪些影响，需要做哪些调适才能顺应外部变化；项目是否具有管理的可持续性，采取什么措施才能消除破坏可持续性的相关因素。

6. 项目管理模式与工作方式：项目决策是怎么做的，应该参与该项目的相关方真的参与到项目中了吗，怎么参与的，他们的主人翁意识怎样。

六、项目评估

（一）概述

项目评估，是指项目发布方对项目完成情况的评价与总结。通过项目评估，可以检验社区项目发布和资助政策本身是否有效；可以明确政策在落地的过程中是否符合设计者的初衷；可以检测项目的一线员工是如何依据政策指导开展日常工作的；可以从侧面反馈政策有待完善的部分。其次，评估可以检验项目机构的规章制度是否完善；项目运营团队是否严格遵照规章制度执行；运营团队的方案是否合理；运营团队是否按照预定计划进行执行；项目管理是否规范；项目是否制定了风险预案；服务对象是否满意等。最后，评估也可以在一定程度上验证项目的可行性，为项目书的修订提供建议。

项目评估分为成效评估和过程评估，采用何种评估由项目投资方决定。成效评估一般在项目结束后一次性完成。过程评估一般可分三个时段进行。

1. 前期评估：前期评估主要是在项目开始之前，为项目设计服务内容提供基础资料的评估。评估的主要结论可以帮助项目的设计者直击要害，设计出真正务实的、能为服务对象带来改变的项目策略和具体活动。对于评估单位来说，前期评估也是一次资料收集、整理的过程。前期评估的主要结论和内容，可以为中期评估和结项评估提供参照，帮助后面阶段的评估在“改变”和“影响”方面作出更准确的判定。前期评估通常是一种需求评估。

2. 中期评估：中期评估是指在项目开始之后的所有阶段开展的评估工作。通常是在项目执行到中间时段（如一年期项目的半年节点，两年期项目的一年节点）进行的评估。中期评估的主要作用是梳理项目执行过程中和项目目标、策略的吻合度，回顾项目执行过程中的亮点、问题，找出执行过程中遇到的困难和困惑，帮助被评估对象更清楚地认识项目的发展态势，确立下一阶段的工作重心和内容。中期评估既可以在项目组内部开展，也可由第三方执行。中期评估通常是一种过程评估。

3. 结项评估：也就是末期评估，常常有机构自评和第三方评估两种方式。机构自评，即项目团队根据项目建议书的内容，对照完成情况和实施效果进行总结；最后以报告的形式交给项目委托方（资方）进行检验。第三方评估邀请专业的评估团队，以第三方的视角，检视项目的完成情况、项目成效和项目影响力。一般来说，结项评估是项目委托方提供拨付尾款或项目结项的重要依据之一，也是向公众真实呈现项目成效和项目影响力，甚至是解释项目未达成目标的手段之一。

（二）案例

在长期的社区营造项目评估实践中，成都市民政局及相关社会组织发现，传统的项目评估方式存在以下问题：1. 评估双方地位不平等，缺乏尊重；2. 评估团队素质参差不齐，缺乏标准；3. 有关评估的信息不透明，缺乏问责。为了解决这些问题，大家都希望有一种办法，能够真正实现评估方和被评估方权责对等、互相尊重；评估团队经验丰富，能够看出项目的问题，提出中肯有效的改进建议；被评估方在项目开始之初就了解评估的内容，并在项目的执行过程中根据评估的要求完善自身建设。

基于这样的期待，2016 年成都市民政局委托四川大学灾后重建学院国家社会工作专业人才培训基地的专家团队，通过与三类不同类型在地组织的调研与合作，研发了一套适用于成都市社区营造项目和执行机构的评估体系——“成都市社区公益服务项目评估体系”，也称“参与式评估体系”。这一评估是基于“参与式方法”、秉持公开、公平、开放的价值观，尊重每一个“人”的权利和知识体系，强调自下而上的获取信息和自上而下的分享信息的一种评估方法。体系包括 6 大范畴，53 项具体指标（具体指标体系见本书附录），由经过培训的“参与式评估员”按照具体的操作流程，在实地对项目进行评估。通过评估过程中的问答和评估意见反馈的方式，协助被评估机构认识问题，改进问题。

参与式评估必须由经过培训的参与式评估员具体操作。评估小组通常由 3—5 人组成，小组设定 1 名组长。评估小组就以下工作内容但不仅限于以下内容进行分工：统筹、对外联络、对内联络、记录、资料汇总、座谈、查阅文字图像资料、访谈受益人、访谈合作伙伴、照相、撰写总报告等。

通常，参与式评估包含以下具体流程：

（1）评估团队组成

评估员接受评估任务，组成评估小组。评估小组接受授权，或签订协议。

（2）准备阶段

查阅资料：现场查阅或提前查阅电子版资料。查阅过程遵守保密协议。

情况沟通：在评估正式开始之前，评估团队、评估对象和评估委托方三方，进行初步沟通。主要沟通内容为：评估员出示评估授权书、评估员介绍评估内容、评估目的；项目执行方简单介绍项目内容；社区介绍社区基本情况及项目中社区的参与情况；三方确定正式评估的时间；评估员初步考察社区。

（3）执行阶段

现场评估：评估员根据之前商定好的时间，进行现场评估。现场评估需要查阅资料，同时需要走访社区和受益人、合作方。评估小组成员可根据评估内容进行适当的分工，保证评估工作公平、公正、有效率。

（4）小组情况初步汇总

现场评估结束后，评估小组成员集中商议，给出评估的初步意见（通过与否）。小组汇总时，在尊重每位评估员意见的基础上，统一意见，作为评估小组的初步意见。

（5）评估情况告知

由组长代表评估小组向被评估机构和社区告知评估初步结果。被评估机构和社区可以就相关问题向评估小组提问。评估小组有义务进行解答。如就评估结果达成一致，被评估机构需签字确认评估结果。如被评估机构不同意评估结果，可在评估结束后两个工作日内向评估员派出机构提起申诉。如对评估小组的工作或对个别评估员有意见，也可以在评估结束后两个工作日内向评估员派出机构或评估委员会进行申诉。

（6）提交评估报告

评估小组在评估工作全部结束后向组织本次评估的机构提交评估报告。评估报告的内容需为每个评估员现场评估的内容总结，如某位评估员有和别的评估员不同的意见，且通过沟通仍然无法达成一致，应在评估报告中反映出来。

（7）评估意见的反馈

评估小组在经项目委托方同意之后，将评估结果以书面形式反馈给被评估机构。同时，就评估主要结论以电话或面谈方式告知被评估对象，并就被评估对象提出的问题进行解释。被评估对象应在收到反馈意见之后，召集项目主管、项目执行人员、核心志愿者等主要项目执行者召开会议，分享评估结果，讨论项目执行中的优点、不足和收获。

（8）评估意见的宣布

评估的最终意见由资方进行发布。评估小组可以协助对评估工作进行解释。

截至目前，参与性评估已应用到全市20余个项目当中，比如高新区桂溪街道、崇州市、大邑县等地的评估工作等。评估过程及评估结果，都受到了委托方、评估对象以及评估员的一致好评。

（三）点评

参与式评估是评估的一种方式，可以为购买评估的单位提供有理有据、公开透明的评估服务，评估对象参与性强，评估指标刚性成分少，评估人员熟悉业务，评估方法多样，对社区类的项目尤其适合。参与式评估还有更重要的目的，即帮助承接项目的社会组织通过接受评估的方式，更好地完善自身的制度建设，为服务对象提供更好的服务。参与式评估是有“温度”的评估，在评估中始终秉持的平等、公正、互助，为被评估对象、评估小组成员、组织方带来了温暖。以评促建是参与式评估始终不变的目标。通过每一次评估，各方都获得成长，为成都市社区营造增添了一笔亮丽的色彩。

第四章 工具篇

根据社区营造的实践经验，本篇主要介绍社区营造项目所需的能力和技术，包括调查方法、会议方法、能力建设、志愿者招募与管理、行动研究。每个方面又细化为入户访谈、微信调查、罗伯特议事规则、开放空间、头脑风暴、小组讨论、逻辑框架等更加具体的能力和技术。

一、调查方法

（一）入户访谈

【定义】入户访谈是指被访问者在家中单独接受访问的一种调查方式。调查员按既定抽样方案和抽样方法，选取被访者，进行面对面的问答对话。入户访谈的主要优点是反馈直接，能对复杂问题当面解释，访问质量较高，所获信息相对真实可靠。因此，到目前为止，入户访谈仍是十分有效的最佳访谈技术。

【案例】

N市J社区的社区营造从入户访谈，了解居民需求，增进项目组成员与社区居民的熟识度入手，为社区营造项目的落地生根打下良好基础。

N市J社区营造项目组成员LW说："我们不是本社区的社区居民，对于J社区居民而言，我们是从外面来的人，因此他们不了解我们，更不信任我们，要了解社区居民，获得信任，从开始与社区居民建立信任感最好的方法就是用心地与社区居民沟通。为此，我们项目方花了一个多月的时间，有针对性地选择部分社区居民代表，晚上到他们家里去聊天。开始我们是下午去社区居民家，后来发现下午社区居民在家的较少，后来就改为晚上18：00—20：00这个时间段。我们去社区居民家中上门走访，主要就是和社区居民聊家常，聊他们对社区的看法，想做什么，有什么资源等。这个过程很重要，面对面的方式和社区居民能够很快拉近关系。我们都是直接敲门（没有预约），直接就进去，大部分社区居民都愿意和我们沟通，我们上门78户，对社区就慢慢真正地开始认识和理解了。”

【点评】

在“社区营造”项目前期准备阶段，很重要的一点就是要识别社区需求，即“问需”。入户访谈就是“问需”的重要方法之一。而N市J社区的社区动员正是从入户访谈开始，让社区居民对社区营造项目、对项目组成员有了初步的认识和了解，且为之后组织社区“茶话会”（“世界咖啡馆”会议或者开放会议）奠定了良好基础，在项目方的定向邀请和公开征集中，该社区报名参加茶话会非常积极踊跃，为该社区的社区营造开了一个好头。

【入户访谈的操作要点】

（1）入户需征得对方同意。

（2）入户后立即告知：我（们）是谁？来做什么？大约耽误多久？访谈的目的及访谈结果的使用。

（3）访谈中涉及隐私的内容应有保密承诺。

（4）访谈中不能给对方增添额外的麻烦。

（5）访谈中尽量不要出现小动作，如接电话、东张西望、找东西、眼神飘忽不定等情形。

（6）访谈中应目视访谈者，身体微微前倾，坐姿要相对严肃。

（7）访谈时间一般不要超过2小时。

……

（二）微信调查

【定义】微信（WeChat）是腾讯公司于2011年1月21日推出的一个为智能终端提供即时通信服务的免费应用程序。目前，使用微信的人超过10亿，微信已成为民众的一种生活方式。由于微信沟通交流具有不受时空限制、不受人数限制、方便高效等鲜明特色，借助微信调查民情民意受到众多社区的关注，越来越多的社区通过建立社区居民微信群，在微信群里调查民情民意，极大地方便了中青年群体通过社区微信群关注社区事务，参与社区治理。

【案例】

2013年是中国移动互联网元年，当年9月，微信的用户首次突破1亿，人们的日常交流不再依赖于电话和短信，更多时候使用微信交流，微信调查也逐渐成为一种调查手段。晋阳社区就是在这一大背景下将微信引入社区工作，将社区居民活动搬上微信，在了解社情民意中充分发挥微信调查不受时空限制、随时随地沟通互动的优势。

微信调查的基础是建立微信群。晋阳社区主动作为，社区书记李含荣和工作人员一起主动加入居民的微信，建立了一个200多人的社区居民群，再动员居民邀请他们的邻居进群。开始的时候，群里只是发一些跟社区公共事务相关的消息，大家聊着聊着熟了起来，也慢慢聊一些社会新闻、生活趣事。后来大群孵化出了很多小群。这些小群主要以兴趣划分，有摄影群、书法群、绘画群、娱乐群等，工作人员也分别加入这些小群，用来了解社区居民的生活，组织大家感兴趣的线下社区活动。社区书记李含荣手机上加入的居民微信群就有40个。

活跃的微信群是微信调查的保证。微信群的活跃有赖于热心公共事务的居民志愿者。晋阳社区已经找到了很多这样的热心人，对社区事务有更多的付出度。比如在晋阳社区开小诊所的安徽人陶林。他从不乱开药，还愿意和邻居们聊养生话题，人缘儿非常好。在最早的微信群里，陶林经常就公共事务发表自己的看法。2015年2月，李含荣专门去诊所找他，请他担任附近几栋楼的组长，陶林欣然答应。“陶林这样的中青年是社区事务的主力，他们学习能力强，能够熟练使用互联网，有承担引导居民交流和参与公共事务的热情。”李含荣说。又如67岁的叶莲清，她是因为经常在群里发辟谣信息引起李含荣注意的。“老年人攒了一辈子的钱不容易，被骗走后又没有收入，所以一定要提高警惕。”叶莲清说。只要看到电话短信网络诈骗的事，她都会告诉周围的老年人多加防范。被选为居民组长后，叶莲清抽空走访了院落里所有的住户，跟每家每户都聊过天加了微信，还手绘出一张详细的院落地图。

因为有了活跃的微信群，晋阳社区在社区工作中运用微信调查才能收到切实的成效。如在社区走访中，书记李含荣发现某院落的旧围墙有点残缺，他用手机多角度拍了照片，回办公室后便发在了社区工作人员的微信群里，并@主任黄芳，找专业人士作预算，看看社区能拿出多少钱来支持，扣除之后再算算每户人家出多少钱，线下线上（微信群）公示征求意见。@负责新媒体的李济舟进行投票动员，在社区居民的微信群，由居民投票决定。

几天后，晋阳社区的居民微信群里出现了一个网上投票，标题是“这个围墙和路面要不要修”，群主“小李”附上一段话说，这是社区公共事务，修好对大家有利，但维修的话需要住户们出一些钱，“有利有弊，大家权衡一下，然后投出您的宝贵一票吧，感谢您对社区事务的支持”。几分钟后，平时就在群里很活跃的几个年轻人开始了讨论，大家回忆起雨季道路的泥泞，表示修路和重建围墙迫在眉睫；也有人说其实围墙和路面还能忍受。投票数量一点点涨上去。

又过了几天，微信群和小区公告栏里贴出了整修围墙和路面的费用，其中晋阳社区支持 2 万元，剩下的一半由受益居民均摊，每户平均 160 元。

随后，根据成都市保障金使用要求，完成晋阳社区总结的“九步法”操作流程，社区可以联络施工队进驻小区，半个月之后围墙和路面焕然一新。

【点评】

社区营造很重要的一点就是在地居民的参与，而微信调查是扩大民意了解范围，扩大居民参与社区事务、社区治理的一种便捷高效的好方法。晋阳社区借助微信平台，利用先进技术手段不仅提高了工作效率，提高了居民社区参与水平，更重要的是，通过微信平台、微信调查，晋阳社区逐渐在互联网上建立起了一个熟人社区，为社区营造的顺利展开奠定了深厚的居民基础。

【微信调查的操作要点】

（1）社区干部主动贴近居民，建立微信群。

（2）引导居民建立兴趣群，增进相互间的信任和熟识。

（3）充分发掘微信群中热心公共事务的社区志愿者。

（4）坚持在微信群讨论处理社区事务，保持微信群活跃度。

（5）社区干部发挥协调者而非管理者的作用，引导居民自治，自己解决社区各类问题。

……

二、会议方法

（一）小型培训清单

【定义】培训是一种旨在提高学员某种知识、技能，或改善某种心态，形成某种习惯的活动。从目的来分，有技能培训、知识培训等。从规模角度来分，有小型培训、中型培训、大型培训等。培训是社工机构常采用的一种服务方式，用于培训社工，也用于培训社区志愿者等各类有意愿参与社区事务、社会事务的人员。而培训要达到预期效果，制定一个培训清单，明确培训思路和流程就显得格外重要。

【案例】

成都市翱翔社工非常重视培训的前期准备，在小型社工培训（30人以内）方面有一整套的培训思路和流程，建立起了小型培训活动清单。

1. 调查培训需求。可提前邀请潜在的培训对象进行培训需求调查，了解大部分培训对象的基本情况和需求。

2. 制订培训方案。根据培训对象的需求，确定培训主题，制定培训方案。

3. 寻找培训导师。根据培训主题寻找合适的培训导师，与培训导师沟通学员的基本情况，协商培训时间、培训对象及人数、培训内容及形式、导师讲课费、食宿交通安排等问题。

4. 向培训主办方报备。如果机构是培训的承办方，还需提前报备培训方案给主办方，得到主办方的认可和支持，过程中也可以和主办方协商培训时间、招募学员、培训场地等事宜。

5. 发布培训招募信息。和主办方、培训导师确定了具体的培训方案以后，制作出招募文案及报名表，可以通过机构公众号、微信群等不同平台进行宣传招募。

5.1　招募文案的要点。招募文案需写清培训时间、地点、主题、流程、导师简介、报名方式、培训费用等。如果培训地点不太好找，还可以写上交通指引。如果培训连续几天，还需考虑学员的食宿问题。

5.2　培训报名表制作工具。培训报名表可以使用灵析、问卷星等工具制作，制作完成后生成二维码和链接，可以放进招募文案里，通过公众号的扫描二维码或者阅读原文即可完成报名。

5.3 报名表制作工具的功能。用灵析制作报名表单，可以设置报名人数自动截止，可以自动发送报名回执到报名者邮箱，可以设置报名时间自动截止，可以通过邮件和微信随时掌握报名情况，也可以随时更改报名表单和设置内容。

6. 报名人员建群。报名成功后，可以在提交表单时设置一个微信群二维码，报名成功者可以加群，方便后期通知相关事宜。培训结束时，也可以填写电子反馈表。如果报名后需要筛选，可以在发送报名成功的邮件时，再发群二维码。

如果这些都没有，也可以现场培训时再建群。建好微信群，培训开始前，可以在群里发送场地指引照片，引导大家顺利找到场地。

7. 培训当天应早到做培训准备。培训当天，社工至少提前 1 个小时到场地，进行投影设备调试、桌椅摆放、横幅悬挂、签到处安排。如果买有茶点，可以提前清洗装盘。根据场地情况，可提前准备好饮用水。

8. 及时关注培训人员到场情况。一般通知学员提前半小时到 15 分钟到场签到。培训统筹者需要及时关注签到情况，当签到的人员较少时，可以在微信群提醒大家注意时间，或者电话联系还没到场的伙伴，以便评估是否可以按时开始培训。

9. 介绍培训场地情况和培训基本要求。培训开始前 3—5 分钟，社工可以提前和在场的伙伴打招呼，介绍场地安排、卫生间的位置，提醒学员把手机调为振动或静音，介绍培训流程安排等，也可以在电脑上播放一些机构宣传片、培训相关内容介绍 PPT 等。

10. 有一段培训开场白。培训正式开始，主持人说一段简单的欢迎词，可以简单介绍今天培训的主题、目的、出席的领导、参训的学员等，邀请主办方领导致辞（需提前和领导沟通）。然后主持人介绍培训导师，邀请培训导师出场，由培训导师主导。过程中社工配合导师进行培训。

11. 安排培训拍照。培训过程中，安排工作人员拍照。培训结束后，最迟第二天需要完成活动通讯稿撰写及发布。

12. 培训结束后事宜。培训结束后，可通过纸质反馈表或电子反馈表，进行培训意见的收集。如果建了培训微信群，可以直接发反馈表链接，请学员填写。

如果培训结束时间比较早，建议现场鼓励学员填写完成，除非填写内容较为复杂有难度。事后让学员填写，会出现部分学员忘记填写的问题。反馈表回收的数量可能会比现场填写少一些。

13. 统计培训反馈情况。收集完反馈表后，如果是纸质版反馈表，还需安排工作人员进行录入分析。如果是电子版，可以直接统计出结果，方便快速，填空题无法直接生成在报告里，可以把填空题的答案截图放到报告里。报告出来以后，除了工作人员可以评估培训效果，也可以发送给培训导师，给予反馈。

14. 完成培训总结。收集完反馈，培训结束后一周内，就可以完成培训报告的撰写和培训资料的归档。

【点评】

一场好的培训，前期的准备是最重要的，如学员培训需求和培训主题内容的匹配度、培训内容和形式的设计、培训导师的风格和能力、会务的悉心准备，每一个细节，都能体现出组织方的能力和用心，同时，更为重要的是，有计划、有条理的培训是培训活动卓有成效的基本保证。成都市翱翔社工从时间和事件对应的角度出发，制定了由 14 项行为构成的培训清单，培训思路清晰，流程完备，具有很强的借鉴性。

【小型培训清单的操作要点】

（1）掌握培训对象的需求，根据需求寻找培训老师、制订培训方案。

（2）和培训主办方保持沟通，争取主办方的全程认可和支持。

（3）重视招募文案和培训报名表的制作，为发布培训信息打好基础。

（4）建立培训微信群，方便后续通知培训信息。

（5）培训当天，需做好培训各环节的工作，如场地准备、督促人员到会、主持人致辞，配合导师讲解、拍照、发放及回收反馈表等工作。

（6）培训完毕，需做好培训总结报告并对相关资料进行归档。

……

（二）罗伯特议事规则

【定义】通俗地讲，“罗伯特议事规则”就是关于如何开会的指南，其实质就是在竞争环境中为公正平衡和正当地维护各参与方的利益而设计的精妙程序。罗伯特议事规则的主要优点是能够有条不紊地让各种意见得以表达，同时压制各方私利的膨胀冲动，求同存异，实现民主和效率的共赢。而社区营造活动恰恰期望社区居民能有序参与，因此，学会正确开会，就成为社区营造活动一个很好的切入点。

【案例】

成都责仁社会组织发展促进中心联合袁天鹏议事规则工作室共同实施“成都市城乡可持续总体营造行动——社区营造中的多元议事协商技术”项目，培养50余名宣讲员，并于2017年11月下旬深入到成都各社区进行宣讲和答疑。对社区居委会、社区议事会、院落议事会、小区业委会、社区居民带头人和骨干等进行议事规则培训。听众反映良好，表示很实用，不同于以往的培训，受益匪浅。他们将罗伯特议事规则本土化，梳理为如下 13 条。

第一条：主持中立。主持人不得参与会议内容的讨论，只能专心维护规则。这既避免了“一言堂”决策垄断，也使得参会者学会自己承担责任，共同决策。同时，主持人的中立强化了规则的地位，时刻提醒参会者提升自己的规则意识。

第二条：举手发言。发言要自己主动表示，不是等着被请；发言也要公平竞争，有序进行，不是控诉叫嚷。由此建立彼此尊重的权利意识。

第三条：面向主持人。只能面向主持人，用对主持人说话的口吻来表达意见。培养大家理解参与公共生活不是“打败”跟自己意见不同的人，而是要说服更多人来理解，同时尽量把别人的意见和诉求跟自己的一并考量，认清自己和他人权利的边界，学会理性竞争，学会妥协。

第四条：明立场。先说结论，再说理由。发言者可避免话题发散，提高效率，倾听者可有效分析，提升理性。

第五条：不超时。

第六条：不打断。

第七条：不跑题。

第八条：不攻击。第五到第八条从时间、主题、表达方式的角度划定了彼此发言权利的边界，保护在边界内的发言不被打断；反过来促使他人倾听，也保护他人不被跑题发言耽误时间，提高会议效率，保证他人不被人身攻击，保证会议理性，保证对事不对人。这样各方既能平等行使权利，又受到规则的约束，保证参与是有序的。

第九条：机会均等。没发过言者可优先发言，赞成方和反对方应轮流得到发言机会。保证相关方都有机会表达各自的利益诉求，平衡会场气氛，使会议做到更理性地决策。

第十条：充分辩论。必须经过充分辩论之后才可以表决，虽然多数人决定，但必须尊重少数人的表达，避免多数人对少数人的暴力，并在充分的辩论中使不同利益诉求都能表达。

第十一条：正反表决。

第十二条：过半通过。

第十三条：服从裁判。使参会者自我约束，培养遵守规则、尊重规则的精神。

【点评】

社区居民有着非常多元化的利益诉求，唯有建立规则才能协调彼此的利益。基于上述认识，成都责仁社会组织发展促进中心引进的珠海南村社区经过本土化的“罗伯特议事规则十三条”，取得较好效果。该规则通过居民议事代表审议改善居住环境等公共事务，逐步引导居民熟悉规则、运用规则，建立起“规则、妥协、承担”的公共意识，为形成公开表达、充分沟通、彼此尊重、富有活力的和谐社区奠定了良好基础。

【罗伯特议事规则的操作要点】

(1) 主持人在主持会议中不得发表意见，不得总结别人的发言。

(2) 会议讨论的内容必须是具体、明确、可操作的行动建议。

(3) 发言者必须面向主持人，举手发言，表明立场，且发言不能超时、跑题、人身攻击。

(4) 主持人应让意见相反的双方轮流发言，机会均等。

(5) 表决时，当赞成方多过反对者，或赞成票达到规定票数时，动议通过；未达到规定票数或平局视为没有通过。

……

罗伯特议事规则的操作要点

（三）开放空间

【定义】开放空间是一种类似于院坝、大树下人们自然聚合，讨论生活大小事的地方。开放空间会议是一种区别于传统会议形式的会议模式，它提供给人们一种平等、开放、自由的会议空间，参与成员迸发激情和责任，参与讨论，达成共识。开放空间的主要优点是平权发生，集思广益，解决冲突，达成共识，实现自组织。而社区营造正是建立在居民积极性、创造力充分发挥的基础上，因此，选择正确开会方式就成为社区营造能持续推进的重要因素。

【案例】

成都“爱有戏”社会组织将开放空间本土化为“市民论坛会议”，并在锦江区水井坊社区开展的各种大小会议中广泛运用。市民论坛会议包括会议准备、会议过程及会议结束跟进三个阶段。

1. 市民论坛会议准备阶段

（1）选择利益相关方，参会人员必须要有代表性与全面性。如社区利益相关方有常住人口、流动人口、辖区单位、政府部门等。

（2）准备硬件设备。包括能容纳若干人的会议场所（固定），围成“U”字形的小组讨论桌椅，清晰的影音设备，大白板、纸笔、便利贴等，会议规则上墙。

（3）准备软件。包括会议主持人的能力、技巧，特别是保持中立立场，熟悉演练会议流程，如收集写有观点的便利贴纸，观点分类，决定讨论的顺序，等等。

2. 市民论坛会议过程阶段

（1）选择小组主持人。小组主持人要引领组员讨论，把控节奏，促进沟通，鼓励发言。

（2）选择小组记录人。记录人需要详细记录与归纳整个讨论过程中的发言，并写在大白纸上。

（3）选择小组发言人。发言人需对小组讨论后的内容进行归纳总结并代表小组站到主席台前为所有参与者讲解小组讨论的内容。

3. 会议结束跟进阶段

（1）成立实施小组。实施小组要去完成会议讨论结果，包括增补其他成员进入小组，向社区或相关社会组织寻求协助，在社区（院落）广为宣传，提高社区居民对小组的知晓度与支持度。

（2）社工协作。社工需要协助实施小组，从能力、技术、知识等方面给予帮助。

4. 反思与会议

社工协助小组定期进行跟进评估，并对会议结果的跟进情况进行反思，对市民论坛会议成果执行的进程跟踪，可以邀请社区或政府对过程进行指导与监督，如果有必要，可能会召开多次市民论坛进行讨论。

【点评】

社区营造不仅是再造社区，更是再造社区居民的一个过程。在社区营造中，居民不仅是参与，而是能够成长为自己去主导实施一件事情的人。这一点与开放空间创始人哈里森强调开放空间自组织的理念完全契合。在开放空间里，卓越的引导者以“无为而治”的境界存在，参加者则好似出笼的鸟儿般欢快，解决问题的欲望在内心慢慢酝酿，热情被唤醒，活力被激发。水井坊社区的“市民论坛会议”是契合社区实情的本土化的开放空间会议，哈里森倡导的开放空间的精神——尊重、邀约、自组织在一次次的市民论坛会议中得到了践行，这不仅解决了社区营造遇到的一个个问题，也不断地推动社区营造接近再造居民的目标。

【开放空间的操作要点】

（1）设计出与会者有热情参与的真实议题。

（2）邀请全部利益相关方参与。

（3）做好引导者和辅助人员的培训，增强其在会议中实操的技巧和能力。

（4）场地布置突出圆形开放特点，为参与者营造友好和谐轻松的讨论环境。

（5）充分尊重每个参与者的自由讲话权，激发他们发自内心的“愿意”。

（6）做好会后参与者对议题讨论记录与行动方案的知晓工作。

……

"开放空间"怎么做？

（四）展望未来

【定义】展望未来是一种会议技术，是近年来在欧美较为常见且证明行之有效的讨论社区发展和解决社区问题的参与式工具。展望未来论坛给对同一公共议题有兴趣的利益相关者提供一个公共空间，通过学习、对话、讨论、规划的会议形式，协助参与者理性思考问题、全面分析问题，使众多参与者达成对"未来"的共识，形成一致同意的共同行动方案，并让参与者能够为实现这一目标和行动方案贡献各自的力量。多元参与、公平协商、各尽其能，各得其所。

【案例】

红湖公园城小区位于大丰街道崇义社区蓉北路二段9号，共有三期25栋，住户2991户，其中出租房屋的有438户。总人口12100人，其中户籍人口1314人，常住人口7879人，流动人口2907人。

该小区自2009年入住至今，各类物业矛盾纠纷就一直存在。特别是2015年以来，小区在治安防控、物业服务、业委会选举、设施维护、小区环境、邻里关系、文明居住等方面矛盾纠纷日益突出；小区内治安状况差、车辆随意停放、出摊占道、住改商等问题普遍存在；集访、闹访、堵路等群体性事件易发频发。2016 年红湖公园城小区全年共发生入室盗窃案件 26 起；2016 年 5 月，小区上百位业主曾因故障停电阻断了成彭路交通；2016 年 7 月，部分业主就小区门禁管理同物业服务人员发生冲突，甚至出现部分群众围堵派出所的情况，严重影响了小区居民的正常生活，也给大丰平安建设与和谐稳定带来了极大的挑战。

红湖公园城小区存在的问题涵盖了基层治理体系缺失、自治组织运行不畅、物业服务不规范和居民城市融合程度较低四大方面，在大丰街道乃至全新都区都很具有代表性。

2017 年 4 月，成都幸福家社会组织（以下简称幸福家）和大丰街道一起拟定了一份《致红湖公园城小区居民的一封信》，表明期望小区居民参与，力争用一年的时间，能够使红湖公园城小区存在的突出问题得到明显改善的意图。

紧接着根据问卷调查获得的数据和反映的问题，幸福家提出了 8 条建议。

2017 年 6 月，幸福家在本地招聘了 3 名伙伴进入红湖公园城小区，并完成了街道和社区的破冰。从街道书记、主任到社区书记、主任再到网格员彼此都建立了联系，并约定好了沟通频次和方式。在社区网格员陪伴下一同走访社区党员、居民骨干，优先与“种子们”建立了联系。

在上述铺垫的基础上，幸福家进行了一次展望未来会议（“阳光下午茶”活动）。他们和每个居民电话约定，提前一个小时到居民聚集的楼下、小广场邀约居民。幸福家 3 个工作人员，一个负责联络，一个负责接待，一个负责留下居民。慢慢地，居民越来越多，逐渐超过 100 人了。恰在此时，社区书记带领工作人员过来支持活动。鉴于前期社区是被小区居民排斥的，如果社区工作人员到场参与活动，很有可能造成现场居民产生更多意见，整个定性破冰的活动就会变成吐槽会。

基于此，经过简单沟通，社区书记表示理解并带领社区工作人员暂时回避，活动继续按原计划进行。这次活动有六个模块：

1. 定性。告诉在场的所有居民，这是展望未来的正能量的会，不是吐槽会。吐槽对于解决小区的问题没有任何意义。

2. 幸福家介绍自己的团队成员，介绍要给居民带来什么项目，做什么事情。让居民知道这个社会组织能给大家带来什么，如何能陪着大家一起让小区变得更好。

3. 居民逐个介绍自己，通过介绍的过程，了解居民的性格、能力和兴趣爱好，发掘准居民骨干。

4. 展望未来，和大家一起讨论大家想要怎样的小区。通过收集大家对于小区未来走向的希望，给每个居民一个期望的目标。

5. 议事。抛出一个问题。针对小区已经损坏的乒乓球台是否需要更换，如果更换怎样更好地去管理的问题。议事过程中，居民们积极发言，不但提出管理方法的问题，还提出如果大家抢着用怎么协调的问题。最后，大家达成共识——更换乒乓球台，拟定乒乓球台使用公约，让居民们有序使用，爱惜公物。现场所有的居民都举手通过，顺利完成了小区第一次集体议事。

6. 街道社区相关领导致辞。活动过程中，来了100多名居民，有46名居民发言，发掘了20多名居民骨干，所有的居民骨干、幸福家工作人员建立一个微信群，在微信群中，居民回去后都在回味今天的活动，一颗正能量的种子埋入了小区里。

【点评】

社区有问题需要解决、社区共识有待达成，需要社区利益相关方就公共议题形成共识和行动。展望未来为社区利益相关方平等参与，共同协商解决社区事务提供了一个平台。社区营造引入展望未来的会议方法，将有助于社区动员和社区教育，因为在展望未来会议上，参与者通过回顾过去、了解现在、设计未来、达成共识、行动规划五个环节，消除了相互间的陌生感，建立起“远亲不如近邻”的情感共识，激发起对社区美好未来的期待。

【展望未来的操作要点】

（1）会议时长一般3—5天，最少也要一天半。

（2）会议应有回顾过去、了解现在、设计未来、达成共识、行动规划五个环节，每个环节应不少于30分钟。

（3）需要各利益相关方代表参与会议。

（4）会上要尊重每个参与者的意见和看法。

（5）所有人的想法都写在纸上。

（6）认真倾听，相互帮助，寻求共同点，包容不同意见。

……

三、能力建设

（一）头脑风暴

【定义】“头脑风暴”是一种收集意见的常用方法，其主要特点包括：大胆地思考，各种想法都可以讲出来，即使是最边缘最奇怪的观点；数量比质量重要，越多的想法越好；所有人的想法都说出来后才允许作评判。因此，头脑风暴成为社区参与式项目最常用的工具，在社区营造中广泛运用于收集居民对社区事务、社区问题五花八门的看法和建议。

【案例】

四川尚明公益发展研究中心对“头脑风暴”的培训及成都市大同社会工作服务中心运营的石仁社会组织孵化中心在文苑社区、石人北路社区开展的社区建设“头脑风暴”工作坊对于理解和把握如何在社区营造中运用头脑风暴法具有较强的参考价值。

1. 四川尚明公益发展研究中心在展望未来论坛的三个环节——回顾过去、了解现在、设计未来中均使用了头脑风暴。

在回顾过去环节，用头脑风暴法思考：

（1）本社区成立那年我在哪里？在做什么？（每人写出自己当时的职业和所在地）

（2）本社区成立以来发生过什么大事？（我知道的社区大事）

（3）本社区的标志性建筑有哪些？

（4）本社区最好玩儿的地方？

通过回顾过去，参与者之间的陌生感逐渐消除。建立“远亲不如近邻”的情感共识，发现社区资源。

在了解现在环节，用头脑风暴法思考：

（1）本社区现在面临的问题是什么？

（2）本社区开展“社区营造”项目的挑战是什么？

（3）本社区……

了解现在是展现不同群体对社区现状的感知、认识、需求及看法，进一步加强参与者的相互关联。

在设计未来环节，用头脑风暴法思考：我希望2022年的社区是什么样的？

以未来愿景激发参与者的参与热情，了解不同群体对社区未来的期待。

经过头脑风暴，参与者更容易达成共识，付诸行动。

2. 石仁社会组织孵化中心在文苑社区、石人北路社区开展了社区建设“头脑风暴”工作坊。

首先，确定了讨论的话题是“街道为什么引进社会组织”“社区存在的主要问题”“社区的需求”。

其次，参与人员围绕上述问题各抒己见。参与人员在社区存在的问题这一方面，主要从居委会自身层面入手，提出有关社区建设的诸多问题和期望；就街道为什么引进社会组织，参与人员发表各自看法，提出自己的观点；对于社区的需求方面，工作人员针对居委会、居民、社会组织都表达了不同的需要。

通过工作坊的开展，社区工作人员对“街道为什么引进社会组织”及“社区存在的主要问题”有了更深入的思考，在接下来的社区建设过程中，社区工作人员将更有针对性和方向性。

【点评】

社区营造的过程其实就是居民参与社区事务不断深入的过程。头脑风暴以其畅所欲言、无须拘束的特点成为社区营造项目推进过程中最常用的方法，可以达到聚集更多居民智慧，生发更多“金点子”的效果。尚明公益和石仁孵化中心对头脑风暴的运用具有广泛的借鉴价值，前者尤其适用于社区营造之初，激发社区居民对本社区的历史、现状、未来的思考；后者则对社区工作者理清思路，明晰发展方向大有裨益。

【头脑风暴的操作要点】

（1）要有一个收集看法的问题/话题。

（2）每个人在小纸片上写下自己的看法。

（3）每张纸片只能记录一种观点。

（4）所有的纸片都要贴在墙上或大白纸上。

（5）大家必须一致决定怎样分组摆放这些纸片。

（6）根据分组排序进一步讨论并一起确定最终采纳的建议。

……

（二）小组讨论

【定义】小组讨论是开放空间会议的一个环节，参会人员分组，就共同议定的议题自由发表意见并形成小组内的解决方案，小组发言人介绍本组方案，全体与会人员对各组方案进行PK和修改，形成最终方案并由各组推选的执行者负责方案的执行。小组讨论是一种自由畅谈、民主研讨，充分吸收集体智慧以取得良好研讨效果的讨论模式。小组讨论对主持者调动组员充分互动、积极表达想法的能力有着较高的要求，因此组内主持者不仅要熟悉小组讨论的流程，更为重要的是在讨论中发挥好引导、鼓励组员发言的作用。

【案例】

成都水井坊社区“市民论坛会议”过程阶段充分发挥了小组讨论的作用，与会者通过小组讨论，参与会议议题审议、解决社区问题的能力逐步增强。市民论坛会议小组讨论环节主要包括如下7个步骤。

步骤一：在与会者共同决定议题的讨论顺序后，主持人根据人数对与会者进行分组，每个组选出三个人员：主持者、记录者、发言者。每个组选择同一个问题或者是每个组选择不同的问题进行讨论，除了从自己的视角对其面临的环境和问题进行分析以外，还要制定出解决方案，并且解决方案是可操作的，此环节为15—30分钟。

步骤二：讨论完成后，每个小组的记录者留下，其他组员以顺时针方向观看其他组所讨论的内容，并进行建议，每个小组停留时间3—5分钟。对已经形成的共识评头论足，批评补充。

步骤三：各小组经过几轮分享后回到本组，集合所提意见形成本组最终意见。

步骤四：各小组分享共识。每个组由发言者上台为大家介绍其小组讨论的结果，介绍结束后主持人提醒小组组员补充，随后询问所有人对他们讨论的结果有没有异议，如果没有则进行下一环节；如果有，对方提出异议后，由小组成员进行解答，直至双方达成共识，如果不能达成共识，则将该问题单独列出进行专题讨论。

步骤五：根据会议需要，综合各小组意见，形成会议共识。与会者一起评估所有的建议，并一起确定最终要采纳的建议，并进一步讨论这些建议。

步骤六：由每个组推选出一个执行者参与解决方案的执行，选择以后所有执行者上台与大家见面，并且发布执行宣言，大家最后鼓掌通过并承诺支持。

步骤七：执行者根据讨论出的解决方案由易到难分别解决问题，这期间需要社工跟进与协助。

【点评】

社区营造非常需要社区居民的充分互动和参与，小组讨论无疑就是社区居民充分互动和参与的一种重要方式。水井坊社区市民论坛会议的小组讨论环节让社区居民充分地行使了自己的权利，为自己能为自己居住的社区营造项目提出意见和建议感到喜悦，也为自己能够参与解决方案的执行感到喜悦。可见，该社区的小组讨论已相当成熟，小组讨论中的社工、社区居民都具有较为成熟的小组讨论能力，在小组讨论流程中引导、发言、质疑、共识、执行等方面都已形成值得其他社区借鉴的经验。

【小组讨论的操作要点】

（1）每人一把椅子，每组一张桌子，每组围成一个“U”字形。

（2）每组5—8人为最佳，方便小组内讨论与达成计划。

（3）每组的主持者（社工），需进行会前培训，让他/她了解会议主题及小组讨论要达到的效果。

（4）小组主持者要引领组员尽量围绕主题开展讨论，确保组员人人都有发言机会，并注意控制小组讨论节奏，尽量按计划的时间完成讨论，但主持者在讨论过程中不能提实质性的建议。

（5）注重引导小组成员逐渐学会团队合作，尊重他人，协商妥协。

……

（三）逻辑框架

【定义】逻辑框架是一个针对开发项目活动非常有效和灵活的规划、监测和评估方法，是一个非常有力有用的管理工具。通过采用逻辑框架程序指标，帮助项目管理人员和利益相关者能够评估项目活动的执行情况以及对达成一致的项目目标假设和结果的有效性。逻辑框架汇总了项目实施活动的全部要素，通过 4 ×4 矩阵，按照目标、成果、产出、投入/活动 4 个层次，用明确的指标和验证方法，就得出一个监控和评估逻辑框架。

【案例】

成都汇智社会工作服务中心在 W 街道社区治理能力建设项目中使用了逻辑框架，在某社区的社区营造项目中与利益相关方一起使用了逻辑框架。

W 街道社区治理能力建设项目逻辑框架

	描述	评估指标	指标收集办法	假设条件
项目目标（Goal）	通过对 W 街道社区及其社会组织能力建设培训及支持计划，提升 W 街道社区治理绩效，推动可持续社区治理发展	1. 社区“两委”具备创新治理工作思路和方法 2. 社会组织具备创新治理意识和能力	1. 社区“两委”培训前后在社区治理思路和方法上的对比 2. 社会组织培训前后在创新治理意识和能力上的对比	1. 社区“两委”及社会组织解放思想、开拓创新、积极进取 2. 社区“两委”、社会组织要与街道整体推进社区治理工作思路一致
项目成果（Outcome）	1. 社区“两委”创新社区治理理念和方法有了改善； 2. 社区社会组织的创新治理意识和能力需要得到提升	1. 改善程度百分比 2. 创新治理意识和能力需求提升百分比	1. 社区“两委”调查及评价反馈表 2. 社区社会组织调查及反馈表	1. 社区“两委”、社会组织积极配合调查、反馈 2. 社区“两委”、社会组织具备反思能力和总结能力
项目产出（Output）	1. 重点指导、培育 1—2 个在辖区内有影响力的营造项目 2. 社区“两委”成员及社会组织了解、掌握并能够使用参与式工作方法 1—2 个 3. 4 期季度版“W 街道社区治理”简报	1. 社区营造项目 1—2 个及评价表 2. 培训记录及反馈表 3. 4 份简报	1. 照片、截图、评价表 2. 签到、反馈表、照片、简报 3. 4 份简报	1. 社区营造项目执行单位有时间并愿意接受辅导 2. 社区“两委”及社会组织对参与式工作方法感兴趣并有时间参与 3. “W 街道社区治理”简报具有可读性

续表

	描述	评估指标	指标收集办法	假设条件
项目活动(Activities)	1. 前期能力建设需求调查 2. 为申请社区营造项目提供支持 3. 开展7次参与式社区治理能力建设活动 4. 社区营造项目督导并反馈项目进展情况至W街道 5. 提供咨询并反馈项目进展情况至W街道	1. 需求调查报告一份 2. 线上、线下工作记录 3. 7次能力建设活动 4. 咨询工作记录表	1. 调查问卷 2. 线上、线下工作截图 3. 师资队伍的资格证明及授课课件;培训方案、PPT、签到册、简报、照片、宣传横幅等 4. 工作咨询记录表	1. 街道给予积极支持、统筹、协调 2. 社区、社会组织有积极学习的意愿 3. 有合适的场地 4. 有合适的师资队伍 5. 满足社区“两委”、社会组织需要的培训课程 6. 项目执行团队具备一定组织能力、协调能力

某社区的社区营造项目中与利益相关方一起使用逻辑框架

许多人一看到逻辑框架，就会感到恐惧和为难。在这种情况下，尤其是在项目督导过程中，按照逻辑框架中的同样问题提问，而不是要求利益相关者在16个矩阵中填上答案，效果等同。以某社区一个一年的社区营造项目为例。

针对该社区居民社区活动参与程度低，互动公共空间较小，互动途径单一的现状，项目希望从社区居民融合切入，利用院落闲置房屋、空地、楼道等社区资源，探索环境与人际间的互动交流创新模式，凝聚共识，提升院落居民活动幸福感和归属感，激发居民共同参与院落治理的积极性。

项目进行了9个月，按照原定计划，需给予督导支持，以及时了解项目进展情况和存在问题。督导流程：项目执行机构汇报项目进展情况及取得成效、存在问题；社区书记或主任介绍项目给社区带来的变化、取得成效、支持程度以及对执行机构的下一步工作建议；督导老师提问并给出督导建议；督导团队检查档案资料，包括财务资料。

项目执行机构用PPT介绍：M社区有31个小区，其中28个为非物管小区，但都成立了院委会。现在主要是在一个老旧院落开展活动，这个院落总共273户，属集中安置小区，小区环境脏、乱、差，邻里之间交流很少。项目针对老人、中青年人已经开展了项目宣传2次、长者生日会3次、多肉植物种植培训2次、法律知识讲座2次、微项目申报3次等活动，下一步，将整合高校资源、志愿者资源，联动合唱队、舞蹈队、青少年进一步开展社区营造活动。

汇报完毕后，在场的所有人都认为逻辑混乱、项目活动多、服务人群大而全，项目成效不明显。于是，督导老师按照逻辑框架，开始引导大家进行讨论、分析。主要引导提问如下：

刚刚听到你汇报的是：我们所在院落脏、乱、差，邻里之间缺乏交流，但，从你开展的活动来看，似乎不完全是解决这些问题，而是社工机构想在这个院落里开展这些活动，这些活动放在任何社区都适用。活动是为目标开展的，不能为活动而活动。应该以居民为主体，需要深入社区，了解社区，分析社区，到底存在什么问题和需求？有哪些资源可用？居民们对未来有什么憧憬和希望？（项目目标）

当我们对社区了解后，分析了社区问题和需求，分析了社区的资源，那么，项目结束后，我们应该看到有什么改变？（成果）

经过我们的努力，开出什么“花”？会结出什么“果”？留给社区的是什么？（产出）

我们需要做什么活动，才能一步一步达到我们希望的目标？而不是像现在这样，东一个活动，西一个活动，活动缺乏可持续性、连贯性、目标性。（投入活动）

我们如何去评估和衡量你的预期结果呢？（指标）

我们从哪儿获取评估所需要的信息呢？（验证方法）

项目将会遇到哪些风险？（重要假设）

经过2个多小时的梳理、讨论，在督导老师耐心地引导之下，大家对这个项目最终达成共识，并对项目未来成效拥有相同的憧憬，目标一致，一个逻辑框架就形成了。

【点评】

社区营造是一项总体性、系统性的工程。逻辑框架恰好是一种总体分析的工具，能确保提出主要的问题，能系统而又符合逻辑地全面分析事物的各个方面，形成良好的项目策划方案。因此，逻辑框架自然而然成为社工组织推进社区营造项目的重要工具。成都汇智社会工作服务中心在W街道社区治理能力建设项目及某社区的社区营造项目中均使用了逻辑框架，前者展现了由4×4矩阵构成的典型的静态逻辑框架，后者展现了如何引导形成一个逻辑框架的动态过程，对其他社区总体把握、系统分析、动态调整社区营造项目的推进具有借鉴价值。

【逻辑框架的操作要点】

（1）明确目标。

（2）明确项目的目的。

（3）明确在哪种条件下项目目的才会实现。

（4）讨论必须实施哪些活动才能得到这些条件。

（5）讨论确定在什么条件下这些活动才能按计划有效实施。

（6）讨论确定不同的目的、条件的指标，以方便项目实施和完成后的监测与评估。

……

（四）利益相关方分析法

【定义】要理解利益相关方这个概念，就要从“利益相关者理论”谈起。该理论认为：企业的经营管理不应以股东为主导而应鼓励各利益相关者共同参与。企业的利益相关者都有权参与到企业生产经营相关决策的制定中去，企业管理人员应对所有利益相关者负责，企业生产经营应致力于使各利益相关者的利益得到最大满足。准确识别企业经营中的利益相关方，有助于推动利益相关方理性博弈，从而也有助于企业自身的可持续发展。而社区营造也是一个涉及多个利益主体博弈的社区治理过程，因此，准确识别社区利益相关方，有助于提高协调各方诉求的能力，推动社区共治。

【案例】

“爱有戏”在水井坊社区市民论坛会议中对社区利益相关方进行了清晰的界定，他们认为社区利益相关方的识别非常重要，一定要具有代表性和全面性，这是市民论坛会议能否成功召开的重要因素。下表即“爱有戏”对水井坊社区利益相关方的分析表。

水井坊社区市民论坛会议利益相关方分析表

<table>
<tr><th>社区利益相关方</th><th>情况、特点</th><th>可能的作用</th></tr>
<tr><td>常住人口</td><td>中老年群体</td><td>退休人员能参与社区服务</td></tr>
<tr><td>有固定职业的居民</td><td>生活较困难
生活较富裕</td><td rowspan="3">能提供一些符合实际情况的建议
帮助社区需要帮助的人
有些能积极参与社区服务
有些可提供信息资源
可能提供人力、技术和物质支持</td></tr>
<tr><td>自谋职业居民</td><td>生活较困难
生活较富裕</td></tr>
<tr><td>流动人口</td><td>打工者
经营者
儿童</td></tr>
<tr><td>辖区内单位/组织</td><td>院落自治小组
社会组织
物业公司
驻区企业
媒体</td><td>与社区共建、共赢，资源互补</td></tr>
<tr><td>政府</td><td>社区居委会
街道办事处
各级政府机构</td><td>提供技术和资金支持
协助与评估社区服务</td></tr>
</table>

需要注意的是，会议应选择与主题相符合的利益相关方。如讨论的主题是关于医疗方面的，那么就不需要学校等类型的利益相关方参与。讨论的是某个或某些楼道无序的问题，那么对涉及的楼道居民来说利益关联度就高、敏感度就强，而对不涉及的楼道居民来说则利益关联度就低、敏感度也低。

【点评】

社区治理主体是社区利益相关者，即与社区需求和满足存在直接或间接利益关联的个人和组织的总称。社区治理客体是社区公共事务，即涉及多个家庭和多个组织的共同需求，是个体需求的集合。仅就社区治理主、客体的定义来看，社区治理就是一个非常复杂的过程，假如不能对社区治理主、客体进行准确的剖析、识别，要想顺利推进社区治理是不可能的。“爱有戏”在水井坊社区组织的市民论坛会议非常重视社区利益相关方的识别，非常重视参会议题与参会人员的对应，将社区利益相关方的识别和选择提高至决定会议能否成功举行及顺利实施的高度，是非常值得参考借鉴的做法。

【利益相关方分析的操作要点】

（1）梳理社区利益相关方有哪些群体、人员构成、基本特征等。

（2）了解利益相关方的不同利益关注点。

（3）分析利益相关方可能发挥的不同作用。

（4）预估利益相关方对社区公共事务的不同参与度。

（5）邀请不同利益相关方参与不同类型的社区公共事务。

……

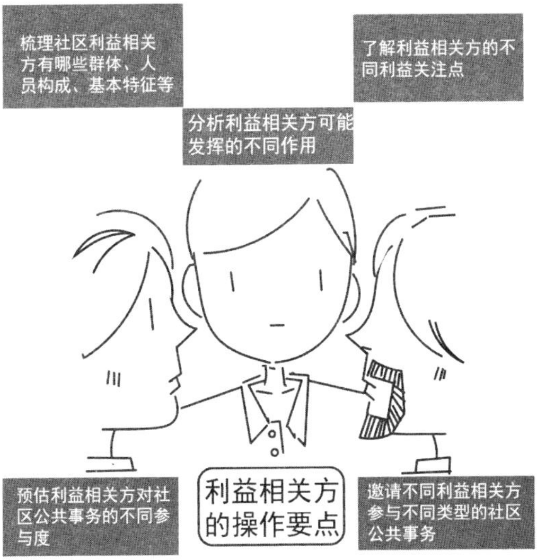

（五）非暴力沟通

【定义】“非暴力沟通”是“爱的语言”，是一种能使人们情意相通、和谐相处的沟通方式。非暴力沟通鼓励倾听，培育尊重与爱，依照这种沟通模式来谈话和聆听，能使人情意相通、乐于互助。非暴力沟通的目的是把大脑自动生成的潜台词删掉，这些潜台词容易让人戴着有色眼镜看待人和事，会阻碍有效的沟通。社区是由形形色色的人群构成的共同体，而有人的地方就会有矛盾，社会工作者要做的就是学会运用非暴力沟通，应对各种矛盾，促进彼此间的倾听、理解以及由衷的互助。

【案例】

广州市天河区新塘街家庭综合服务中心在社会工作中尝试运用非暴力沟通方式与案主沟通交流，协助他/她发现内心深处的愿望，协助他人采取积极的行动，重获生活的热情。具体做法如下。

一是用非暴力沟通解决个体间的矛盾。比如，在一个个案辅导中，用非暴力沟通方式与案主聊她和女儿之间的冲突，案主起初很坚定地认为自己作为长辈，做的任何事情都是为女儿着想，而女儿作为晚辈应该懂得父母的良苦用心，也应该主动去和父母沟通，关心父母，所以她认为母女之间的隔阂应归咎在女儿身上。而辅导社工本人也是女儿身份，深知案主在母女相处之道上存在非理性观念。但辅导社工并没有第一时间去评判案主的对错，而是耐心地听她诉说，说完之后，案主竟然很意外地说："你怎么不打断我，她从来不会听我说完！"辅导社工回答："我只是觉得，你对女儿有那么多抱怨，是不是希望女儿作出一些改变？你心里面是不是有些需要没有满足？"案主有点愤怒："我只是需要她主动联系我！做女儿的不应该吗？"当案主说出她心里的期望时，后面的辅导便可顺理成章进行了……非暴力沟通告诉我们不要急于去评论对方的对错，不要急于提建议，安慰或表达我们的态度，而是去倾听对方背后的感受和需要，让对方有机会充分和坦诚地表达自己。

二是用非暴力沟通解决群体中存在的问题。尝到非暴力沟通的甜头后，服务中心的社工开始想让更多人从非暴力沟通中获益，于是社工大胆地在一次伤健人士家属沟通技巧小组中传授了非暴力沟通技巧。虽然因为种种因素限制，这次小组只讲到了一些知识点，组员们也只是初步认识到非暴力沟通模式，但是非暴力沟通方式却真真切切地帮助社工顺利开展了这个小组。服务中心的社工所在的社区，比较难组织伤健人士家属开展小组，组员经常迟到的现象也让人很头疼，遗憾的是以往服务中心对此并没有一个有效的处理方法。这次沟通小组会的非暴力沟通技巧宣讲，社工就拿他们迟到的事来举例。辅导社工故意邀请组员用观察、感受、需要、请求这四个非暴力沟通要素来表达日常遇到的沟通问题，组员们果然请社工先举例，于是社工说："当我今天看到有过半人迟到（观察），我感到很不安，也感到焦虑（感受），因为我需要所有组员都准时到场才能按计划进行游戏和互动，若有人迟到会导致我要临时作调整（需要），你们是否愿意下节课都准时出席（请求）？"当社工说完，所有组员都笑了，而神奇的是接下来的几节小组会几乎没人迟到了。在这个例子里，社工先诚实地表达了自己，而不是站在权威的角度去批评和指责组员的迟到行为，然后是借助具体的描述来提出社工的请求，而不是抽象表达，因为我们所表达的意思与他人所理解的不一定一致，所以我们要清晰地表达我们不是强人所难，要让对方觉得我们提出的是请求而不是命令。

上述案例仅是非暴力沟通的一些皮毛，但非暴力沟通的神奇之处也可见一斑。

【点评】

非暴力沟通是一种强有力的创造性媒介，可以是一扇窗也可以是一堵墙，我们说出来的话语传递的是我们对生命的看法和自我本质，我们的表达方式则可能带来伤害或疗愈、痛苦或愉悦。当语言夹有暴力时便有可能成为杀伤力极强的武器，但若语言得到巧妙运用，则有助于化解冲突、创造和平。

【非暴力沟通的操作要点】

（1）观察，客观表达自己看到或经历的事件，切勿将观察"升级"为评论。

（2）表达感受，而非想法，例如受伤、害怕、喜悦、开心、气愤等。

（3）引导说出是因为哪些需要未满足导致了上述感受的产生。

（4）清楚地告知对方希望他们做什么，越具体越好。

……

（六）社会性别分析

【定义】社会性别分析主要指社会性别角色分析和社会性别关系分析。比较妇女与男子在社会上充当的不同角色，认识她/他们之间存在的不同需求，就是社会性别角色分析。而社会性别关系分析旨在分析资源、责任和权利分配方面存在的性别不平等，运用社会性别概念来分析人与人之间、人与资源和各种活动之间的关系。简言之，社会性别分析是在承认性别差异的基础上，结合特殊群体补偿的社会正义原则，通过公共政策的协调，保证女性在社会生活和职业发展各个方面实现权利、义务、机会的平等和公正。在社区营造中引入社会性别分析，为更加充分地动员和发挥广大女性的聪明智慧，营造有人情、有温度的宜居生活社区提供了强大的动力支持。

【案例】

成都农禾之家公益发展中心（以下简称农禾之家）在雅安

示范村项目点——建乐村的乡村自组织培育过程中，践行社会性别视角下的项目设计和服务开展，注重农村妇女的增能与视野的重构，致力于重新挖掘乡村女性这一乡村发展的潜在资本。具体做法如下：

一是分析性别视角下的社区参与差异。建乐村是一个集中安置村落，村内大部分男性就近或外出务工，女性和儿童留在村内的较多。女性的活跃度主要体现在娱乐康健活动层面，在政治参与、村务决定等方面参与度不高。大部分女性并未认识到自身在村上事务中具备发挥作用的可能性。

二是妇女参与能力的建设。首先，农禾之家尽力在村里发现一些有潜在能力的女性。他们通过多种途径与这些妇女建立联系，并设计“活动”作为平台，借机发现人，同时传递“妇女可以做一些事情”的观念。例如：在社工与村民相互熟识后，农禾之家结合“推荐评估”（当地领导推荐）与“观察”方式来发现妇女当中较为活跃的人群。又如：社工在村里组织开展以儿童为主题的社区活动——禾趣计划，征集妇女当志愿者，因为涉及孩子教育，妇女们报名踊跃，社工在活动中设置各种任务分配，并全程观察妇女们的处理关系能力、应变能力、活动协调能力、沟通能力、学习能力。通过“发现”活动，一些妇女意识到自己原来具备参与村上事务的能力，可以做一些力所能及的事情，发挥作用，刷新了妇女们的认知体系。

其次，与妇女们共同探讨“要改变的事件”，对妇女们进行知识赋能。初期，社工与潜在妇女骨干建立了深入的互动关系，并不断引导潜在妇女骨干开始思考村里亟待解决的问题。帮助梳理她们的资源系统、行动系统，带领她们共同设计行动方案，探讨可能遇见的问题和解决方案，让妇女们在认知上有一个全新的体系，通过知识赋能的过程，妇女们了解到她们同样可以参与村务。与此同时，村内的男性力量也乐见于女性力量的参与，例如授权单独开展活动，分摊部分行政事务，参与村务决策与动员，妇女们参与村务基本上没有遇到什么阻碍。

最后，与妇女们共同搭建稳固的行动系统，对妇女们进行行动赋能。行动赋能是自组织培育能否走得更远的一个最为关键的步骤。在此阶段，农禾之家协助妇女们利用各种资源解决问题，处理矛盾，尤其是在发动男性资源，与男性资源相互配合共同解决问题方面，让妇女团体在一次次化解问题的过程中积累行动力和问题处理自信能力，同时社工也注意在此阶段对妇女群体的"挫败感"给予及时有效的回应和鼓励。

经过一段时间的成长，以妇女为主体的自组织在建乐村基本具备了解决问题或者化解矛盾的公信力，具备了一定的资本积累，她们的号召力和影响力较前期更为稳固和扩大。村内一旦有大型活动，都会找到妇女骨干组织工作，例如发动村民，讨论村公共娱乐活动规则，宣传村规村约，甚至社区的儿童活动空间让妇女直接运营和开展等。在这一阶段，社工需要继续与妇女同行，协助她们拓展人脉（譬如联系当地领导）、提高知识水平（更多的工作方法）和管理能力，为她们能够成为解决社区问题的自组织打下更加牢靠的基础。

【点评】

社区营造是通过社区中人的动员和行动，完成社区自组织、自治理和自发展的过程。而女性是社区这一公共空间的主要使用者、管理者、服务者和工作对象，是女性让社区这一公共空间变得更有意义。社区营造绝对离不开女性。然而，长期以来，社会性别分析在社区建设中很少获得充分运用，这既与社区营造强调"造人"的理念相左，也与社区中活跃着大量的女性群体的现实不符。成都农禾之家公益发展中心关注农村妇女的增能与视野扩展，在建乐村逐渐培育起能发挥女性性别角色优势的女性自组织，农村女性参与乡村治理、参与乡村事务的能力得以提升。农禾之家培育女性自组织的做法既与建乐村社区参与人群以女性居多的事实相符，也为建乐村借助女性力量增强乡村聚合力、认同感，营造有温度、有人情味的乡村奠定了良好基础，同时，也是社会性别分析法在社区营造中的有益尝试。

【社会性别分析的操作要点】

（1）分析女性群体的现状，比如女性的家庭现状、社会参与现状等。

（2）分析女性群体的需求，特别是社会价值需求。

（3）分析女性群体获得和控制资源、福利及决策权的优劣势。

（4）选择合适的研究框架，如农禾在建乐村案例中运用了“妇女赋权框架”，其他还有“哈佛框架”“摩塞框架”等。

（5）关注性别不平等的预警信号，比如，“女性很少参加正式或非正式的决策机制和程序”就是一个不平等的预警信号。

（6）关注实质性平等，比如建乐村的妇女自组织实实在在参与了村务，已经成为乡村治理不可或缺的一支力量。

……

（七）社会脆弱性分析

【定义】“脆弱性”是吉尔伯特·怀特在20世纪70年代首次提出的概念。脆弱性是指系统及其组成要素易于受到影响和破坏，并缺乏抗拒干扰和恢复初始状态的能力。社会脆弱性是个人、群体、组织、国家和社会不能抵御不利事件的影响或冲击的能力，是社会系统在遇到灾难之前就存在的状态。社会脆弱性包含灾前脆弱性、灾难发生时的脆弱性和应灾脆弱性三个方面。社会脆弱性分析是指评估一个地区、系统或社会群体在面对某一范围内现存灾害或在经过事前评估分析后确定将会发生的灾害脆弱性，并以此决定该地区、系统或社会群体如何受到影响及该如何面对形成中的灾害。

【案例】

成都都江堰市春晖社会工作服务中心运用社会脆弱性分析法对都江堰市大观镇红梅社区的防灾减灾脆弱性进行了分析。从红梅社区面临的自然灾害风险切入，分析了灾害发生会对社区造成的危害、社区的应灾能力和恢复能力。

一是红梅社区面临的自然灾害风险。都江堰市大观镇红梅社区邻近青城山后山景区及其漂流场所，是一个沿山社区，同时，整个社区被洗脚河、西河两条河流环绕，社区存在山体滑坡、泥石流、落水等灾害隐患。据官方统计，社区有14个灾害隐患点，社区主要道路存在泥石流、滑坡等安全隐患，社区2处集中安置点存在不稳定斜坡和滑坡等灾害隐患。

二是社区的防灾减灾设施。红梅社区建有防灾减灾微型消防站，配备了用于社区应对火灾和水灾的工具。应急避难场所2处，一处设置在临近社区居民委员会的200平方米广场上；另一处为荒废多年的红梅小学，距离社区集中安置点和集中散居点2公里。

三是灾害对社区造成的可能危害。红梅社区的各项灾害隐患点，一旦发生灾害，将严重影响居民的生活和生产。例如，若在临近社区的主要交通干道发生滑坡或坍塌等自然灾害，社区居民就只有食用自己家中储存的食物或者社区小卖部仅存的干粮；社区居民的家庭生计也会受到影响，种植的药材基地、苗木基地、三角峰养殖基地等将会受损。不仅如此，社区居民还要克服灾害来临时的恐惧心理。

四是社区对灾害的抵抗能力。红梅社区的居民普遍为老年人，应对灾害的能力很脆弱。据春晖社工的评估显示，红梅社区在应对灾害方面存在着五个方面的弱点。包括：

——社区工作人员精力有限。社区工作人员对社区本土情况的了解不断深入，但是常规工作已经占用了社区工作人员的很多精力，在常规工作的基础上再分出精力应对自然灾害，明显吃力。

——防灾减灾的技能较少。社区在多次遇到灾害后更多的是害怕和恐惧，很少来系统学习防灾减灾技能，例如，泥石流来时怎么逃生，怎么发求救信号，怎么自救和互救、安全转移、逃生、安置的能力等；社区的主要人群应对灾害的能力较弱，部分困难人群将面临经济的负担和心灵的无助。

——社区防灾减灾骨干缺乏系统调动，特殊群体较多且分散居住。留在社区的青壮年较少，一旦灾害发生，只能临时找一些人来帮忙，没有提前系统安排；社区的老人和孩子较多，居住比较分散，灾后救援比较困难。

——社区的防灾减灾资源少。红梅社区是一个沿山社区，灾害发生的可能性较大，但距离城市较远，距离集中分布的救援就医资源较远，社区内的防灾救灾资源也很少。

——社区部分房屋年久失修。社区有一些房屋较为老化，居住的居民大多是没有经济支撑和无力修缮的人群。

五是社区灾害恢复能力建设。经过春晖社工对居民开展灾害技能培训、自救互救技能培训、逃生技巧培训、如何制作简易担架和结绳等培训，居民应对灾害能力有所提高。例如，在2013年特大灾害面前，红梅社区居民特别是老年群体积极进行自救和防灾减灾知识传播。灾害发生后，红梅社区灾害联络员在没有灾害查询掌上系统的情况下，用了不到6分钟的时间就完成了向相关单位汇报情况的工作（当时），将地质或水源的两方面灾情分别报送给国土资源局和水务局，将人员伤亡名单及受灾名单报送到民政局；社区领导小组在半小时内完成集合和分工，在广播里通知村民灾害信息，居民需遵守先自救再互救原则等。

综上，红梅社区虽然有较为丰富的灾害临场经验，并配备了防灾减灾微型消防站和雨水检测器；但同时存在着较多弱点，如距离综合防灾减灾资源较远，社区留守群体以特殊群体居多，社区居民经济收入较为单一，主要是外出打工和本地药材和苗木种植，发生地质灾害时，经济损失可能较为惨重，经济恢复较为缓慢。总体来看，红梅社区是一个地理位置不利，灾害多发，脆弱性程度较高、恢复能力较弱的社区。

【点评】

公共安全，或者说社区安全是社区营造关注的一个重要方面。社区脆弱性分析是营造一个社区，特别是脆弱性强的社区的前置条件。唯有对社区的脆弱性有清醒的认识，才能尽可能减少灾害发生对社区的伤害，确保社区总体营造的持续推进。成都都江堰市春晖社会工作服务中心以灾害隐患点较多的沿山社区——红梅社区为例，分析了红梅社区的地理脆弱性（地处灾害多发区）、经济社会脆弱性（经济收入来源单一、老弱人员居多）、环境脆弱性（防灾减灾设施可及性不高），对红梅社区的脆弱性进行了一次较为系统的梳理，加深了社区利益相关方对红梅社区整体情况的认识，有助于红梅社区营造工作的顺利推进。

【社会脆弱性分析的操作要点】

（1）系统分析灾前、灾害发生时、应对灾害的脆弱性。

（2）全面排查可能的灾害。

（3）梳理不同群体的脆弱性，重点关注脆弱性较高的群体。

（4）分析存在的脆弱性因子，比如社区应对灾害的弱项是什么?

（5）预判脆弱性因子在灾难情境中可能导致的后果。

（6）制订消减或消除脆弱性因子的方案，提升脆弱群体和社区应对灾害的能力。

……

四、志愿者的招募与管理

（一）老年志愿者招募与管理

【导语】

一直以来，老年人都是社区志愿者队伍的主力军。一方面，60 周岁以上的老年人由于退休，有更多时间、精力参与社区活动，自然而然地成为社区参与的主要力量。另一方面，参加志愿服务也给老年人带来了新体验以及有能力和创造力的感觉，让老年人重获社会价值感，老年人志愿参与的积极性较高。社区营造的目的之一就是让老年人的身心发展更健康、更平衡，因此，引导老年人加入志愿者，参与社区营造，共建有温度的社区也是社区营造的重要任务之一。

【案例一】

成都市武侯区红牌楼街道龙腾社区惠民综合服务中心在组建社区互助养老志愿服务队的过程中，积累了老年志愿者招募与管理的经验，具体做法如下：

一是寻找切入点，以棋聚人。在走访中，社区工作人员发现，目前适合女性退休人员的活动比较多，但适合男性退休人员的活动比较少。有些人喜欢下象棋，但邻里不熟，棋友难遇。服务中心就组织了象棋交流活动，搭建男性退休人员的社交平台。

二是张贴招募通知，吸引积极的志愿者。通过通知招募的方式，结识了 6 位比较活跃的老师：琴棋书画样样精通并且善于链接资源的陈其发老师；棋艺高超拥有象棋大师证的秦昌祥老师；积极活跃善于调动气氛的秦才文老师；对体育赛事了解熟悉曾经在体委工作的张正成老师；为人谦和精通太极、书法并喜欢象棋的梁光众老师；还有从事多年宣传工作并担任过小区业委会主任的黄元志老师。中心以沙龙的方式邀请他们来讨论应该如何开展象棋交流活动，告诉他们中心的目的是什么，但是中心不会什么，希望大家共同出谋划策，比如大家喜欢什么样的活动形式，活动规则是怎样的，喜欢什么样的场地，等等。第一次沙龙并没有很成功，虽然大部分老人都很支持这样的活动，但有的老师坚定地认为，这是社区要开展的活动，就应该社区来想办法，不能把老人当作免费的劳力，去帮社区完成工作任务，讨论进行了差不多3个小时，有2个小时都是这位老师在发表反对意见……信任是需要时间建立的，所以最好的方式就是行动，中心依然邀请大家回去发现自己的小区周围是否有喜欢象棋的居民，引导大家先回去讨论，下一次再一起讨论活动怎样开展。

三是邀请积极正向的志愿者，推动活动的进展。针对第一次沙龙成为反对意见“专场”的情况，在举行第二次沙龙时，没有邀请那位持反对意见的老师，只邀请了更愿意参与中心活动的老师。通过大家的动员，这一次来了12位老师，一起讨论如何开展象棋活动，有人说比赛会让很多人不敢来，而我们的目的是以象棋结识更多朋友，但是没有比赛感觉也聚集不了人气……经过讨论，活动定义为象棋交流赛，大家分工寻找资源，张正成老师负责联系场地和午餐等，活动慢慢就成型了。

四是给予老年志愿者充分的尊重，促成活动的最终成型。中心举行了第三次沙龙，但电话通知后，有好几位老人都说有事来不了。这个情况有点出乎意料。经过仔细询问和了解，才发现是通知的人员按以往通知的习惯通知了老人，只说：明天下午2点有个会，记得准时参加。这样的通知简单粗暴，老人们很可能不知道是要做什么，也感受不到尊重，所以就借有事推脱不来了。于是工作人员换了说话方式，重新通知老人：明天下午2点在社区开一个关于象棋活动怎么开展的讨论会，希望您能参加。结果第二天，来了20多位老人。大家讨论时都往一个方向努力、思考、策划，大家一杯茶水，讨论了2个小时，定好了活动时间、地点、物资、比赛规则等。

五是在正式开展活动时也邀请先前持反对意见的志愿者。在象棋活动正式开始时，也邀请了先前持反对意见的某老师来参加。他很意外活动能这么快安排好，当他来到现场，看到大家都积极参与的场面时，也就没有了之前的反对意见，整个比赛氛围非常愉快，车轮赛让大家结识了更多的棋友，某老师也很满意，还主动建立了微信群，方便大家以后相约下棋。就这样，象棋活动成了龙腾社区咏年楼日间照料中心的第一个活动，象棋俱乐部的成员很快成了第一批志愿者。

六是持续关注志愿者中的"领袖"人物，生发更多的志愿团队。在象棋俱乐部聚集的第一批志愿者中，我们邀请了其中参与积极性最高的一些人，讨论可以在咏年楼开展什么样的活动，大家又喜欢什么样的活动。结果，从象棋俱乐部又生发出了音乐俱乐部、太极书法活动、养生论坛活动，等等。

七是引导俱乐部自我管理。拿太极俱乐部来说。在社区太极爱好者已多达200余人时，龙腾咏年楼日间照料中心已经远远不能满足他们的需求，中心通过多次讨论沙龙，推选出了太极俱乐部管理框架，成立了太极俱乐部管委会和太极俱乐部师资队伍。管委会主要负责太极俱乐部成员的日常活动，有负责组织联络的，负责技术指导的，负责后勤保障的。中心还印发了太极地图宣传单，按地理位置分成了6个小组，注明每个小组的地址、活动时间、联络人，方便更多的居民就近参与。师资队伍专门负责教大家完整的太极拳，完全不会的居民也能有针对性的课程。

【案例二】

和案例一从兴趣入手，招募管理老年志愿者不同，成都伊訇社工在成都市成华区建设路街道培华路社区建立起的银发互助联盟主要是一个服务性的组织，致力于“以老为老”的服务，即低龄老人服务高龄老人。其主要做法如下：

一是以项目为平台，组织社区自组织参与项目说明大会，招募首批志愿者。2014 年的年底，成都伊訇社工组织带着阳光怡养家园项目进驻培华社区。为了尽快在社区打开局面，成都伊訇决定举办阳光怡养家园项目说明大会，将社区各方力量，包括比较成熟的社区自组织都拉入项目中，尽可能地发现、吸引他们中的志愿者，在项目大会上完成首批志愿者的招募。令人欣喜的是，来参加项目说明大会的成员涉及方方面面，包括社区自组织代表、各院落自治管理小组、楼栋长、社区党员等等。在成都伊訇完成项目实施计划、志愿者管理激励介绍后，立刻就有一部分自组织代表当场报名参加。随后，在社区网格员的协助下，志愿者、网格员、社工又一起走进院落，看望了瘫痪在床的老人，社区志愿者们感受很深，第一次发现原来社区中还有这样亟须帮助的老人，而自己完全可以通过服务这些老人，满足自己做志愿活动的需求。

二是发现“社区领袖”、居民骨干，通过他们招募更多的志愿者。在带领社区志愿者走进社区院落的过程中，成都伊訇的社工发现社区合唱团的张阿姨是一位非常有影响力的居民骨干，她在退休之前从事的是人事工作，对选人用人有相当的经验，而且，张阿姨是 3 个社区自组织的负责人，跟社区领导熟悉，对居民也熟悉。发现张阿姨有这些优势特点后，社工就把招募志愿者的工作重点转移到她的身上，当有志愿者想加入银发互助联盟时，社工都会向张阿姨咨询，张阿姨也会根据她对社区居民的了解情况，判断想加入的志愿者是踏实做事，坚持服务的人，还是两天热度，想来就来，想走就走的人。有了张阿姨这个“中间人”，银发互助联盟的志愿者招募周期大大缩短。此外，社工也在大型社区文娱活动、居民议事会、老年协会等不同的场所大力宣传银发互助联盟对志愿者的渴求及对志愿者的激励措施，加之社区领导的支持与肯定，银发互助联盟志愿者招募工作进展顺利。

三是招募结束，立即开展志愿者培训。一方面，针对老年志愿者电脑和手机使用能力的不足，开设培训使用电脑和手机的课堂，帮助这些老年志愿者学会使用电脑和智能手机，为志愿服务活动中沟通、协调及人员管理带来便利。另一方面，针对志愿者团队初创期，服务愿景和目标不是很明确的情况，组织带领低龄老人志愿者走街串巷看望瘫痪在床的高龄老人、残疾人，让志愿者们切实感受了解在社区中还有这样一些亟须帮助的人，激发志愿者参与公益服务、传播正能量的热情。

四是设计志愿者的激励性管理模式。在志愿者的管理过程中，成都伊甸重视激励性的管理，设计了积分兑换的激励模式，即参加一次活动积2分，参加4次活动，积分达到8分就可以兑换物品，积分越多，兑换的物品价值越高。这样的激励管理模式不仅是对志愿者的一种激励，也是对志愿者的一种筛选，毕竟要参加至少4次志愿服务活动才可以进行积分兑换，那些真正有意愿参与志愿服务的志愿者在4次志愿服务活动后就会与团队成员相互熟识，并能在相互带动下持续参加志愿服务，成为稳定的志愿者，而那些只是把志愿服务当作体验的参与者不会坚持到4次以上，因此，留下来的志愿者大多都是真正有服务他人意愿的志愿者。

【点评】

老年人是社区参与当然的主力，专注于“造人”的社区营造自然也离不开老年人的参与。成都市武侯区红牌楼街道龙腾社区惠民综合服务中心通过挖掘老年人的爱好，特别是中老年男性群体的爱好，引导老年人逐步建立起各式各样的兴趣俱乐部。俱乐部不仅可以让老人以兴趣交友，而且也有助于发现社区骨干和志愿者，为组建由老年社区领袖和骨干志愿者组成的社区互助养老志愿服务队奠定基础。其后，通过赋权与增能，老年志愿者的招募和管理日趋成熟，服务队正在成长为愿景使命明确、管理框架清晰的自组织，在社区营造中发挥积极的作用。与龙腾社区不同，成都伊甸社工在培华路社区建立的银发互助联盟一开始就招募到了社区比较成熟的自组织成员作为联盟志愿者，然后通过“社区领袖”、骨干人物吸引了更多志愿者，很快完成志愿者招募工作。与龙腾社区因兴趣而生的俱乐部不同，银发联盟的宗旨是服务老人，低龄老人服务高龄老人，而且服务意愿的激发主要是通过让志愿者接触那些亟须帮助的人，激发志愿者服务他人的善心。同时，伊甸社工采用的激励管理方式，也起到了大浪淘沙的作用，留下了真正愿意服务他人的志愿者。

【老年志愿者招募与管理的操作要点】

（1）发现老年人的“兴趣点”，从“兴趣点”入手，发掘老年志愿者中潜在的、心态积极乐观的“领袖”“骨干”式人物，为老年人，特别是男性中老年人参与破局。

（2）借助社区力量，从已有的自组织入手，吸纳首批志愿者，通过他们吸引到更多志愿者。

（3）充分尊重老年人，摆正位置，虚心请教，激发老年人出谋划策、带动更多社区居民参与的主动性。

（4）重视老年志愿者在志愿活动中的获得感、价值感，这是维系他们志愿服务热情的关键所在。

（5）适时引导老年志愿者队伍向自组织转变，明确愿景使命，形成组织架构，设定分工职责。

……

（二）青年志愿者招募与管理

【导语】

青年志愿者是社区营造的重要力量。社区青年群体是社区营造的当然主体，甚至决定着社区营造的走向，应当成为社区营造的积极推动者和参与者。社区青年群体具有精力充沛、思维活跃、乐观向上的群体特征，他们不仅深刻地影响社会发展，在社区发展过程中也发挥着不可替代的独特作用。因此，对青年志愿者的招募与管理是目前社区营造比较迫切的工作之一。

【案例】

成都市温江区涌泉滴水公益社会组织服务中心（以下简称滴水公益）在温江东南新城涌泉街道瑞泉馨城社区探索提高青年志愿者参与社区营造方面积累了一些经验，具体做法如下：

一是调查了解青年参与社区建设的困惑点。在前期针对社区青年的调查发现，社区有一部分青年群体对于社区公益活动很感兴趣，他们通过大众媒体参加或旁观公益活动以及从亲朋好友处了解公益，通过后天的学习对公益有了一定认知，也有践行公益的想法。但是苦于没有直接、有效的渠道了解具体的公益活动策划书以及如何做公益活动，实现自我发展，简言之，困惑点就是不知道怎样参与。

二是用“学习理论”的思路消除青年志愿者的参与困惑。运用班杜拉观察学习/模仿学习理论，让招募的社区青年，通过小组互动，让组员认识更多志同道合的人。通过组内交流、分享，选取可模仿的社工“模特”，观察和学习社工的策划与执行活动的经验，并通过团队合作，实地实践学习成果，将观察、模仿学习到的间接经验转化为直接的实践经验，进而参与到社区建设中来，促进社区发展。

三是制定提升青年参与度的目标。滴水公益设定了培育社区青年参与志愿服务的目标。期待在整合社区、涌泉学校、家长委员会、企业以及枢纽型社会组织等资源的基础上，通过志愿者培训、交流，提升青年志愿者服务能力，共同梳理社区问题，共同参与社区建设，充分发挥青年志愿者在满足社区需求、解决社区问题中的创造性和独特性，大幅提升社区营造的居民参与度。

四是明确目标落地的措施思路。在具体的实施中，我们通过有为青年评选，让他们多方面参与到社区建设公益服务中，开展有为青年培训，培养青年志愿者参与社区建设的意识，发挥青年志愿者的创造性和独特性，用行动促进社区发展，建立涌泉青年志愿者团队，关注社区事务（老人、亲子、文化等），营造积极型社区。

五是整合资源，合力为有为青年征集活动造势。2016 年 10—11 月，涌泉街道（包括民政、党办、妇联、团委等）、涌泉学校、各社区、社会组织联合发布“关于征集有为青年的办法”，并通过微信、辖区资源进行宣传推广，有 1 万余人参与网络投票，最终 220 名青年报名，94 名符合条件的青年通过初选。据统计，报名青年中 86% 以上来自涌泉学校，学校对青年人的号召力、影响力占有绝对优势。

六是建立“涌泉有为青年”部落，分享公益期待。以网络初选为契机，建立“涌泉有为青年部落”微信群，拉近彼此关系，以线上会议为手段，引导青年说出自己的公益期待，寻找志同道合之士，结对形成互助支持网络；在每次公益体验后，通过线上及时分享，增进其情感交流，巩固社群稳定，并引导青年邀请同龄人参加，分享社群生活，扩大支持网络规模。

七是帮助青年将参与意识转化为实际行动。社区青年通过微信群的讨论，在内心会形成参与社区建设的想法，社工要适时鼓励引导青年将心中所想转变为切实可行的计划。比如，社区发现，医生李波期待充分利用自己的专业知识，为社区孤寡老人进行上门义诊服务。以此为契机，社工积极招募青年参与，并在一周后开展相应服务，极大地提升了李波的自信，同时也让社群中的青年看到了参与的可能性。经过 5 次公益服务体验后，发现青年并培养社区骨干 10 名，其中 4 名骨干已形成较为成熟的社区服务想法，包括针对社区病重老人的探望、理疗服务，针对幼儿亲子关系的亲子绘本馆、针对社区融合的社区大明星服务以及针对特殊儿童的走出家门服务。通过 8 节能力提升课程，以社会学习理论为指导，通过组内交流、分享，选取可模仿的社工“模特”，观察和学习社工的策划与执行活动的经验，并通过团队合作，实地实践学习成果，将观察、模仿学习到的间接经验转化为直接的实践经验，鼓励青年骨干参与到社区建设中来，促进社区发展。

【点评】

在政府、居民以及青年人本身的固有印象里，社区青年由于时间、环境、氛围、政策、家庭等因素，极少参与到社区发展中，社区服务、社区建设均呈现老龄化状态。成都市温江区涌泉滴水公益社会组织服务中心自 2016 年 9 月承接执行成都市社区营造项目以来，力求打破原有以老年人为主要参与对象的社区发展模式，调动社区青年积极参与，探索青年志愿者参与社区模式，形成“青藤之帮”青年志愿者参与社区建设项目，并通过半年多的努力，项目初见成效。

【青年志愿者招募与管理的操作要点】

（1）为青年找到学习“楷模”。大多数青年没有社区服务经验，社工需要为他们找到学习“楷模”。

（2）加强青年人对自身优势的认识，协助他们进行社区参与活动规划。

（3）利用青年群体关注家庭，关注孩子成长这一特征，从亲子活动入手，吸引青年家庭参与到社区建设中来。

（4）充分利用线上互动、微信群，缓解青年人时间有限和参与社区事务的矛盾。

（5）及时记录并反馈青年参与过程，提高青年参与积极性。例如，通过公众平台播放公益微电影，呈现青年人参与社区事务的成效，调动更多青年人参与的积极性，增强青年参与者的自信心、自豪感。

……

（三）减灾志愿者招募与管理

【导语】

相比老年志愿者和青年志愿者，减灾志愿者是比较特殊的志愿者群体。他们在社区，尤其是地处灾害多发区域的社区中发挥着不可或缺的作用。成都是一个地质灾害易发区和多发区，地质灾害空间分布主要集中在龙门山区及龙泉山区。就行政区划来看，彭州、都江堰、青白江、崇州等区（市）是灾害较为密集的地区，时刻威胁着人民群众的生命财产安全。鉴于此，提升社区居民防灾减灾能力，加强社区减灾志愿者队伍建设，尽可能预防、降低灾害的影响就成为此类社区开展社区建设、进行社区营造的必然选择。

【案例】

2017 年 8 月初，成都都江堰市春晖社会工作服务中心（以下简称春晖社工）入驻都江堰市青城山镇五里社区，开展以社区为基础的防灾减灾社会工作服务项目。为培育社区在地防灾减灾力量，提升服务成效的可持续性，春晖社工通过招募、培训、实践、动力建设、考核与激励等工作内容的开展，在五里社区培育了一支正式的综合减灾志愿服务队。具体做法如下：

一是分析潜在的志愿者来源，针对性地开展招募工作。通过前期对社区人员构成的分析，春晖社工将社区初始志愿者团队的主要招募对象确定为社区防灾减灾信息员、小组长、自组织骨干、致灾因子点位附近居民等有防灾减灾服务经历、社区事务参与积极性较高或者服务受益利益相关者。然后，春晖社工在村信息公开平台、社区公示栏、小区公示栏等较为正式的地方公开发布招募信息。因为对潜在志愿者有较为精准的分析，招募时，报名的志愿者很多，这为招募开了好头。接下来，社工根据年龄、可参与服务时间、既有减灾技能以及防灾减灾工具等条件对报名的志愿者进行了初筛，经过初步筛选后确定了志愿者的初始名单。同时，春晖社工还做了报名者人数过多时的筛选方案，就是采用演说和居民投票的方式确定志愿者名单（农村社区/沿山社区地广人稀，居民人数一般在500—1000人之间，青壮年和低龄长者人数且时间等各方面条件满足的人员较少，所以招募人数一般不足60人）。

二是开展防灾减灾特色培训、演练及服务实践。志愿者培训老师团队由都江堰市民政、国土、气象等部门专家与专业救援队的老师组成。志愿者团队平时接受理论与实务培训、参与致灾因子勘探、管理风险数据库、建设减灾硬件等，在灾害发生时，参与到救援、疏散与安置工作中。在6—9月都江堰市各沿山社区山洪、塌方、泥石流、落石等灾害多发期，志愿者团队会参与到如排查山渠是否堵塞、既有隐患点位的监测、预警期间危险区域预警以及人员劝离的工作过程中。志愿者团队需要掌握灾害风险评价内容、灾害风险评价方法、灾害风险数据库管理、警示标识与硬件建设、“一对一”帮扶、灾害风险处理方法、宣传教育与培训的知识与实务等内容。通过培训与实务相结合，志愿者的防灾减灾服务能力得到提升。

三是在志愿者招募、管理等所有环节贯穿“动力建设”，始终关注志愿者的精神满足感。春晖社工的“动力建设”主要有三个板块：参与感策略、仪式感策略和获得感策略等。参与感策略主要体现为在培训工作开展时，需要用双向沟通的方式和参与式培训的方法，让志愿者学员能够阐述自己的观点。在实践服务时，让志愿者充分地参与到服务过程中，在接收到服务对象或其他人较好的反馈时获得满足感。仪式感策略主要体现为在志愿者团队招募、培训、服务、成立和表彰等过程中，能够植入足够的有仪式感的环节，让志愿者能够有足够的志愿者身份认同。例如，社会组织、社区联合为培育孵化的志愿者成员制作志愿者服务证，为志愿者制作防灾减灾志愿者服装作为志愿者的身份象征，同时穿着志愿者服装也是对志愿者掌握防灾减灾技能的认可。获得感策略主要体现在志愿者的招募、培训和管理的过程都植入了能够让志愿者有获得感的环节，如在每节小组讨论后，每个志愿者都会回顾自己在小组中的收获；在培训和参与时，能够有足够多的影像记录，让志愿者能够在自己的社交自媒体发布；在志愿者团队成立时，团队每个人的信息和志愿者团队身份都会在社区人流量最大的地方进行展示，等等。简言之，通过“动力建设”，志愿者的自我实现需求、归属需求、社会尊重需求等诸多的精神需求都得到满足，志愿者参与志愿服务的积极性就能持续保持，志愿者团队就会相对稳定。

四是畅通志愿者进退渠道，建立志愿者考核机制。对志愿者的考核主要有两种方式，参与式考核和以累计参与时间为考核依据，两者各占一定分值比重。考核的主要参与者就是志愿者，根据在参与过程中相互之间的观察与判断作出打分，并根据累计参与时间核算出最终的分数。志愿者团队的成员构成为12 位正式成员加 3 位预备成员，考核结果中的最后 3 位成员作为预备成员，预备成员在新报名参与者较优秀的基础上，有可能被淘汰。这样做的目的在于，春晖社工希望志愿者意识到志愿者团队不是可以随意进出的，必须投入时间和精力，通过自己的努力才能获得志愿者的身份，如此，志愿者也才会更加珍惜参与团队的机会。

【点评】

在成都这样一个地质灾害复杂多样的区域，建立社区层面的减灾志愿者队伍，为防灾减灾打好基层基础十分必要，也十分重要。成都都江堰市春晖社会工作服务中心在都江堰市青城山镇五里社区培育综合减灾志愿服务队的经验可圈可点。包括对志愿者来源的精准分析、减灾专业培训和实务演练相互促进、充分激发志愿者的精神动力及保持团队活力的举措都非常值得借鉴。

【减灾志愿者招募与管理的操作要点】

（1）结合减灾志愿者的特殊性，确定初始志愿者招募的人员范围。

（2）重视减灾志愿者的精神激励，并将激励细化到招募、管理等日常工作的各个环节。

（3）以公平公正公开的考核方式，畅通志愿者的进退渠道，保持团队活力。

（4）专业培训和实操演练相互促进，形成志愿者团队能力持续提升的良性循环机制。

……

五、行动研究

（一）“健康妈咪培育计划”项目的行动研究

【导语】

“健康妈咪培育计划”项目是由武侯区晋阳社区、成都市营养学会社区营养与健康管理团队联合承办的一个社区营造项目。该项目的主导者以社区妈妈为目标人群，开展了一系列健康营养活动，促进了妈妈们服务社区意识的建立；同时从研究者的视角出发，分析项目实施中的得当与差错之处，提出进一步强化妈妈们服务社区意识的建议，是行动研究法在社区营造中的一次鲜活运用。

【案例】

“健康妈咪培育计划”项目的行动研究通过回溯建立“晋阳社区健康妈咪会”、开展制作营养膳食系列活动，对妈妈们服务社区意识提高的过程进行了反思，总结了项目推进中存在的问题和好的经验，也提出了项目深入开展的改进措施。行动研究法在该项目中的具体应用如下：

首先，聚焦问题。妈妈是一个家庭的灵魂，妈妈的内在品质决定着孩子的未来，决定着家庭的和谐，甚至决定着一个民族的走向。但是，社工们发现：社区妈妈群体的现状是妈妈角色缺乏社会重视、缺乏专业的营养健康知识和技能、缺乏为社区服务的意识。

其次，明确问题的解决思路。帮助0—6岁宝妈们走出家庭，参加社区营养类活动，提升育儿能力，继而引导妈妈们组织不同类型、不同功能的健康类自组织，实现自我管理、自我服务、自我发展、自我监督。最终通过提升自身组织能力、协商能力、行动能力，能协助解决社区健康问题，为社区可持续总体营造贡献应有的力量。晋阳社区有着良好广泛的社区营造基础，选择在晋阳社区进行妈妈人群带动，应该是最合适的。至此，“晋阳社区健康妈咪会”成立。

再次，回顾“健康妈咪培育”的过程。回顾了学会开展系列“参与式工作坊”的过程。针对不同人群的不同需求，如0—1岁孩子的新手妈妈在母乳喂养和辅食添加方面需要特别指导；2—6 岁孩子的妈妈最关心孩子如何吃才聪明、才长个子，等等，每一次的工作坊都聚集一些有共同话题的居民来参与，以制作营养膳食的方式带动参与感，在轻松愉悦的环境中帮助他们解决自家的膳食问题。通过为期两个月，线下分别主办和协办 2 次活动，线上营养课程 4 次的活动实施后，在项目越来越接近尾声时，社工发现妈妈们在悄悄发生着改变。一是妈妈们的意识在改变；二是膳食技能在提高；三是人数有了改变，"晋阳健康妈咪会"微信交流群从项目最初的 70 人，增加到现在的 102 人，群里活跃度很高，每天都有妈咪们晒出自己做的早餐，交流各种关于膳食方面的问题。

复次，分析社区妈妈服务社区意识的变化。健康妈咪项目的关注重点就是想了解项目是否能在一定程度上改变社区年轻妈妈们的认知，从而建立社区意识。通过回顾项目的整个推进过程，发现社区年轻妈妈们对待社工的态度与参与度发生了比较明显的转变，而她们的社区意识也在这个过程中逐渐地增强。第一阶段，妈妈们的参与态度较为冷淡，分析原因在于妈妈们不太了解健康妈咪活动，对社区妈妈们的前期宣导也不够透彻。第二阶段，妈妈们从一开始的陌生逐渐走向互动，但是她们的行动局限于"任务"或"人情"，自我主体意识还没有觉醒。第三阶段，社区妈妈们不再仅仅是一名社区活动的参与者和协助者，而是开始"建立社区的荣誉就是我的荣誉"的意识和行动。这和营养工作者与社区妈妈的互动增多，主动融入社区妈妈们的生活，在活动和互动过程中一直强调妈妈们是社区主导者的引导不无关系。第四阶段，妈妈们渐渐学会从公众利益出发去思考行动，自己主导本社区的发展。虽然距离真正的主导阶段还有一段距离，但是妈妈们的主导意识已经悄然露头。

最后，总结项目推进中的经验和需要改进之处。其一，建立社区自组织是完全有必要的。晋阳社区健康妈咪会的建立，不仅让妈妈们看到自己的优点、亮点，也让妈妈们有一个可以倾诉的场域，更发现了自身的价值。因此，未来晋阳妈咪会会持续增强妈妈们的自身能力，推动她们参与社区发展。其二，重视社区自组织负责人的品质和骨干培养。培养更多的骨干不仅是对负责人的支持，也可以使组织有更多的支撑点，防止因负责人的变动给组织带来危机和震荡。其三，谨记推动者的角色定位。相信在地民众更熟悉社区，拥有丰富的本土知识和无限的创造力，社工组织只是协助其发现自己的潜力，使其逐步走上自我发展之路。一定不能把社工组织定位成“指导者”或者“服务者”，而应该是“协助者”“陪伴者”。在今后的项目活动中，还要力争让妈妈们更大地发挥社区民众的主体作用。

【点评】

行动研究分为计划、实施、反思三个环节。“健康妈咪培育计划”项目的行动研究在选定研究对象——社区年轻妈妈群体后，针对妈妈们的现状，设计健康妈咪的培育方案并主导方案的实施，同时，主导者又从研究者的角度出发，对“健康妈咪培育计划”进行反思，逐步积累了一些优化培育计划的改进建议。简言之，针对“健康妈咪培育计划”项目的行动研究体现了行动研究强调的行动、反思、调整再行动这样一个循环前进的过程。

【“健康妈咪培育计划”项目的行动研究要点】

（1）聚焦有代表性的社区问题，如社区年轻妈妈的现状有待改变。

（2）理清改变妈妈们现状的思路，从妈妈们重视的家人健康着手，引导妈妈们迈开走出家庭的第一步。

（3）设计并实施行动计划，开展“参与式工作坊”，邀请妈妈们参与营养餐的制作活动，拉近妈妈间的距离，提高妈妈们的参与意识。

（4）观察研究对象的变化，观察妈妈们是如何在内心建立并逐渐强化社区意识。

（5）总结经验和改进之处，提出未来要持续增强妈妈们的自主性，推动者的角色定位一定要准确，是“协助者”“陪伴者”，不是“指导者”或者“服务者”。

……

（二）“‘社区导游团’——社区融入计划”项目的行动研究

【导语】

“‘社区导游团’——社区融入计划”项目是成都市高新区爱有戏社会工作服务中心（以下简称高新爱有戏）在锦基金支持下开展的一个让新住户融入社区的项目。该项目的主导者在行动中培育了一支“爱心导游团”，开展了帮助社区新住户了解和参与社区的活动；同时，项目主导者也对社区导游的“囧导”之路进行了反思感悟，是行动研究法在社会工作中的又一次生动运用。

【案例】

“‘社区导游团’——社区融入计划”项目（以下简称“社区导游团”项目）的行动研究通过回溯建立“爱心导游团”、开展“社区介绍会”“导游院落”、强化“爱心导游团”的定位等行动，对社区导游的“囧导”之路进行了反思。行动研究法在该项目中的具体应用如下：

第一是聚焦问题。城市社区邻里关系冷漠已成为普遍性的社会问题，住户在社区居住，却和社区关系松散，没有真正融入社区生活。

第二是设计行动方案。成都市高新爱有戏设计了“‘社区导游团’——社区融入计划”项目，在锦基金支持下，通过培育一支“爱心导游团”，参与并组织开展以社区内部文化为载体的活动，带领社区新住户了解和参与社区，建立新旧居民邻里关系，促进新住户更好地融入社区。

第三是回顾社区导游的“导游”之旅。其一，建立“爱心导游团”。高新爱有戏驻社区的项目社工在社区筹备起各类兴趣文化小组，在“坝坝舞”这个居民热情最高的小组里发现了“社区导游”的种子选手——热爱跳舞的梁老师。但在正式成立“爱心导游团”时，民主选举的团队负责人却不是梁老师，而是社区某舞蹈队的负责人肖老师和唯一一位男性曾老师（没有社会组织负责人经验，被大家推选时曾推辞）。这为该项目的不成功埋下了伏笔，在团队成立后，高新爱有戏社工带领“爱心导游团”在一个月内开展了6次团队能力培训和团队建设活动。其中，有几次活动志愿者没有来齐，因为兼职老年人协会的成员要参加社区的各种会议。其二，开展社区介绍会。介绍会的内容主要是推介社区社会组织，给新住户介绍社区各类社会组织的相关信息，提供如何参与社区活动、寻找“发烧友”的渠道，同时也号召大家加入志愿者队伍。考虑到介绍会的公信度，社工曾尝试邀请社区工作人员到会做推介人，但未成功。于是只能由“爱心导游团”负责人之一的肖老师来做社区推介。然而肖老师的社区介绍却变成了对她的舞蹈团队的介绍。鉴于此，社工又在肖老师介绍后，再次对社区做了介绍并预告了其后要开展的导游院落活动是精防院送关爱活动，请现场志愿者和居民邀请新住户和其他居民前来参加。介绍会结束后，却只有为数不多的几位居民听说可以给精防院捐赠闲置衣物，表示愿意参加关爱活动，但新住户仅有4户。其三，“导游院落”。在精防院送关爱活动中，“爱心导游团”负责人曾老师需带“爱心导游团”的志愿者与看会演的病人们交流互动，但曾老师却以不知道怎么做为由，将带领团队互动的事交给社工和另一名积极性较高的彭老师。精防院送关爱活动将新老住户集结在一起，围绕关心医患活动进行了感想讨论，有效增进了邻里之间的交流，促进了新住户的社区参与。但这也让“爱心导游团”的志愿者们将团队的工作重心认定为“给困难家庭献爱心”，志愿者们有的主动拜访社区居委会寻求对精防院的帮助，有的主动到项目社工驻社区的办公室请求进行单独捐赠活动。其四，强化“爱心导游团”的定位。鉴于前期精防院送关爱活动让“爱心导游团”的定位变成了“献爱心”团队，社工曾尝试通过开展游园会，明确“爱心导游团”的最初定位。游园会由小区历史介绍和游园游戏两部分组成，尝试由“爱心导游团”的志愿者们组织。活动当天，不少新住户都来参加。曾老师作为团队负责人和D小区居民负责介绍小区历史，但曾老师有些不好意思，介绍短促而简单；导游团志愿者们在负责游戏板块时，配合稍显生疏，不过，上百名参加活动的居民都很高兴，就是对社工的身份有所误会，以为是社区工作人员。

第四是社区导游的“囧导”反思。其一是“导游”活动要切实依据新住户的特点和需求来设计。新住户最希望的是真正参与社区生活，比如关爱活动是他们力所能及的事情，比如游园会是与邻里互动的过程，但是他们对社区、小区历史的介绍却不是很感兴趣。其二是配置项目常驻社工。“社区导游团”项目社工配置经常变动，项目启动时，配置了2名专职驻点社工，不到2个月，就调整为1名，后新招试用社工，但2名社工维持不足7个月，又调整为仅剩1名试用社工的状态，频繁的人员变动影响了项目进展。其三是“爱心导游团”负责人的选择至关重要。肖老师和曾老师两位负责人，肖老师身兼两职，导致她对自身角色定位不清，削弱了导游团的团队决策力和凝聚力；曾老师经验和自身动力不足，积极性不高，未能充分发挥导游团负责人的作用。其四是社区和其他相关单位的支持很重要。“导游”活动涉及的单位给予活动相当高的支持和肯定，这也是精防院关爱活动和游园活动比较成功的基础。如果项目驻点社区B社区能改变不愿多事的态度，给予项目更多的支持，导游团的“囧导”之路可能会更为平坦。

【点评】

有学者认为行动研究就是行动者对自己的实践进行的批判性思考。“社区导游团”项目的行动研究就是一个典型的以批判性思考方式进行的行动研究。项目执行者回顾了“社区导游团”在“导游”旅程中遭遇的种种“囧境”，反思了“囧导”的四个主要表现，包括活动设计与新住户需求的偏差、项目社工的频繁变动、导游团负责人的选择失误、所在社区的不给力，等等。虽然“社区导游团”项目并不是很成功，但是作为行动研究的案例还是非常值得借鉴。

【“社区导游团”项目的行动研究要点】

（1）发现社区问题之一，邻里关系冷漠，新住户没有真正融入社区生活。

（2）针对问题，设计方案，帮助社区居民建立“爱心导游团”，开展增进社区融入的活动。

（3）全面回顾行动各环节的不足，包括“导游团”负责人没有坚持选择积极热情的梁老师，社区介绍会的不受欢迎，团队负责人在志愿活动中未起到应有作用等点点滴滴。

（4）全面总结行动不成功的经验教训，提出活动设计要依据新住户的需求，要配置项目常驻社工，需慎重确定志愿者团队的负责人，争取社区的支持等。

……

（三）“我看·成都生活”——城市外来务工家庭影像志项目的行动研究

【导语】

“我看·成都生活”是成都爱达迅社会工作服务中心（以

下简称爱达迅）在锦基金支持下开展的一个城市外来务工家庭影像志项目。爱达迅对该项目的行动研究与前两个行动研究不同，在该项目中爱达迅接触的直接对象不是社区居民，而是承担收集和记录城市外来务工家庭的生命故事和拍摄其照片的专业志愿者，因此，爱达迅对该项目的行动研究主要是通过回顾项目不同阶段爱达迅与专业志愿者间的互动过程，同时从研究者的视角出发，总结互动中存在的不足，提出改进互动的措施。

【案例】

“我看·成都生活”——城市外来务工家庭影像志项目（以下简称“我看”项目）的行动研究通过回溯2012—2014年“我看”项目执行两期中，爱达迅和专业志愿者的互动过程，对项目执行第二期比第一期在互动有效性方面的改进进行了反思，并总结了提高机构与志愿者互动成效的几点经验。行动研究法在该项目中的具体应用如下：

一是研究背景。2012—2014年，在锦基金的支持下，爱达迅执行了两期“我看”项目。两期项目中，共有20多名具有社会学、社会工作背景的研究生和6名具有丰富社区工作经验的社区工作者作为志愿者，全程参与了项目的执行，承担了收集、记录、艺术或学术地加工城市外来务工家庭的照片和故事，然后以视角化的方式呈现给城市居民的工作，目的是让城市居民更多地了解和包容外来务工家庭这一群体。可以认为志愿者和爱达迅的有效互动保障项目取得了预期成效。

二是研究思路。通过案例分析和访谈，探寻在公益项目的不同阶段，公益机构和专业志愿者扮演不同的角色。分析公益机构和专业志愿者互动的影响因素，进而通过调整双方沟通的内容、传递和理解信息的方式来提高双方的角色实践效果和互动成效，充分发挥专业志愿者在参与公益工作中的作用。

三是回顾第一期项目。第一期项目主要在X社区和Q社区开展。综合X社区原住居民和外来务工家庭相对稳定及社区的推荐，爱达迅决定由社区对接的工作人员XIAO完成志愿者招募工作。综合Q社区居民结构较为多元化且流动性较高及社区工作人员人力有限等因素，爱达迅与C大联系，由C大提供志愿者名单，爱达迅只是间接的信息传递。其后的培训，C大的志愿者全程都非常认真地参与，但X社区的志愿者做培训却不太理想，志愿者中2名社区在职工作人员缺席。在执行中，X社区志愿者入户较顺利，C大社工志愿者则遇到了入户困难。随后，爱达迅组织了一次培训，分享了入户经验。C大社工志愿者入户工作渐渐顺畅。

四是回顾第二期项目。根据第一期项目开展的情况，爱达迅在第二期项目时调整了志愿者团队招募和培训的策略。一方面，爱达迅采取举办宣讲会的方式招募，让志愿者充分了解爱达迅和“我看”项目及志愿者工作内容，并现场答疑；另一方面，加入对志愿者口述史工具及技巧的专业技能培训，提高口述史的质量，深化第一期成果。此外，爱达迅工作人员还亲自带领志愿者进入居民院落进行项目宣传和家庭招募，为志愿者和参与项目的家庭后续互动沟通奠定基础；为部分有意向借项目参与实践来完成毕业论文的志愿者提供条件，鼓励志愿者将学术研究与志愿行动紧密结合；策划微电影巡演活动，取得较好的社会反响，社区居民通过微电影更进一步了解了城市外来务工群体，志愿者通过全程参与及片尾署名的方式，也获得了强烈的价值感。

五是反思第二期项目成效提高的原因。相比第一期项目机构在招募和培训志愿者环节的非正式状态，第二期项目时，爱达迅采用了召开项目宣讲会、加强专业技术培训等较为正式的方式，招募方和参加招募方均在充分了解“专业志愿者招募”、公益项目和学术研究相结合的前提下，完成相互确认，对第一期项目出现的时间矛盾、人员调离缺位等因素进行了提前预防。相比第一期项目，爱达迅明显强化了自身协调管理者的角色，让志愿者更加认真地对待此项服务，同时也以多样的活动，为志愿者实践专业技能提供条件。此外，爱达迅以拍微电影的方式将志愿者们的专业成果以更加视觉化的方式呈现出来，收获了务工家庭、社区居民、志愿者等相关群体的一致好评。

六是行动总结评价。机构和志愿者间要保持信息的充分传递，对于专业志愿者尤其要充分传递与专业知识和技能提高相关的信息，这是调动专业志愿者积极参与，确保服务质量的重要因素。信息传递要以正式、有仪式感的形式传递，如此，志愿者对待服务的态度才会更加认真。借助与志愿者相似专业背景且具有志愿服务经验的相关人士来协助公益机构完成信息传递的工作，在一定程度上增强了信息的可信度和说服力。微电影等较为新颖的成果呈现方式，有助于加强专业志愿者对项目和公益机构的认同感，让双方的互动达到一个更加深入且有效的层次。

【点评】

行动研究是一个不断反思行动的研究过程。“我看·成都生活”——城市外来务工家庭影像志项目的行动研究重点关注了机构与志愿者的互动，通过回顾对比“我看”项目两期执行的效果，剖析了机构在互动中调整角色定位对互动另一方——志愿者行为的影响，志愿者由第一期参与状态较为松散转变为第二期参与的积极主动和更加专业，并对发生如此转变的要点进行了总结。从不断反思行动的角度来看，针对“我看”项目的行动研究就体现了行动研究的这个特点，由对第一期项目的反思到对第二期项目的反思，行动成效在不断反思中得到提高。

【“我看”项目的行动研究要点】

（1）确定研究关注点。机构与志愿者的互动。

（2）明确研究思路。机构行为的变化，影响志愿者行为的变化，进而影响项目的成效。

（3）回顾项目的实施。主要回顾了机构在第二期项目中针对第一期项目反映的问题进行的行为调适和志愿者行为的相应变化。

（4）反思成效变化的原因。在志愿者的招募、培训、务工家庭走访、微电影展示等环节均强化了机构的“存在”，强化了对志愿者的重视、支持及对志愿服务的高度认可。

（5）总结可推广的经验。认为机构和志愿者间要产生有效的互动，充分的信息传递和有仪式感、正式的信息传递方式是非常必要的。

……

“我看”项目的行动研究要点

第五章 路径篇

社区营造的方式方法多种多样，不同国家、不同地区、不同社区，根据自身的经济文化特点、居民群体性特征、环境特征等设计出了不同的社区营造方法路径。本篇结合目前成都社区营造的案例，介绍一些社区营造中常用的方式方法，以供社区营造者参考。

一、村规民约

（一）概述

村规民约是由社区居民自己制定，为居民共同遵守和认可的行为规范，具有观念引导和行为约束的作用。社区营造的关键就是要发挥社区居民的积极性、参与性，实现社区的自治。因此，由社区居民自己来制定社区的行为准则，有利于培育社区成员和居民的契约意识与责权意识，也能够达到互相监督、互相提醒的效果，共同实现社区的良性运转。

（二）案例

磨盘山村地处成都市金堂县云合镇，是成都市最偏远、区位条件较差的村庄之一。磨盘山村共有 16 个村民小组，2028 人。2013 年，按照成都市政府“三个集中”的原则和要求，磨盘山村 94 户 324 人从原来散落在村庄中的自建房搬进政府新建的聚居小区，住上了公寓楼。从自建房到公寓楼，居住方式的改变也带来了小区管理的难题，如小区的路灯坏了没人修、房屋漏水无法处理，还有一些住户在小区的公共场所随意倾倒垃圾污水、堆放木柴，甚至养鸡养鸭、生火做饭、乱搭乱建，圈占公共绿地栽种庄稼、蔬菜等，村干部屡次制止也无济于事。虽然在小区的公示栏中醒目地张贴着村规民约，上面有对聚居小区管理的各项要求和规定，却形同虚设，无法落实。如何建立起磨盘山聚居小区的可持续管理机制？这是磨盘山村亟须解决的问题。

2014 年，成都蜀光社区发展能力建设中心的工作团队（以下简称蜀光）经过多次实地走访和调查，与磨盘山村村民一起设计了“金堂县磨盘山村改善聚居点管理试点项目”，并获得了成都市培育发展社会组织专项资金的支持。项目目标是探索农村聚居小区可持续管理的有效途径。主要的工作方法是运用参与式方法，通过能力建设，推动社区群众自主参与社区公共事务管理，在具体做事的过程中逐步建立起符合社区实际情况的可持续管理机制。具体做法如下：

（1）建立聚居小区居民认可的管理小组。通过召开住户大会，公开选举三名人员组成聚居小区可持续管理小组，代表全体住户管理小区的公共事务，这三名代表分别担任组长、会计、出纳。

（2）识别小区问题与住户需求。管理小组成员在蜀光的帮助下，与全体住户一起调查了解小区存在的问题，商量解决办法，并制定出详细的项目活动实施方案与经费预算。

（3）集体制定聚居小区管理制度。在前期调研的基础上，管理小组和全体住户共同讨论制定并通过了《聚居小区管理公约》《磨盘山村聚居小区维修基金管理制度》《聚居小区维修基金管理小组内部管理制度》《聚居小区维修资金使用管理制度》《收割机管理制度》等一整套制度、公约。在制度制定的过程中，遇到住户意见不统一时，管理小组就及时召开住户大会，反复征集住户的意见和建议，对提出的疑问作出解释说明，推动小区住户对管理制度达成共识，并在住户签字确认后进行了公示。

对照管理制度，小区全体住户对自己的小区做了一次“大扫除”，自觉拆除了私搭乱建的各种圈舍，清理了随处堆放的杂物，恢复了小区绿化带，小区环境得到了明显改善。

小区的居民说：“这盘动真格的了，制度都讨论了好多次，开了好多会，大家都清楚了。”“这些制度我们都认，自己签了字的，该遵守的就要遵守才行。这个小区好了，我们自己住在里面也舒服。”“没有人再有脸违反了。谁违反了规定，大家都不会干的。”“小区是我们自己的，我们不管，谁都不会帮我们管，只有靠我们自己。”

（三）点评

村规民约的有效运用，最重要的是管理制度的内容要符合社区居民的实际需要，得到社区居民的共同认可，磨盘山村原有村规民约得不到实施的主要原因是其制定是自上而下的管理规定，故不被居民所认同接受。而磨盘山聚居小区重新制定的管理制度之所以会成功，其原因有四点：

一是通过社会组织的调研让住户对小区管理的需求和意愿都得到了充分的表达；

二是管理制度是所有住户集体讨论确定的，得到了广泛的认可；

三是所有的规章制度都是基于聚居小区实际情况制定的，是可执行和可落实的；

四是小区住户在参与讨论制度的过程中，增进了相互的理解，学会了协商，住户的主人翁意识不断提高，对小区管理的参与积极性也得到了提升。

二、公共空间

（一）概述

社区公共空间是社区居民参与社会活动、享受社会服务的公共场所，根据不同的功能，公共空间可分为几大类：

（1）公共环境、景观建设，即通常所说的社区营造的“景”的建设；

（2）公共文化体育活动场所；

（3）公共养老服务机构；

（4）公共议事场所；

（5）公共医疗场所；

（6）政务服务场所。

理想的公共空间能让居民主动走出家门融入社区进而融入社会，参与社区自治，提升居民的融洽度与居住的幸福感。

（二）案例

较场坝东街67号院是较场坝社区最大的一个院落，是典型的成都老院落，由于电线老化、物业管理不完善等原因，院落的安全问题一直是困扰在居民心中的大问题。

在成都爱有戏服务中心的参与协助下，较场坝东街67号院组织政府、社区、爱有戏与社区居民一起，召开多次市民论坛会议，着力讨论院落存在的安全与环境问题，并制定行动解决方案。在经过多次的会议与商讨之后，针对院落的安全隐患问题，借助老旧院落的打造，找到了解决的方法。

一是解决院落彻夜开放的问题。改变原有3个门都彻夜开放的现状，规定1号门和2号门在晚上11点钟就关闭，只留3号门开放。晚上加强了门卫的管理，陌生人不能随便进出院落，只有院落居民才能够进入。在这个过程中，重视对居民的告知，将这些规定都作为“告居民书”张贴在院落中，让每一个居民都能够知道院落的新规定。

二是车辆规范管理，减少丢失情况。爱有戏协助居民与社区一起，制定车棚收费标准，并且将原来的车棚做了整修，腾出更多的空间放置居民的车辆。对于新规定，由于参与充分，居民和车棚管理人员都比较认可，于是放置在外面的车辆越来越少，车辆丢失的情况也逐渐好转。

三是老旧电线问题。由办事处和居民一起，将居民的意见告知相关部门，要求其进行线路规整，否则将不再使用其服务。这一方法取得了较好的效果，网络公司就将线路作了规整，并更换一些老化线路，杜绝了电线老化带来的安全隐患。

四是一户一表，增加楼道路灯。结合改造将院落的电表修改成一户一表，统一安装楼道灯，楼道灯的电费由院落公共财产承担。

（三）点评

公共生活空间的安全、美观，能加强社区凝聚力，提升社区的隐性价值。较场坝东街67号院的院落改造活动，成功地解决了老旧院落长期积累的问题，同时也化解了由院落管理不善引发的社区居民之间的矛盾，为居民营造了一个宜人宜居的社区公共空间。

在这一过程中，爱有戏综合运用多种社区营造工具，包括院落自管小组选举、举办院落市民论坛会议、推广参与式会议模式、结合罗伯特议事规则制定议事规则等。

居民在技术专家的带领下，"参与"变得更加理性，也更加活跃，参与的广度和深度都有了提升，流动人口也在院落打造和安全问题上拥有发言权，打破了选举参与所带来的天然局限性；小朋友同样能够参与院落事务，在院落打造过程中，院落的小朋友们也组成了青少年活动小组，进行院落墙面的美化工作，为院落的打造贡献了他们的力量。

三、社区福利

（一）概述

社区福利指运用多方资源为社区老年人、儿童、残疾人等特殊群体提供无偿或低偿的社会服务。经过多年的社区营造实践证明，社区福利作为社区营造的"突破口"具有重要意义，是社区营造的重要途径之一。而社区福利的最终目的是通过为特殊群体的服务使社区居民能近距离接触到公益、社区，最终让社区成员都能享受到社会福利服务、参与社区福利服务，同时逐步引导居民了解和认同公益慈善，消除社区成员的隔阂和疏离，推动社区善治。

（二）案例

2016 年 7 月，由成都幸福家社会工作服务中心与成都市慈善总会共同打造的第一家“微爱公益慈善超市”在锦江区东光街道观音桥社区试运行。该项目模式具有以下特点：

（1）采取实体店铺与线上店铺相结合的方式，面向社区所有居民包括社区特殊群体和一般的社区居民进行销售，相关商品的价格等于或低于周边同类商品售价。

（2）选择社区的病患家属、残疾人、单亲父母等有困难且有心有能力的居民加盟作为微爱公益慈善超市的志愿经营者，志愿经营者以月为单位获得补贴。

（3）通过微爱超市也可以向社区特殊群体提供定向帮扶，帮扶的基准支出来源于超市日常经营计入超市的运营成本。

（4）所属社区居委会将社区服务内容集成并发布到微爱超市中，并引导相关服务落地执行。

（5）微爱超市所属社区需要设立公益基金，超市经营的利润部分需要在除去正常的人工和运营成本之后，部分捐赠到相关基金中，支持基金的“造血”并可以用于超市后续的其他公益项目中。

（6）微爱超市必须与本地的志愿者服务相结合，打造整体的社区公益慈善总平台。

微爱超市开业后，有不少社区居民认同了这一理念，也希望能够每日消费都到微爱超市来。可是，也有社区居民持观望态度。为了吸引更多人气，项目组又开展了为孤寡老人送日常用品、支持大学生支教队到宜宾山区学校支教、发起居民防诈骗宣传、整合社区志愿者、开展“邻近志愿者队”等活动，通过这一系列活动，一方面能为微爱超市蓄积人气，推动更多社区居民了解到微爱超市的存在以及运作机理；另一方面也使微爱超市成为社区公益慈善载体平台。

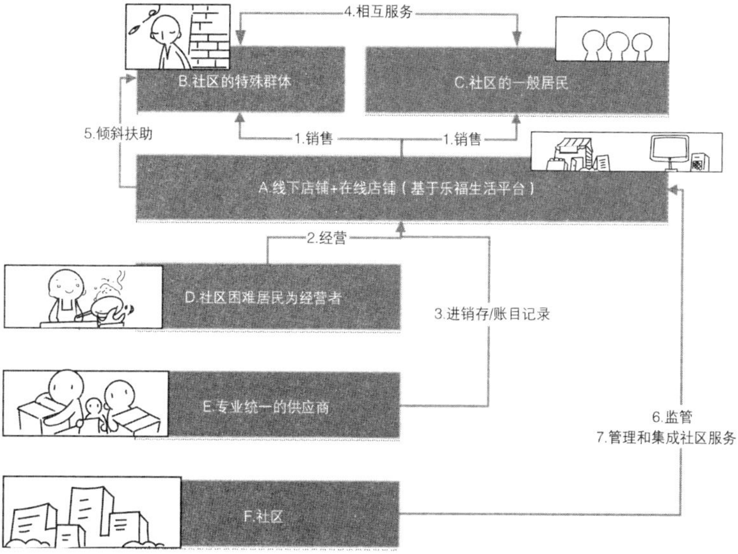

（三）点评

爱心超市项目是一个历史悠久的项目，它兴起于2000年初，在2008年汶川地震之后逐步在各地落地展开。但由于缺乏长期资金支撑、监管乏力等原因，许多早期开办的爱心超市都已名存实亡。“微爱公益慈善超市”项目在总结过去经验教训的基础上，开创了“社区公益活动聚合平台=便民百货+居民扶助+居民关怀+N”的新型模式，使得微爱超市不仅局限为一个百货销售卖场或者单一的社区居民扶助发放渠道，更能为居民带来直接的社区福利。微爱超市未来将打造成为社区的物资捐赠、志愿服务、急难救助三大平台，增加社区福利的多样性和普惠性。

四、社群支持

（一）概述

英文 community 有两个含义，有地域概念的人群和无地域概念的人群，前者被翻译成“社区”，后者被翻译成“社群”。社群支持是指在社区中的具有相同理念或利益诉求的不同小群体之间的互相帮助、互相扶持。物以类聚，人以群分，通过小社群的建立，形成社群支持的平台与机制，开展社区志愿服务，在社区居民有什么事情需要帮助的时候，可以及时地联系到能够提供帮助的邻里。以此促进居民之间的交流沟通，打破现在楼房居住的邻里之间的“疏离”状态，营造守望相助、邻里相亲的社区生活氛围，更有利于推动社区营造工作的开展。

（二）案例

航天路社区位于温江主城区东南部，社区内养老问题比较突出，航天路社区党总支研究作出引进社会组织，借助社会组织专业力量解决社区养老问题的决定。在此背景下，成都朗力养老服务中心（以下简称朗力养老）协助社区通过团队建设活动，组建了社区“天韵之声合唱团”。合唱团的组建与发展不仅仅满足了合唱团内部老年人的养老需求，而且还为航天路社区的社区治理提供了新的载体和抓手。通过团队活动，团队成员之间建立起了情感支持网络，有了心里话、有了委屈能够找到人倾诉了，而且还能找到强有力的精神支持；同时，在一次次的比赛中团队成员满足了自我发展的需求，精神层次得到极大提高，精神面貌更加积极阳光。

在团队得到较好发展的前提下，团队成员积极提出“我们是航天大妈，我们是航天路的志愿者”这样的口号，逐渐跨越了团队的界限，把活动目标扩大到了社区。团队在社区日间照料中心这一载体上，积极参与养老中心建设，为养老中心提供了强有力的支持。其中，积极为养老中心进行宣传，促进养老中心食堂开业，利用养老中心食堂在端午、中秋等传统节日通过点赞网筹集资金购买相应材料制作粽子、月饼等进行义卖，并把义卖所得资金投入社区爱心基金会以支持更多爱心项目，同时还组织团队成员把所做粽子、月饼送入孤老、孤残等家庭。

家庭困难的黄阿姨老年丧子，曾经一度深陷丧子的悲痛中无法自拔，经常到社区、政府宣泄不满情绪。朗力养老服务中心的社工经过评估，结合黄阿姨的自身优势，制订了个案管理计划，决定借助合唱团的力量为黄阿姨建立情感互助网络，同时结合其具有康复按摩的技能，为其在社区日间照料中心搭建了一个社区康复理疗平台，这样既能安抚其情绪，又能满足其生计需求。合唱团积极介入帮扶计划，通过前期的情感疏导、陪伴、邀请黄阿姨参与合唱团活动，后期帮助其宣传康复理疗业务。黄阿姨逐渐抚平了创伤，积极投入到新的生活中。现今，黄阿姨在社区日间照料中心以低偿方式为社区有需要的老年人提供康复保健——推拿、按摩服务，既服务了别人，也充实了自己的生活。

（三）点评

在航天路社区互助养老模式中，由朗力养老帮助成立的社区老年人合唱团就发挥了“社群支持”的作用。因为作为同龄人，他们具有天然的生活阅历优势，能够较为容易感染到服务对象，带动其他老年人积极参与社区活动，积极面对老年生活。他们形成社群支持的经验有几点：

（1）抓住内在需求培育小社群

在小社群的培育过程中，社工抓住了服务对象的内在需求，以此为切入点，推动他们形成有内在凝聚力的小社群，为社区提供社群支持。

（2）发掘小社群优势

注意挖掘小社群自身优势和资源，充分整合社区已有和潜在资源。为激发优势提供及时的指导和帮助，同时积极帮助他们链接外部资源，陪伴他们成长。

（3）适时的引导

社群支持的完整过程应该是“邻里相亲—守望相助—社群支持”。在提供社群支持时，社会组织需要适时转变自己的角色，从“组织者—教育者—协助者—陪伴者”，引导新形成的小社群不断成长。

五、社区资本

（一）概述

从广义上看，社区资本可以指一个社区内一切可运用的力量，包括人力、物力、财力、知识与资料、历史传统、生活习俗、发展机会、地理与天然物质、人文社会环境等资源。从狭义上看，社区资本即建立社区组织、开展社区活动、推动社区项目发展等所需要的关系。从社区资源开发与整合的角度来看，社区资源都不是孤立存在的，大都依附于社区中的社会组织或社会网络的各式各样的关系中，要撬动社区资源，发动社区内一切可运用的力量，就需要社会资本作为杠杆。

（二）案例

成都市从 2012 年起在全市范围铺开公共服务资金政策，2017 年市民政局在《关于提升城市社区公共服务和社会管理专项资金使用绩效的通知》中明确指出保障金政策的设立就是为了推动成都市城乡社区总体营造工作。因此，保障金就是要在社区营造中寻找各种支点，形成各种项目，培育各种自组织，撬动居民组织化参与社区营造。

“不是我去培育才有自组织，而是本来它就在。”关于如何在社区里寻找到自组织，武侯区玉林东路社区的书记杨金惠如此说。“随时关注社区群众、社区社群、社区各类组织的生长习惯。他们可能出现什么样的萌芽，我们就去观察，观察后我们就去入伙，入伙后，评估它可以成长到什么样，我们再给予资金，进行培育。”

要寻找到这样的自组织，社区与居民之间需要一条联系沟通的纽带。玉林东路社区从 2007 年就建立起了“民情专递制度”，每周民情工作会定时听取民情民意，吸引社区居民主动参与社区自治。2009 年又搭建起了“玉林夜话”“院落龙门阵”社区居民交流平台，随着民意渠道的畅通，社区能够观察到不同的人群、不同的自组织的生活态度、行为习惯、思维方式、共有价值，然后选择性地进行扶持。

从 2016 年开始玉林东路社区运用保障金举办了社区公益微创投活动，由心航社工组织实施。2016 年微创投资金为 3 万元；2017 年自筹经费 5 万元。院落自治小组、社区自组织、有想法的社区居民都可以独立申报，通过项目化申报，得到小额微创资金支持，为他们提供服务和承担公民责任的机会。下表为社区 2017 年通过社区项目评审委员会与专家评审共同选出的保障金支持项目。

项目名称	执行团队/个人	立项资金（元）
“美丽创造者”摄影故事会	玉东心视角摄影之家	3000
“友邻全家福”新年日历	玉林北街7号院居民自治小组	3000
院落读书会	玉林东路8号院居民自治小组	2500
“花漫玉东”亲子课堂	范小丽团队	2500
锅碗瓢盆飞	玉东食神妇女队	2500
“妈妈的爱”亲子厨房	糖小厨妈妈团	2500
“银发互助　心心相伴”院落长者互助项目	玉林东路2号院居民自治小组	2000
“老友来相会”高龄长者生日会	睦林长者互助社	2000
“又见北风吹”以舞会友	玉东舞蹈队	2000
“学习一门语言，可防老年痴呆”藏、英语口语沙龙	玉东藏英语交流社	2000
“情暖玉东”空巢老人探望	睦林长者互助社	2000

（三）点评

玉林东路社区通过公益微创投项目的实施，在社区和社工的协助支持下，让居民有组织地参与到社区公共事务中，使他们在满足自身兴趣爱好的同时，发挥自身力量，既促进了社区公共利益，又培育了社区志愿者精神，同时盘活了社区社会资本。经过长期对各类自组织的培育发展，居民主体责任意识得到提升，社区资本得到增强，同时促进了居民对公共事务的关心、责任承担的理解、公共价值的认同。

六、社区文教

（一）概述

社区文教是指通过社区的文化活动或文化项目，如广场舞、亲子课堂、读书会、美食会、创办社区期刊、撰写社区历史、拍摄社区纪录片、制作社区网页、开办社区剧场、成立社区电台、举办社区照片展等，唤起社区居民对社区的关注，激发社区居民对社区强烈的归属感与眷恋之情。

（二）案例

武侯有望江，望江有“老马”，“老马”不只是府南河边的酒吧一条街，还有悠扬的音乐和追梦的“老马人”。一个个具有历史感的老旧院落，一间间充满艺术感的琴行，一个个具有音乐元素的建筑，一位位爱音乐的“老马人”，构成“老马”独特的风景线。成都市城市音乐坊、成都市老年大学、酒吧一条街、川艺音画艺考学校……无不为“老马”的文化底蕴添彩增光。武侯区望江路街道老马路社区被居民们亲切地称为“老马”，通过与汇智合作，发掘社区的文化底蕴，创造了多彩多姿的社区文化生活。

摄影协会的欧阳老师说："大家相聚的理由很多，最多的还是一个'想做这件事儿'念头吧。抓住这一点，便能将人心聚集起来，撬动摄影协会的力量。"

在营造"马路天使乐友汇"的过程中，社区与汇智充分动员了社区音乐骨干马老师的音乐资源和优势，让马老师的乐队作为老马路最具特色的音乐文化代表，引导更多的爱好音乐的"老马人"加入"老马"营造中来。乐队成员参与社区营造培训、教小朋友唱歌、为重阳节活动举办各类文艺演出，充分体现了"老马人"的音乐、生活态度——快乐自己，服务他人。

老马社区除了有音乐，还有酒吧。老马的酒吧一条街共有酒吧 39 家，随着黑夜的到来，酒吧换上盛装，来往的人群，丰富多彩的各色演出，即兴演唱、乐队弹唱、花式调酒、喷火表演，带着神秘的色彩，吸引着围观者的目光。这当然只是酒吧的本来风貌，老马的酒吧还有它的独特之处——对于社区公共议题的关注。酒吧协会作为酒吧的共同体，在老马社区营造的"社区音乐节"环节，凸显了商家的参与。汇智借助"社区音乐节”的主题与酒吧协会达成共识，音乐节方案设计、酒水厂商联络、酒吧场地资源的协调等，都是酒吧协会参与社区营造的行动。有了“酒吧+音乐”的文化主线，“老马”的酒吧也都动了起来，社区营造也活了起来。

“老马”的社区营造还吸引了社区里活泼可爱的小朋友们，小朋友们跟随老马乐队学唱“老马”的歌、跟随高校志愿者学画“老马”的画、跟随“老马人”学“老马”的文化，跟随营造的脚步融入进来，谱写属于“老马”小朋友的营造乐章。充满“酒吧+音乐”元素的手工作品、瓷板作画、纸上彩绘、亲子运动会等，都是独具“老马”文化特色的亲子互动。在社区营造过程中，小朋友们了解“老马”的文化、建立对文化的认同，并传承和发展“老马”的文化，在玩乐中就加入了“老马”的营造。

（三）点评

在社区营造的过程中，老马社区通过独具特色的社区文教，成功吸引了企业、居民、高校、商家对社区公共议题的关注，

“老马·醉音乐”社区营造项目，着力于“酒吧＋音乐”文化打造和居民参与两个层面，通过挖掘、传承和发展社区独有的文化教育特色，并动员辖区的单位、居民、社区组织等共同参与到社区的文化环境营造中，创建出一个有文化底蕴、有温度、有宜居环境的社区。

第六章 创新篇

实施社区营造，离不开不断地开拓创新。本章主要介绍当前颇具影响力的社会创新：社区共享经济、社区基金会、社区企业、社区规划，为社区营造提供可持续发展的推动力。

一、社区共享经济

（一）概述

社区共享经济，主要指以信任为基础，以共创共享为理念，以物资、技能、志愿服务等作为“资本”，通过“共用”“共行”“共膳”“共居”等新方式，使居民享受到原本应由市场提供的各项社会服务，是一种满足居民新需求、解决社区新问题、极具生命力的新经济形态。

成都市提倡用社区共享经济的方式推进社区营造，其创新意义在于将共享的概念与经济手段相结合，提倡社区参与式互助，进而推动社区公益事业发展。它与追求利润最大化的其他经济形态相比，社区共享经济更注重社会效益、注重社区（社群）的共建共治共享。

（二）案例

案例1：晋阳社区闲置物品共享平台

经前期调研发现，晋阳社区有很多居民家的物品闲置，扔掉可惜，放着浪费，而有的居民却正好有需要，于是社区通过阳光惠民社会服务中心创建了闲置物品享借平台，倡导居民把日常生活中堆积的各类生活用品以相互借用或置换的方式进行共享。凡是家里有闲置物品并愿意出借的居民，可以在平台上登记，让有需要的居民借走使用。

该项目一提出就得到社区居民的普遍欢迎。项目落地的园中苑共有148户，参与的居民就有113户。居民把自家的闲置物品分享出来，为需要物品的居民提供帮助，以此为纽带增进居民之间的沟通交流，拉近邻里彼此的关系，社区仿佛变成了一个大家庭，居民们都表示邻里关系变得更亲密了。

随着项目逐步发展，居民对闲置物品的借用往来越来越多，享借平台也需要规范化管理，人手不够怎么办？居民自然成了最大的资源。于是，对居民志愿者的培养就成了项目的重点，通过招募活动、志愿者培训、志愿者能力提升等一系列活动，热心的居民朋友成了更专业的志愿者。慢慢地，闲置物品在平台的登记、借出、归还等方面都由志愿者来进行管理，平台操作也变得更加规范化。

案例2：黉门街社区奶奶厨房

武侯区黉门街社区70岁的热心奶奶刘道笠多年来几乎将所有心思都放在了社区志愿服务上。2016年7月，她创办了“奶奶厨房”，为社区里的空巢老人提供餐食，坚持只收取成本费，并且根据老人的身体情况，私人定制健康菜谱：张老师有糖尿病，不能吃甜的；楼上的姨娘初一、十五不吃肉；田婆婆有高血压，要多吃素……除此之外，80岁以上的空巢老人可以直接送饭菜上门，还组织60岁、70岁的“年轻老人”给高龄老人送礼物、过生日。

刘奶奶的助人行为感染了身边人，“奶奶厨房”现已成了社区空巢老人的“第二个家”。后来，每周三成为“奶奶厨房”固定的活动日，一些年轻的志愿者会来到厨房与老人们一同择菜、做饭，围桌而坐分享趣事；而刘奶奶则在厨房里炒菜。奶奶的厨房不大，却成为邻里分享快乐的根据地。

案例3：兴蓉7号院的屋顶菜园

肖家河街道兴蓉一巷7号院，其第一个“菜园子”始于2014年，原本是院子背后的一排花坛，1.5米宽，不到10米长。2015年，院落环境重新打造，在街道办和社区的支持下，社区居民将院子内侧一排车库顶上大约50平方米的空间打造出来成为新的“菜园子”，并成立“雅馨农耕队”负责管理。

7号院有住户56户，参与“雅馨农耕队”的队员有23户，占了41%。农耕队的种植方式跟一般的菜园不一样，不是“划分田”“责任制”，而是“集体所有”，23户自愿报名的队员都要参加劳动。每周一、周五，是队员的劳动时间，上班族则把劳动时间主要安排在周末。在遇到诸如种菜、收菜、施肥、翻土、除虫等问题需要大量劳动力的时候，则通过微信群通知，有空的队员们都积极参与；实在没时间参与劳动的队员，也会主动给农耕队提供油枯等肥料作为贡献。

屋顶菜园种什么、怎么种，由农耕队“总指挥”进行统筹安排，以确保蔬菜的多样性和景观的可视性。每年从春夏到秋冬，屋顶菜园前前后后要种30多种蔬菜，从不间断。每周三，是农耕队固定的“收菜日”，无论收成多少，都会被平均分成23份，发给每一户成员，即使不够分，也会在之后进行弥补。此外，每个季度，农耕队还要给院里80岁以上的老人送一份菜，请他们一起分享丰收的喜悦。曾经，院子里的邻居们“关上门互不相扰”，如今，每周一次“接触”，让彼此之间熟悉起来，以前不理解院委会工作的，主动改变了态度，邻里间有什么需要，也总有人伸出援手。如今的院落里，邻居们大都笑脸相迎，不见冷漠。

（三）启示与思考

从以上案例可以总结出成都社区共享经济的主要特征：

（1）社区共享经济的形式和内容是丰富多样的，可以是物资的共享、技能的共享，也可以是空间的共享、劳动成果的共享等；

（2）社区共享经济的产生，有的是自发的，也有的是经专业项目设计而引导、培育产生的；

（3）社区共享经济的受益者，同时也是参与者，他们不一定是社区的所有居民，但一定是基于某一共享资源的利益共同体（如老年人、年轻妈妈等）；

（4）形成社区共享经济的基础条件包括：解决共同问题的需求、拥有共享资源的资本（技能、物资、时间、空间等）、共享群体之间的相互信任；

（5）社区共享经济运行的基本逻辑是“用集体的能力满足集体的需求”，这些需求原本是可以通过市场经济实现的；

（6）社区共享经济的核心理念是倡导公益价值，这也是营造社区向心力、保障社区发展可持续动力的基础；

（7）社区共享经济的目标是达成共同意识、满足群体需求、形成公共利益，进而助推社区公益事业发展。

“社区共享经济”与当前因互联网技术产生的诸如共享单车、共享汽车等“共享经济”最大的不同点就是共享单车仅仅实现了资源的共享，但参与者没有形成共同意识（如维护管理的意识），没有共同拥有共享的资源，没有形成利益共同体，一定程度上它仍然是一种经济行为，而非公益行为。社区共享经济，如“屋顶菜园”以“集体所有”的方式，参与者共同劳动、共同付出，共同收获、共同分享，产销者之间形成利益共同体，具有更强的可持续动力。

二、社区基金会

（一）概述

社区基金会，是依照国家法律规定登记成立，利用自然人、法人和其他组织捐赠的财产，为解决社区问题、促进社区发展提供资金资助的公益性、慈善性法人。社区基金会，因其“扎根社区，致力于通过动员本地的人，整合本地的资源来共同解决本地自己面临的问题，进而改善本地社会环境，促进本地美好发展”的使命，成为各地在“打造共建共治共享的社会治理格局”过程中，吸引社会多元力量共同参与的重要平台，也成为成都市在促进社区治理更加持续、更具活性、更能有效整合社区公益资源的重要方式。

（二）案例

2016 年 6 月 3 日，首届“成都 603 社区基金会研讨会”召开，“社区基金会”概念第一次在成都提出；2018 年第三届“成都 603 社区基金会研讨会”召开，成都正式成立第一家社区基金会——“成都市武侯社区发展基金会”。回顾这两年多来社区基金会从无到有的过程，成都市在政社充分互动、共同整合彼此力量与资源的前提下，结合社会组织生命发展周期的特点，以动员、培养本地人才为切入点，围绕“603”这个品牌，通过不断延伸、打造其内容与含义，稳步推进着本地社区基金会的发展。其主要行动有：

1. 每年 6 月 3 日持续召开“成都 603 社区基金会研讨会”，营造社区基金会发展建设人人可参与的良好氛围

2016—2018 年，连续三年举办“成都 603 社区基金会研讨会”。会议主题从“社区基金会与社区营造”到“社区变脸：

社区基金会催生的无限美好可能”再到“如何终相见——社区基金会从0到1实现空间探寻”，与会者分享经验、讨论疑惑、充分交流互动，从概念到理论再到时间，层层深入社区基金会发展运营的本质中去，在全区域范围内逐渐营造出关注、支持、参与本地社区基金会发展和建设的良好氛围。

2. 聚焦并专注于“人”，旨在激活人们对社区美好发展的向往以及本地社区基金会人才培养

在推动社区基金会发展的过程中，成都建立了一套以“吸引—参与—动员—挖掘—筛选—培养—发展支持—网络搭建—促进交流—资源共享—自我成长”为逻辑的人才发展路径。通过全方位多层面深入吸引、培养并储备本地社区基金会专业人才，为社区基金会持续发展提供人力支撑。2016年，早在第一届603研讨会召开之际，成都便凝聚起一批超过300人规模的关注本地社区基金会发展的群体，他们中有政府官员、社区工作人员、高校师生、社区居民、企业人士，等等。2017年，第二届研讨会，通过发布“成都603禾伙人”计划，招募到147名有识之士参与行动，截至2019年3月，共计募集社会资金10万余元用于推动成都社区基金会的发展。至此，成都以603研讨会聚集的群体为起点，逐步深入地推进了本地专业人才培养系列计划，其中包括：

通过开展“初相识”社区基金会微课堂，邀请到国内外致力于社区基金会研究和实践的老师进行网络授课，逐步吸引到本地愿意以切实行动来推进成都社区基金会发展的伙伴；在此基础上，通过实施“再相遇”系列项目，以公开招募、定向走访和推荐等多种方式，吸引了一批有志于参与成都社区基金会发展建设实践的伙伴，向他们提供系列培训课程、团队建设、实操演练等赋能支持，致力于培养一批本地社区基金会专项人才，逐步搭建起成都本地的社区基金会伙伴互助成长网络。据

不完全统计，参与专项培养的学员中，有至少50%的学员或多或少地直接发起或参与发起了自己所在社区或合作社区的社区基金建立和运营；多名学员直接参与了多家本地社区基金会的筹建工作，其中也有民政部门的工作人员，学习后在自己工作的县市发起全域层面的社区基金培力工作，并直接参与了所在县市的社区基金会筹建。

这些培养的本地人才，通过学习掌握关于社区基金会的基础知识后，逐步将其真正运用到日常关于社区基金会或社区基金的运作中去，为建设美好社区贡献力量。

3. 整合资源，打造成都社区基金会发展品牌——603

一方面，通过603研讨会、专项培养和线上课程等项目的实施搭建线下线上有效沟通平台，为更加持续地推动成都社区基金会的发展奠定基础，目前已建立500人以内规模的微信社群4个。另一方面，以“603”为主要标识，在每年的6月3日定时举行社区基金会研讨会、招募“成都603禾伙人”，陆续推出关于603社区基金会的“初相识”“再相遇”“终相见”系列品牌，设立603代言微信号（chengdu603）、603微信公众号（603社区）及603衍生品，逐步打造具有成都特色的603社区基金会发展品牌，以及关于成都社区基金会发展的603的共同记忆和归属。

4. 政社互动，形成推进合力

在推动成都社区基金会发展的过程中，行政力量和社会力量汇集在促进成都社区基金会发展这一条主线上，通过整合各自的优势资源，共同推进社区基金会在成都的落地。一是成都市民政局自2016年4月开始推动“三社联动”向“社区营造”转变，并在首届“成都603社区基金会研讨会”上发布社区营造三年计划；二是由成都本地一家基金会——成都市锦江区社会组织发展基金会（以下简称“锦基金”）负责主办首届“成都603社区基金会研讨会”，将社区基金会概念引入成都。

以2016年的603研讨会为起点，成都在后续推进社区基金会发展过程中每年的603研讨会以及专项培养、主题培训等项目均十分注重以政社联合的形式开展，这逐步形成了政社合力推进社区基金会发展的良好态势。在越发深入推进的过程中，还尝试探索建立政社互动沟通机制，包括由社会化运作的基金会发展支持平台对各市县区相关部门、社会组织、社区等通过常态化的走访，了解其关于社区基金会发展的需求和动态，并及时与成都市级相关部门沟通分享信息；参与全国社区基金会支持平台的发起工作，引导本地人才进行自组织服务；梳理和筛选有利于推动全市社区基金会发展的信息，并进行整合后主动与相关方进行信息共享，进而促进本地社区基金会发展的透明运行。

（三）启示与思考

十多年来，成都市域覆盖的社区公共财政制度（农村/城市社区公共服务与管理资金）为居民在社区的公共参与建立了很好的利益纽带，被称为是由政府配套的“社区基金”，这为社区基金会在成都的发展奠定了较好的基础，培植了优良的土壤。但如何实现在政府财政配套支持的“社区基金”基础上，建立更加社会化运作的“社区基金会”，让社区居民的参与更加可持续，促进“还权、赋能、归位”理念真正成为社区居民内化于心的共识，这成为近年来成都市在推进社区基金会发展过程中，无论是政府还是社会力量一直思考的问题。

与此同时，伴随社区发展的多元化和社区需求的多样化，以及政府职能转变的现代治理实践需要，政府不再是公共服务供给的唯一主体，而是需要更多的社会力量共同参与。社区基金会因其本地性、综合性等多种特征属性，成为聚合多元主体广泛参与的平台。通过这个平台，整合社区内企业、单位、个人等爱心资源，探索社区内社会资源的有效聚集与运用，进而建立社区居民自己真正的共同利益纽带。

成都社区基金会陆续成立的过程，也是本地不断激活人们关于美好生活、美好社区发展向往的过程，社区基金会在成都的逐渐落地生根，为社区营造提供了可持续的资金支持与机制保障。一方面，社区基金会可以更深入持续地关注社区微更新、居民自组织培育、社区社会组织孵化，尤其是社区发展规划师的培养和社区发展治理相关研究等与社区发展建设息息相关且至关重要的议题。另一方面，通过在社区基金会平台设立社区专项基金，搭建“基金会—街道—社区”之间的社会化互动网络，将各个社区专项基金的涓涓细流汇成社区基金会的江河，在满足居民真实需要的前提下，实现拓宽社会公益资金动员渠道、带动社区居民有效参与、营造社区良好公益生态等目标。

社区基金会更加聚焦于“造血式”发展，而不再是仅关注传统意义上的“输血式”救助。居民一方面可以将“资产”投入自己生活的社区发展治理中；另一方面也是这其中的主要受益者。期待成都未来可以通过社区基金会发展的路径探索，实现本地社区美好发展，人民美好生活的愿景。

三、社会企业

（一）概述

2018 年 4 月，成都市政府正式发布《关于培育社会企业促进社区发展治理的意见》（以下简称《意见》），指出社会企业是指经企业登记机关登记注册，以协助解决社会问题、改善社会治理、服务于特殊群体或社区利益为宗旨和首要目标，以创新商业模式、市场化运作为主要手段，所得盈利按照其社会目标再投入自身业务、所在社区或公益事业，且社会目标持续稳定的特定企业类型。

成都创新性大力发展和培育社会企业，是因为：相对于社会组织，社会企业更具活力和可持续性；相对于公司企业，社会企业更专注社会公益事业。社会企业兼具社会、经济双重属性，它以商业为表、公益为核回应社会需求，能够有效弥补政府福利与商业服务之间的空白。为此，培育和发展社会企业也必须遵循这两个基本属性：一方面，要坚持社会属性，提供优质社会服务，满足社会迫切需求，这样才有存在的社会价值；另一方面，社会企业要创新商业模式，按照市场机制运作，实现合理盈利，这样才有生存的基础和可持续发展的能力。

（二）案例

案例 1：成都市社会企业认证服务

成都市社会企业不因登记而产生，而因评审认定而产生。也就是说，无论在工商登记还是在民政登记的企业或组织，均可通过成都市社会企业评审委员会认定产生。

成都市社会企业评审委员会设立在工商局，由市级相关部门、业内专家学者、第三方机构共同组成。评审标准主要有

“申报资质”“社会企业章程备案”“信用状况”“社区服务性”“可持续发展”“高效解决社会问题”及“社会影响力”七个方面。

经认证的社会企业，通过成都市社会企业综合服务平台或成都信用网等平台，对企业信息进行披露、公示，并可享受政府出台的相关政策支持和后续服务。如果企业发生较大安全、质量事故，或者因违法违规受到有关部门行政处罚，或者被纳入经营异常名录或者违法经营“黑名单”的，都将取消其社会企业资格。社会企业获得认证后的有效期为两年。有效期届满前三个月，企业应当提交复审申请，因故被取消社会企业资格的，三年内不再受理该企业的认定申请。

此外，为了更好地为社会企业提供支持和服务，成都还建立了“观察社会企业库”，即凡是成立一年以上，经社区居民认可并经地方政府（含社区）推荐，办理了社会企业章程备案的企业都可以进入这个名录库，工商和市场监管部门将对其进行重点跟踪对接，提供精准服务，并且协调相关部门、所在社区给予帮助，对表现突出的观察社会企业，也会鼓励其申报社会企业评审认定。

2018 年，成都市首届社会企业评审认定工作共产生 12 家社会企业，涉及农村发展、社区服务、青少年儿童教育、生态保护等多个领域，具有很强的示范性和代表性，并与城乡社区发展治理密切相关。同时，共征集了 87 家观察社会企业。目前，全市社会企业已经逐步形成了成都市社会企业、观察社会企业在内的梯度结构，这标志着成都市社会企业培育发展工作已经进入一个新的阶段。

案例 2：武侯区社会企业扶持政策及措施

2019 年 1 月，武侯区正式出台《社会企业扶持办法（试行)》，除了在经济上对社会企业进行“真金白银”的奖励外，还进一步明确了社会企业孵化培育支持、租赁补贴支持、人才支持、财税支持、资源支持以及创新支持等扶持政策，旨在培育发展一批具有一定规模、影响力和辐射力的社会企业，鼓励社会企业有效参与社会治理的支持体系。(详见附录4)

案例3：社会企业——成都童萌早启教育科技有限公司

成都童萌早启教育科技有限公司（以下简称童萌）是国内首家专注社区0—3岁儿童早期发展服务（早教）普惠性产品研发与推广的社会企业，愿景是让每一位儿童都能在社区内接受优质的早期养育指导服务。童萌团队由拥有社会工作、学前教育、企业管理等多元背景的成员组成，平均在社区服务领域深耕超过5年，是一个高度价值认同及使命驱动的社会创新团队。

1. 项目设计与服务内容

基于前期调查，童萌着手实施亲子园项目，致力于为社区中低收入0—3岁儿童家庭提供“便民、平民、全民”的早期教育指导服务。主要实施内容如下：

(1) 环境建设与营造：通过硬件设备建设，改善社区内低龄儿童公共环境；实施空间管理，每周运营5天，为社区儿童创造一个安全适宜的公共活动场所；鼓励家庭自助服务，通过丰富的操作材料提供和日常活动，使家长接收易获取、易掌握、适宜亲子互动的家庭教育知识和游戏。

(2) 个案服务：根据儿童发展情况，通过一线社工的观察、引导和咨询，为家庭提供教育指导服务，并为有特殊需求的家庭提供个案转介等服务。

(3) 分阶段亲子课程：本课程根据儿童年龄特征，分3个年龄段开展亲子课程。课程面向儿童和家长共同参与，以示范和指导、支持和分享为主要策略。通过课程的开展，向家长传递早期教育理念和技能，通过提供教育方法、支持教育实践、分享教育心得环节，促进家长形成“生活即教育，教育即生活”的观念转变和教育能力提升。

（4）社区活动：向社区所有的儿童和家长开放以节日庆祝、休闲娱乐、玩具共享、社会体验和竞赛等形式，促进社区家长之间的交流。从前期由社工组织家长协助，最终过渡到由家长发起和组织活动。

2. 运营策略

（1）产业主轴。即从社区产业角度思考社区营造的项目、产品，找到其商业模式，以确保社区营造的可行性和可持续性。例如童萌采取“公益 + 市场”“低偿 + 免费”相结合的模式运营。童萌亲子园有约 50% 的时间及相关活动用具是免费开放给社区所有 0—3 岁的儿童及家长的；只有需要参加亲子园组织专业的亲子早教课程，家长需以低于市场价 40% 的标准进行付费；同时，童萌承诺社区店利润的 10% 捐赠回馈给该社区基金用于开展社区营造相关项目或活动。

（2）以点撬面。很多社区营造项目居民不乐意参与的核心原因是因为没有切准居民需要。童萌以社区 0—3 岁婴儿为切入点，精准锁定中低收入 0—3 岁婴幼儿家庭，这个阶段的孩子不上幼儿园，对社区托管的需求最旺盛，童萌项目可以满足家长带孩子“不知道去哪里、不知道干什么、不知道如何与孩子互动”的刚性需求。

（3）盘活资源。童萌充分利用社区党群中心这一在地资源，把亲子园服务常态化植入社区党群服务中心，一方面降低童萌的租房成本；另一方面帮助社区盘活空间资源，也大大提升了党群服务中心人气。

（4）在地参与。一是活动参与，童萌所有的亲子活动、亲子游戏、亲子课程都是以婴幼儿为中心，要求家长和婴幼儿共同参与；二是就业参与，每个社区的童萌亲子园，童萌都优选本社区内全职妈妈、退休妇女等参与课程组织与场馆维护，协助解决社区就业；三是治理参与，童萌还动员家长成立社区的“家长联谊会”，孵化社区自组织，增强居民自助互助，提升居民社区资本；四是经营参与，童萌鼓励家长成为童萌亲子园的股东、合伙人，深度参与社区童萌亲子园的运营管理，从被动地接受服务到主动地创造收益。

（5）多方协力。除了盘活社区内部资源，发动在地居民参与外，童萌也非常注重联动各界力量共同推动社区普惠早教的发展，包括政府的相关部门，如民政局、社治委、团委、妇联、卫计委、教育局、街道办等；公益的相关部门，如澳门同济基金会、北京三一基金会、上海联劝基金会等；学界相关部门，如四川大学、四川师范大学、首都师范大学、四川省社科院等。总而言之，童萌注重整合各界资源，因为有多方力量参与，才能降低童萌的运营成本，才能做到市场价 40% 的收费，为社区中低收入 0—3 岁的婴幼儿家庭提供有质量的便捷服务。

目前为止，基于标准化的产品、高度的价值观认同、持续的产品及模式创新、社群运营的思维和移动互联网工具技术运用，童萌目前已成功在成都建立并运营了 11 个社区童萌亲子园，并将社区普惠早教产品推广到覆盖全国 17 个省份的 40 余个社区，为超过 200 个社区服务组织提供儿童早教的能力建设服务，已累计开展各项亲子服务超过 400000 人次，超过 10000 名婴幼儿从中受益，获益家长累计超过 30000 人，童萌亲子园因此获得中国好公益平台“好公益产品”、中国儿童友好社区普惠典范项目、中国青年社会组织公益创投大赛银奖等荣誉。

（三）启示与思考

从全球来看，社会企业因其三方面基本特征使其逐渐成为全球公益创新的新潮流：一是以社会公益目标、社会价值、解决社会问题为动机；二是以商业化模式运营；三是收益主要用于员工工资发放、企业再发展，而不是用于股东或员工利润分红。当前，越来越多的国家已经注意到社会企业的价值，并纷纷开始制定各项政策以支持和促进社会企业发展。

在实践中，越来越多的社区居民多元化需求呈现出政府满足不了、企业不愿意做、社会组织做不好的特征，这给了社会企业一个绝佳的机会。比如社区早教、社区养老、社区残疾人就业、垃圾分类等问题，都可以由社会企业来提供服务。不同于一般企业，社会企业更着力于解决社会问题、增进公众福利，在市场机制的驱动下为社会发展提供更多助力。因此，社会企业能够有效弥补现有社区服务主体不足、形式单一、质量欠佳、居民参与不足的短板，是新形势下社区营造的新力量。

社会企业的成长，离不开政府的支持与扶持。成都市于2018年4月正式发布《关于培育社会企业促进社区发展治理的意见》（以下简称《意见》）后，建立了社会企业评审认定制度（主要有申报资质、社会企业章程备案、信用状况、社区服务性、可持续发展、高效解决社会问题、社会影响力七大标准），由市级相关部门、业内专家学者、第三方机构共同组成的专家评审委员会进行严格评审后，全市首批社会企业，产生共12家。这些社会企业通过“成都信用网”对外公示，并享受政府出台的相关政策支持和后续服务，如：可放宽等级条件、经营范围，允许企业住所和经营场所分离登记，等等。此外，成都市工商局还出台了配套政策，对经认定的成都市社会企业可使用“社会企业”字样作为企业的经营特点标注到企业名称中，向登记机关申请名称变更。

在市级《意见》出台后，相关区（市）县也随之积极作为，使社会企业培育发展真正落地。如武侯区出台《社会企业扶持办法（试行）》，除了在经济上对社会企业进行奖励外，还进一步明确了社会企业孵化培育支持、租赁补贴支持、人才支撑、财税支持、资源支持以及创新支持等扶持政策，旨在培育和发展一批具有一定规模、一定影响力和辐射力的社会企业，鼓励社会企业有效参与社会治理，使社会企业在创新社会管理、服务社区发展治理方面发挥积极作用。

四、社区规划

（一）概述

社区规划，即指由政府和公众共同打造或改造社区公共空间，形成和构建适应本社区具体条件、具有社区共识的社区治理模式，逐步推进和实现社区空间更新。社区规划更新的对象是与社区居民生活息息相关却没能有效利用的社区公共空间，规划更新的目的不仅仅是物质空间的更新，更是通过活化社区生活、历史、文化、环境等要素，实现精神空间层面的重构与共享。

社区规划目前有几种模式：一是政府部门主导的管理型模式；二是规划专业人员导向的专业技术型模式；三是社区主导型模式；四是市场驱动的非政府模式。成都市的社区规划采取的是多种模式相结合的参与式模式，即在政府部门的主导下，聘请专业技术人员，对社区居民的规划进行指导与扶助，实现居民需求与专业规划的完美结合。

（二）案例

案例1：玉林街道规划师制度创新

玉林街道积极探索“社区规划师”制度，于2018年3月启动“社区规划师”全球征集令，招募到来自各地区的专业规划师团队及个人167名、玉林驻区单位和居民203人踊跃报名。

随后，街道开始组建社区规划师团队。聘任8名社区规划师，并创造性地与社区规划师签订了“情怀协议”，依据“情怀协议”的内容，8位社区规划师“自愿为玉林街道各社区微更新项目提供免费咨询、发掘、整理、规划等服务”。规划师团队通过整合辖区及社会资源，将专业知识与群众参与有效融合，使规划师、辖区居民、社会人士共同参与到社区公共空间发展规划实践中。

除了关注社区空间品质的改善外，玉林街道更加关注居民参与规划的过程，因此组建了社区规划师训练营。一方面，来自日本千叶大学、英国谢菲尔德大学、四川大学等国内外规划专业知名专家，为辖区居民和规划师团队介绍国际先进设计理念，并对前期社区规划师与居民共同社区规划方案进行完善提升；另一方面，训练营将成立联合工作坊，以玉林街道的玉东园、玉林街七号院等点位为实训基地，辖区居民及青少年踊跃加入社区规划师志愿团队，与专业规划师共同开展社区景观更新规划设计与共建实践。

玉林街道社区规划师制度，不仅让专业的规划师团队走进社区，更是从居民本身的需求出发，让本地居民与规划师一起，根据现实情况进行规划设计，实现辖区居住环境、就业环境、商业环境、文化环境的融合提升，达到规划激活社区治理的效果。

例如，规划师团队与居民们规划设计的“手绘墙”，目前已成为全国新的网红打卡地。这里不但有《前任3》“爱转角”爱情故事，还有《大话西游》里“至尊宝”和“紫霞仙子”两人的爱情故事，以及《芳华》中用火车满满装载的爱情故事……在手绘墙绘制过程中，一位社区老婆婆为正在绘图的志愿者扇扇子的画面更是在网络上火了很久……

案例2：较场坝东苑社区规划过程

水井坊街道较场坝东苑，占地面积约1.5公顷。其中，67号院是最大的一个老旧院落，于1997年修建，包含12个楼栋，共计33个单元，有居民730余户2200余人，大院住房总面积达5.84万平方米，院落租住率达到50%。

在规划整治前，院落主要面临如下问题：一是院落道路四通八达，却没有物业管理，门卫形同虚设，很多流动小商贩随意进出院落进行买卖交易，挤占公共空间；二是车位规划不足，给居民生活带来不便，车辆只能停在院外路边并存在较大安全隐患；三是院落阴沟堵塞问题频发，严重影响居民正常生活；四是原有的院落党支部和院委会作用发挥不明显，院内矛盾时有发生。对此，社工机构“爱有戏”在院落整治的过程中，坚持参与式理念，充分调动街道、社区“两委”，居民骨干、普通居民的积极性，共同参与院落规划治理。

1. 利用“市民论坛”会议技术，开展院落规划方案讨论。即改变自上而下行政命令式的方式，强调互动、协商等现代治理方式的合理运用，这有助于调动社区居民、社区组织参与社区事务讨论的积极性，鼓励其参与方案制定和实施。

2. 基于参与式规划达成的共识，进行项目实施。围绕院落公共事务的“市民论坛”，共召开大小会议63次，参与人次2351人，议题涉及院落环境、院落安全、院落公共管理、院落文化、院落互助等方面。达成共识之后，院落整治工作进入正

式实施阶段，包括拆除院落的违章建筑，平整院落地面，拆除院落防护栏，油烟上顶，统一安装雨棚等。在这个过程中，社区“两委”、社会组织、社区骨干共同努力，不断与居民协商；社会组织主要发挥润滑剂与技术专家的作用，通过“市民论坛”等方式，协助寻找解决办法，动员社区居民全过程参与。

3. 围绕居民需求，创新性拓展公共空间。在整治、改善既有问题的基础上，针对院落居民对公共空间的迫切需求，有创新性地实施了一些空间改造计划，包括：

（1）车棚顶变身院落菜园：利用自行车车棚的屋顶空间，通过增加防水处理，将其改造为院落菜园，为院落农耕等环保类项目提供基础，成为后来活跃的农耕小组、环保小组形成公共议题、开展公共活动的重要舞台。

（2）打造院落开放空间：通过资源置换，将原本出租给小卖部的房间改造成为院落开放空间，满足自治组织议事、开会、日常交流、院落自治展示等需求。

（3）新增户外健身区：院内原来堆放杂物与自行车的公共区域，经过整治与空间腾挪，开辟为户外健身场所，设置各类健身器材，满足院落居民日常健身锻炼的需求。

（4）打造最美笑脸墙：从充满抱怨到满脸笑容，院落改造不仅改善了空间环境，也改变了居民的心情与心态。为了记录居民美好心情，院落中开辟最美笑脸墙区域，用相机记录下居民的微笑瞬间，并展示给所有邻里。

案例3：玉林东路社区规划师形塑社区居民主体性

2017年，成都市玉林东路社区在推进“花漫玉东”社区空间微更新项目时，尝试在社区花园和院落的空间改造过程中引入社区规划师，以参与式规划培育社区自组织，形塑居民主体性。那么，谁是社区规划师？规划什么？规划了谁来实施？这一连串的“问题回答”，就贯穿于玉东社区营造的整个过程之中。

为了回答这一连串的问题，在玉东社区党委主导下，玉东社区组建了社区规划师游学团，成员有社工、社区“两委”、党员居民骨干、志愿者、高校的规划设计专业老师。游学团队通过到外地学习调研，脑洞大开，经过多次讨论商议，玉东社区规划师提出了“三师同行”的方案，通过组建“三师”——即由专业建筑和景观规划师、专业社工师、居民规划师构成的社区规划师志愿者团队，共同参与调研社区和院落空间情况，发现问题，寻找解决之道。专业规划师主要对规划与设计方面作技术支持，专业社工师主要从推动居民参与方面作支持，而居民规划师主要从社区生活者的视角提出问题和发现需求。这其实是玉林东路社区探索党建引领社区发展治理的一次重要尝试，是对社区资源整合方式的一种探索。

2018年，玉东社区在与街道面向全球公开招募的社区规划师签约之后，首先选择社区花园玉东园为点位来进行社区规划的尝试。在玉东园的规划中，前前后后共出了七稿设计方案。玉东社区选择了分期分批进行。

第一期，基于大家对菜园的热爱与共识，玉东社区通过社区议事会正式进行立项，实施“花漫玉东”社区花园可食性地景打造社区营造方案，委托心航社工机构执行。项目连续两年获得成都市民政局社区营造项目支持。

第二期，玉东社区将设计与需求进行拆分，将种子博物馆、社区生活博物馆、残疾人共享空间单列出来，分别获得了武侯区科技局、组织部、残联的项目资金支持，得到了落地实施。

第三期，计划在争取政府部门支持的情况下，同步以社区保障金专项资金为撬动，开放空间的共享使用权，获取社区居民和社会的进一步支持，用“政府＋社区＋社会”的力量来解决社区规划的问题与需求。目前，社区已经通过资源链接，获得上海立邦漆“为爱上色”项目支持，由阿根廷的艺术家在玉林街上做大型公益墙绘。

（三）启示与思考

经过近三年的社区规划的实践，成都市各个社区在规划中真正做到了以人为本理念，以参与式为手段、坚持通过多元主体的充分沟通，使相关利益群体达成共识性愿景（如为保护社区生活环境、提高生活质量、解决社区生活议题），并在共识的引领驱动下共同付诸实践，从而重构区域内人、社会与空间的相互关系，真正解决区域内所存在的社会问题，进而推动该区域社会不断进步发展。其中有一些启示与思考值得分享：

1. 社区规划师规划的不仅仅是空间，还有社区生活、社区关系。社区的物理空间连着居民的生活，连着社区的人际关系，连着社区的文化与脉络。跳出空间看空间，有一个更大的空间需要我们同步规划。

2. 社区规划师的本地本土视角与专业视角同样重要。社区的空间总归是由社区人在使用，利弊与得失要由居民来衡量与取舍，达成共识。专业是助力，不能进行话语权垄断。

3. 社区规划是一个叠加的过程，而不是一个完美的设计方案。社区的公共空间在使用中会发生很多变化，再完美的设计都有漏洞，都可以被修改。关键是要培养社区居民空间再生产的能力，否则空间规划好了，人却请不进空间里来。

4. 社区规划由谁主导可能结果并不一样。比如玉东社区规划的主导者是社区党委和居委会，以他们的视角，是立足于社区的未来，希望有总体实施的方面感和居民主体性培育目标性，因此在局部实施中始终坚持总体规划的目标，并不把一次局部实施当成一场终结目标的达成。

5. 社区规划其实是社区发展治理的一种方法。在社区规划中，各方的参与很重要。无论是专业规划师、社工还是居民的参与，抑或政府部门的立场，都很重要。如果没有成都市社区发展治理的大背景作支持，公共空间规划的权力就不可能被让渡出来，各方参与就会形同虚设。

第七章 政策篇

成都市民政局
《关于加强社区居民院落自治的指导意见》

为贯彻落实《深化社会体制改革加快推进城乡社会建设五大实施纲要（2011—2015年）》（成委办〔2011〕21号）精神，加强以“还权、赋能、归位”为核心的城市社区居民自治机制建设，以居民院落为居民自治单元，深入开展居民自治，促进居民社区参与。现就加强社区居民院落自治提出如下指导意见：

一、总体要求

深入贯彻落实科学发展观，加强和创新基层社会管理，夯实基层基础，发展基层民主，将社区自治组织向居民院落延伸，把居民院落作为居民自治单元，培育居民的社会责任感和公民主体意识，实现居民院落成员自我管理、自我教育、自我服务、自我监督，并逐步在所有的非专业物管住宅小区、老居民院落、单位宿舍实现物业服务全覆盖，把基于地缘的院落（小区）建设成为管理有序、服务完善、环境优美、秩序井然、文明祥和的和谐生活共同体。

二、主要任务

（一）完善社区院落居民自治组织。

1. 建立院落居民自治组织。《中华人民共和国城市居民委员会组织法》规定，居民委员会可以分设若干居民小组。为了把居民自治组织落实到院落，应当以院落为自治单元设置院落居民自治小组。对住户规模过小的院落或楼栋，宜以连接成片、便于管理、居民认同为原则，在尊重居民意愿的基础上，通过拆并形成封闭院落设置院落居民自治小组，不便拆并的也可单独设置。

院落居民自治小组成员以每户一票的方式选举产生。自治小组由 1 名小组长和若干成员组成，在院落党支部的领导下开展院落居民自治工作。

2. 明确院落居民自治小组职责。居民院落是居民自治基本单元，院落居民自治小组是院落居民自我管理、自我教育、自我服务的群众性自治组织，依照有关法律法规制定居民自治章程（居民公约）开展工作，根据居民授权，决定并管理院落日常事务，反映居民诉求、维护院落秩序、调解居民纠纷、促进邻里和谐、实施院落自治服务，接受居民监督。

3. 明确院落居民自治小组与业主委员会的关系。院落居民自治小组和业主委员会均为群众性自治组织。具备条件的要依法建立业主委员会，暂不具备条件的，成立住委会或家委会、院委会、院落居民自治小组等居民自治组织，实现院落居民自治组织全覆盖。

要探索业主委员会与居民自治小组人员交叉的方式，实现业主自治与居民自治的统一。居民委员会成员、居民自治小组成员为物业管理区域业主的，可推荐为业主委员会委员候选人参加业委会选举。有专业物管公司服务的新建小区院落，可由业主大会及业主委员会承担居民自治职能，不再单独设置院落居民自治小组。小区居民主动要求成立居民自治组织的，也可单独成立院落居民自治组织。

（二）以物业服务为重点实现居民院落的自治服务。

1. 成立社区物业服务组织。以街道社区服务中心、社区服务站为依托组建社区物业服务组织，以民办非企业单位性质经备案、登记后纳入全市统一的物业服务其他管理人名录，对居民院落实施保障性、基础性物业服务。

2. 居民自主选择物业服务方式。非专业物管小区和老旧院落根据居民意愿自主选择物业服务方式：一是选聘物业服务企业提供物业服务；二是选择街道或社区组建的物业服务组织等其他管理人提供物业服务；三是选择居民自治方式，通过院落居民自治小组组织居民自我服务或选聘他人对院落的环境卫生、安全秩序、设施维护等进行管理和服务。

（三）以院落居民自治为切入点深入开展城乡环境综合治理工作。城乡环境综合治理进社区工作的重点是居民院落的环境治理。整洁干净秩序井然的院落环境是居民生活的共同需求，因而院落环境治理，尤其是老旧院落的基础设施改造和院落环境整治是居民自治的重要内容。要把院落居民自治的组织建设制度建设作为城乡环境综合治理进社区工作的长效运行机制，建立健全居民公约等院落民主管理制度，同时结合星级院落、文明院落、和谐院落创建活动制定院落环境评价和监督制度，广泛发动居民开展自我服务自我管理，达到以院落自治促进环境治理，又通过环境治理促进居民自治和社区参与双赢。

三、保障措施

（一）加强领导，统筹推进。各区（市）县民政部门要把加强社区居民院落自治作为贯彻落实市委市政府完善城市社区居民自治机制改革和城乡环境综合治理的重要内容，纳入目标管理。要在区（市）县党委、政府的统一领导下，与相关职能部门加强协调和配合，各司其职，形成合力。建立完善区、街道、社区三级院落管理网络化工作机制，进一步明确工作职责，加快建立一级抓一级，层层抓落实的工作体系，为社区居民院落自治管理工作提供有力保障。

（二）加大宣传，营造氛围。要积极宣传推进社区居民院落自治的重要性和必要性，统一思想，提高认识；通过开展培训、参观示范小区、设立宣传栏、编印宣传手册等形式，大力进行宣传发动，引导群众树立居民主体意识、责任意识、契约意识、物业服务的商业意识，养成“共有家园共管共享共维护”的行为规范和睦邻友好、守望相助、和谐共生的文明习惯。

（三）保障财力，规范使用。加大对社区居民院落自治工作的财力保障。社区公共服务和社会管理专项资金是市、县两级财政专门保障社区居民自治需求的专项资金，也是院落居民自治工作的长效资金来源，要按不低于每百户3000元的标准足额保障，同时整合利用各种创建活动下达的院落治理专项资金（如文明院落创建、院落环境治理、精品院落打造等专项资金），按照民主的原则规范使用。各区（市）县民政部门一定要加强对资金的监督管理，确保资金用于以满足本社区成员的共同需求为目的的自治项目范围之内，严格审计监督。同时，要规范资金使用程序，严格按照“四个民主”的原则，经过项目收集、民主协商、民主决策、项目公示、项目论证和组织实施几个阶段，保存每一笔资金使用在论证、决策、实施、效果等环节的档案资料，确保使用过程规范。

成都市民政局

二〇一二年五月三十一日

成都市民政局
《关于加强老旧院落自治组织建设工作的通知》

各区（市）县民政局，成都高新区、天府新区成都管委会社会事业局：

为贯彻落实市委、市政府深入开展“城市建设管理转型升级十大行动”精神，根据《成都市城市建设管理转型升级“四改六治理”十大行动专项工作方案》（成四改六治理〔2014〕3号）要求，民政部门作为全市“四改六治理”老旧院落改造推进小组成员单位，负责指导老旧院落改造全过程院落自治组织建设和运行。为确保全市老旧院落改造工作有序推进，结合民政部门工作实际，现就加强老旧院落自治组织建设有关事项通知如下。

一、基本含义和指导思想

（一）基本含义。老旧院落自治组织是指在实施老旧院落改造前，按照“先自治、后改造”的原则，由街道办事处组织辖区内纳入改造计划范围内院落的住户通过成立自治组织直接参与项目改造工作，建立物业服务长效管理机制的工作方式。

（二）指导思想。根据市委十二届三次全会“改革创新、转型升级”的总体战略，力争城市建设转型升级取得重大突破，坚持“总体规划、综合整治、分类改造、一院一策”的原则，开展老旧院落改造工作，改善居民生活环境，建立院落管理长效机制，全面提升我市老旧院落综合管理水平。

二、工作目标和实施范围

（一）工作目标。按照“三有一公开”（有自治组织、有自治公约、有自治管理，推行院务公开）的要求，完善院落居民自治组织，提升院落居民自治水平，促进院落形成居民自我管理、自我教育、自我服务、自我监督的良好局面，努力把院落建设成为管理有序、服务完善、环境优美、秩序井然、文明祥和的和谐生活共同体。有条件的院落可引导居民构建自治平台（如院落之家、长者空间、连心驿站等）。

（二）实施范围。全市行政区域内纳入城市建设管理转型升级“十大行动”的老旧院落改造项目。将2000年12月31日以前建成的、未建立房屋专项维修资金的、未实施物业管理的老旧院落纳入改造范围，通过改建（扩建、翻新）等多种方式加强环境综合整治和房屋维修改造，完善使用功能和配套设施。

纳入“三无院落”“文明院落”整治改造的院落，必须对照老旧院落改造保准，查漏补缺，进一步完善和提升。

三、院落自治组织筹建规程

院落自治组织选举分四个阶段：选举准备和宣传发动、制定本院落选举规程、确定户代表进行选民登记、投票选举。

（一）范围依据。街道办事处指导院落居民按照“先自治、后改造”的原则，按照《成都市民政局关于加强社区居民院落自治的指导意见》（成民发〔2012〕62号）精神，原则上以院落为单元设置自治组织，以一户一票的方式选举产生院落自治组织。参加选举户数需超过院落居民总户数二分之一以上选举有效（空置户可不计算在内）。

（二）组织形式。院落自治组织可以是院落管委会、住委会、家委会、院落议事会、居民议事小组等形式。院落居民自治组织成员以每户一票的方式产生。院落自治组织由1名负责人和若干成员组成，在院落党支部的领导下开展院落居民自治工作。

（三）选举方式。一般采取无候选人直接提名的选举方式产生院落自治组织。户数较多的院落也可采取差额选举的方式产生院落自治组织，差额选举有候选人，候选人也是由院落居民投票提名产生，并在选举日的前五日公布正式候选人名单。候选人得票超过参与投票户数三分之一以上，采用相对多数原则由高到低排列确定当选人。

（四）投票规则。应选院落自治组织成员数等于居民直接提名人数，选举所填人数多于应选名额视为无效。不符合上述要求或无法辨认的选票作废票处理。得票最多的可直接作为自治组织负责人，或在选出的成员中再次投票选举负责人。填写选票时，有重名的需注明清楚（填写居住地址等）。

（五）选举过程和结果公示。每位候选人（或自荐候选人）可通过竞职演说展示自我，凸显优点，争取居民手中神圣的一票。在选举筹备组中，需邀请街道和社区负责同志监督整个选举过程；设有监票员、计票员、唱票员，院落居民以无记名的方式依次投票；可在出入点或门卫室设投票点，放置投票箱，凭身份证取票和投票。选举结束当场公布选举结果，并在院落公示栏进行选举结果公示。选举的院落自治组织要在社区和街道备案。

四、改造原则和工作重点

（一）基本原则。按照省委“五个转型升级”重大部署，市委全面提升城市品质、建设宜人成都的工作要求，坚持“政府主导、群众主体、单位协同、依法改造”的基本原则，充分尊重群众意愿，鼓励群众主动参与，调动群众自主性和积极性，发挥群众监督作用。老旧院落自治组织开展居民自治参与院落改造工作应符合相关法律法规，当地民政部门、街道办事处应当做好指导和监督工作。

（二）健全院落自治组织。

1. 明确院落自治组织职责。居民院落是居民自治基本单元，院落自治组织是院落居民自我管理、自我教育、自我服务的群众性自治组织，依照有关法律法规制定居民自治章程（居民公约）开展工作，根据居民授权，决定并管理院落日常事务，反映居民诉求、维护院落秩序、调节居民纠纷、促进邻里和谐、实施院落自治服务，接受居民监督。在老旧院落改造专项治理中，院落自治组织要负责协助收集、整理老旧院落居民对改造项目及改造方案的意见和建议，配合相关部门进行摸底调查；负责协助宣传老旧院落改造政策，做好对改造院落居民的教育工作，引导居民积极支持和配合老旧院落改造工作；负责做好老旧院落改造的监督工作，并及时向居民通报相关情况。老旧院落自治组织应当自觉接受属地社区居民委员会的指导、监督。

2. 明确院落居民自治组织与业主委员会的关系。院落自治组织和业主委员会均为群众性自治组织。具备条件的要依法建立业主委员会，暂不具备条件的，成立住委会或家委会、院委会、院落居民自治小组等居民自治组织，实现院落居民自治组织全覆盖。

要探索业主委员会与院落自治组织人员交叉的方式，实现业主自治与居民自治的统一。居民委员会成员、院落居民自治组织成员为物业管理区域业主的，可推荐为业主委员会委员候选人参加业委会选举。老旧院落改造完成后，按照相关规定成立业主委员会，原老旧院落自治组织作为社区居民自治在院落层面的延伸继续存在。

（三）以物业服务为重点实现居民院落的自治服务。

1. 成立社区物业服务组织。以街道社区服务中心、社区服务站为依托组建社区物业服务组织，以民办非企业单位性质经备案、登记后纳入全市统一的物业服务其他管理人名录，对居民院落实施保障性、基础性物业服务。

2. 居民自主选择物业服务方式。非专业物管小区和老旧院落根据居民意愿自主选择物业服务方式：一是选聘物业服务企业提供物业服务；二是选择街道或社区组建的物业服务组织等其他管理人提供物业服务；三是选择居民自治方式，通过院落居民自治小组组织居民自我服务或选聘他人对院落的环境卫生、安全秩序、设施维护等进行管理和服务。

（四）提升成员履职能力。要结合各院落自身特点，通过组织集中培训、学习考察、靠开经验交流座谈会等方式，对院落自治组织成员进行教育培训，提升院落自治组织管理院落、服务居民能力。

（五）推行院落事务公开。要建立健全院务公开制度，按照“因地制宜、突出特色”原则，及时制定院务公开标准。已制定院务公开标准的，要按此次整治验收标准加以完善，没有制定院务公开标准的，要及时制定。院务公开要重点公开院落概况、院落组织成员及职责、居民公约、民主决策程序、财务收支，以及居民要求公开的重大事项等内容，把院落居民反映强烈、普遍关心的问题及时纳入公开范围，方便居民参与和监督。区、街道要指导社区制作院务公开栏，公开栏尽量以区或街道为单位做到板式、内容、大小“三统一”。

五、加强院落自治的保障措施

（一）加强领导，统筹推进。各区（市）县民政部门要把加强社区居民院落自治作为贯彻落实市委市政府完善城市社区居民自治机制改革和城乡环境综合治理的重要内容，纳入目标管理。要在区（市）县党委、政府的统一领导下，与相关职能部门加强协调和配合，各司其职，形成合力。建立完善区、街道、社区三级院落管理网格化工作机制，进一步明确工作职责，加快建立一级抓一级，层层抓落实的工作体系，为社区居民院落自治管理工作提供有力保障。

（二）加大宣传，营造氛围。要积极宣传推进社区居民院落自治的重要性和必要性，统一思想，提高认识；通过开展培训、参观示范小区、设立宣传栏、编印宣传手册等形式，大力进行宣传发动，引导群众树立居民主体意识、责任意识、契约意识、物业服务的商业意识，养成“共有家园　共管共享共维护”的行为规范和睦邻友好、守望相助、和谐共生的文明习惯。

（三）保障财力，规范使用。加大对社区居民院落自治工作的财力保障。社区公共服务和社会管理专项资金是市、县两级财政专门保障社区居民自治需求的专项资金，也是院落居民自治工作的长效资金来源，同时整合利用各种创建活动下达的院落治理专项资金，按照民主的原则规范使用。各区（市）县民政部门一定要加强对资金的监督管理，确保资金用于以满足本社区成员的共同需求为目的的自治项目范围之内，严格审计监督。同时，要规范资金使用程序，严格按照“四个民主”的原则，经过项目收集、民主协商、民主决策、项目公示、项目论证和组织实施几个阶段，保存每一笔资金使用在论证、决策、实施、效果等环节的档案资料，确保使用规程规范。

六、完善工作报送制度

（一）完善工作台账。为进一步提高老旧院落整治资料的完整性和规范性，各区（市）县要加强同牵头部门的沟通协调，做好对筹建院落自治组织的备案，建立目标台账和进度台账，做到目标明确、推进有序。

（二）报送工作进展。各区（市）县需做好老旧院落居民自治相关工作信息资料的收集整理，不断完善信息管理工作机制，为整体把握老旧院落整治工作打牢基础。要加强日常工作信息报送，每月25日前报送纳入改造范围老旧院落自治组织成立情况（首次报送为2015年2月25日前）。市民政局将定期统计、通报工作进展，作为评价各地工作成绩的重要标准。

（三）挖掘典型案例。为更好地总结院落改造经验、挖掘特色亮点、研究薄弱环节、做好典型做法的宣传推广，各区（市）县要加强工作调研，发现典型经验，报送经验材料，年底要形成总结报告，及时报送市民政局。

成都市民政局

2015年2月11日

中共成都市委、成都市人民政府《关于深化完善城市社区治理机制的意见》

各区（市）县委和人民政府，市级各部门：

为深入贯彻落实中央、省、市关于社会治理系列部署要求，全面推进我市社会治理机制创新，促进基层社会治理体系和治理能力现代化，结合我市实际，现就进一步深化完善城市社区治理机制提出如下意见。

一、总体要求

深入学习贯彻习近平总书记系列重要讲话精神，紧紧围绕“四个全面”战略布局，牢固树立并践行“五大发展理念”，牢牢把握社会治理核心是人、重心在城乡社区、关键是体制创新的要求，坚持党委领导、政府主导、社会协同、公众参与、法治保障的社会治理体制，着力深化完善“一核多元、合作共治”新型基层治理机制，加快推进传统社会管理向现代社会治理转变，为打造西部经济核心增长极、加快建设国际化大都市提供有力保障。

二、强化党的领导，深化完善区域化党建工作机制

（一）完善组织体系，健全区域化党建领导体制。建立健全社区党委（党总支）、网格（院落、小区、楼宇）党支部，共同生活空间按地缘、业缘、趣缘、网缘建功能党小组的组织体系。深化街道社区“大党工委制”“大党委制”，建立健全区域党委或兼职副书记“兼职委员”制度，统筹服务管理辖区非公有制经济组织和社会组织党组织。建立区域化议事决策机制、情况沟通机制，探索区域化党建工作项目机制。深化党建带群建、党群共建工作机制，引导群团组织积极参与社区治理。

（二）发挥党员作用，推动区域化党员志愿服务。深化“双联”“五进”“走基层”活动，开展“美丽成都·城市党员示范行动”。探索“互联网＋双报到”方式，健全党员服务群众、奉献社会长效机制。构建党员志愿服务中心，青年、巾帼、科普志愿队，专业服务队等志愿服务工作体系，形成志愿服务全覆盖网络。鼓励退（离）休党员积极参加社区党组织和公益活动，引领带动居民积极参与社区治理。

（三）深化结对共建，健全区域化凝聚群众机制。深化机关、企事业单位基层党组织与社区党组织结对共建，实行活动共办、服务共做、资源共享。探索推广“党建＋社工”创意型、体验式党组织生活模式，推动党组织生活向区域开放。构建集约、开放的区域党员教育管理服务平台、基层群团组织社会服务平台，探索社区公共设施资源的社会化运营，鼓励驻区单位向社区群众开放文化、教育、科技、体育等设施资源。

三、厘清治理关系，深化完善多元共治工作机制

（一）明确职能边界，构建共治体系。进一步明确社区党组织、自治组织、社会组织、业主大会和物业服务组织、群团组织、驻区单位等参与社区治理的职能关系，建立健全“一核多元、合作共治”的新型基层治理机制，构建领导权、决策权、执行权、监督权相互分离、运转协调的社区共治体系。

（二）健全协商机制，丰富共治内容。建立社区（院落）事务民主协商机制，凡涉及居民切身利益的项目，按照“事由民议、策由民定、效果民评”的原则，自主制定议事规则，积极开展民主协商。不断拓展基层协商平台，探索建立论证、听证制度。对涉及全体居民切身利益的重大公共服务项目，要召开社区论证会；对涉及部分居民或特定群体的公共服务项目，要召开社区听证会。不断深化民情恳谈制度，及时掌握社区居民的实际困难，听取居民对社区发展的建议。

（三）推进“三社联动”，激发共治活力。按照规范准入原则，明确居委会依法协助行政事项清单，健全服务事项准入制度，逐步实现社区减负增能。进一步改革完善社会组织登记制度和扶持机制，建立多层次社会组织孵化平台，重点培育发展行业协会商会类、公益慈善类和城乡社区服务类等社会组织，为社区居民提供法律援助、文化建设、社会工作等多元化、专业化服务。深入实施社工员考试认证制度，建立完善社会工作专业人才培养体系，积极推动社会工作专业岗位开发和专业人才使用，建立健全社会工作专业人才引领志愿者服务机制，不断发展壮大社会工作者队伍。通过“三社联动”方式将城市社区营造为守望相助、邻里相亲的自治、共治生活共同体。

（四）强化监督评议，完善共治规范。统筹推进社区党务、政务和居务公开，坚持收集、审查、决议、公示、执行（监督）、测评、归档“七步议事法”，探索实施“居务民心通”工程。加强政府向社会力量购买服务的绩效管理，建立健全综合性评价机制。健全居民民主评议社区工作制度和社区评议基层党委、政府及相关部门工作制度，建立社区“两委”成员和居民代表对政府职能部门派出机构评议监督机制。健全社区干部述职述廉制度，探索推行履职目标承诺和完不成目标辞职承诺“双诺”制度，建立不合格社区干部调整制度。

四、实施依法治理，深化完善法治化建设工机制

（一）深化“大联动、微治理”，提升“大城市、细管理”能力。以事件为中心，线上线下统筹推进，健全指挥大统一、资源大整合、维稳大巡防、矛盾大调解、民生大服务、执法大协同工作机制，完善“大联动、微治理”体系。突出信息化支撑，以治安防控、公共服务、民生服务为重点，加快建设市、区（市）县、街道（乡镇）、社区（村）四级大联动信息化平台。深化网格化服务管理，健全三级网格员协同工作体系，完善实名制、平战结合、分级分类管理使用机制，实现网格员“一职多能、一人多用”。深化无物业管理、无门卫、无自治组织“三无院落”提挡升级，健全完善院落自治组织交流平台。健全社会治安突出问题联动发现机制，落实举报奖励制度。加强社区警务室建设，推动派出所警务前移。推动院落视频监控系统、社会公共安全视频监控系统与天网、城管网等联结融合、共享共用。

（二）强化矛盾源头化解，健全群众利益表达受理机制。畅通拓宽群众反映诉求渠道，完善民生热线、绿色邮政、视频接访、信访代理等做法，引导群众依法逐级表达诉求。强化首接首办责任制，及时代理群众信访诉求，定期排查矛盾隐患，推动问题及时就地处理。完善大调解工作体系，强化人民调解、行政调解、司法调解的协调联动，以“诉非衔接”为重点，健全多元化矛盾纠纷解决机制，定期排查梳理和有效预防化解社区现实和潜在的重大社会矛盾。探索建立党代表、人大代表、政协委员基层联系点制度，深入社区了解社情民意，帮助群众解决实际问题。

（三）深入实施“法律进社区”，提升居民法治意识。广泛开展“以案说法、随案说法”活动，增强法治宣传教育的针对性和实效性。深入做好居民政策宣讲、解疑释惑工作，积极组织社区居民参与制定自治章程、居民公约，强化规则意识、倡导契约精神、弘扬公序良俗。加快推进公共法律服务体系建设，深入实施“社区法律之家”工程，鼓励律师和法律工作者积极提供社区志愿服务，切实提高社区依法治理水平。

（四）深化基础信息采集，加强流动人口和特殊人群服务管理。全面推进标准地址、实有人口、实有房屋、实有单位等基础信息采集工作，深化基础信息的动态管理和综合应用。加强流动人口和出租房屋规范化管理，开展群租房、“住改商”整治，减少治安和安全隐患。建立集监测、预警、救治、帮扶、服务、管理于一体的特殊人群综合服务管理机制，健全政府、社会、家庭“三位一体”的关怀帮扶体系，强化对社区特殊人群的服务管理，防止发生个人极端案（事）件。做好重点青少年服务管理工作，有效预防青少年违法犯罪。

五、强化要素保障，深化完善标准化建设工作机制

（一）科学分类调整，规范设置社区规模和功能。科学调整、因地制宜设置社区规模，原则上以2000—4000户规模设置一个城市社区，规模超过2000户以上的物业管理小区，可单独设立社区。社区居民委员会工作人员一般为5—9人，对规模超过3000户，又难以拆分的社区，原则上超出部分每300—400户可增配1名社区工作人员。规范城市社区功能设置并统一标识和服务内容，制定《成都市公建配套项目建设管理办法的实施细则》。到2017年底，每百户居民拥有的社区服务设施面积不低于20平方米，社区办公和服务用房面积不低于300平方米。

（二）建立职业化体系，规范社区工作者队伍建设。建立社区工作者职业化体系，制定社区工作者管理办法，明确社区工作者范畴、职能职责、工资报酬、“五险一金”相关政策，完善社区工作者的考评、奖惩和激励机制。全面落实社区工作者职业水平补贴制度。畅通优秀社区工作者进入党政机关、事业单位的通道，同等条件下优先录用。

（三）加大公共财政投入，增强社区公共服务保障能力。合理划分市、区（市）县、街道（乡镇）财政支出责任，加快构建事权与支出责任相适应、财力与事权相匹配的财政管理体制。完善市对区（市）县转移支付制度，保障区（市）县政府在承担社区管理责任事权中有自主支配的基本财力。进一步完善城市社区公共服务和社会管理专项资金制度，到2017年实现专项资金不低于5000元/百户。吸引社会资金参与社区治理和公共服务，探索设立社区发展基金。

（四）搭建综合信息管理平台，有序推进智慧社区建设。积极推进社区公共服务综合信息平台建设，逐步实现社区公共服务事项的一站式受理、全人群覆盖、全口径集成和全区域通办。精简整合建设部署在社区的各部门业务应用系统和服务终端，加快实现各部门业务信息在社区的互联共通，努力构建设施智能、服务便捷、管理精细的智慧社区。

六、强化职能职责，切实推动工作落实

（一）加强组织领导，形成推进社区治理工作合力。市委成立相关议事协调机构，加强对社区治理的统一领导。市级有关部门要充分发挥牵头抓总作用，统筹协调抓好城市社区治理工作。各区（市）县要认真履行主体责任，各街道（乡镇）要承担直接责任，具体抓好城市社区治理工作。各级群团组织要充分利用现有工作载体，以项目化运作方式，在城市社区治理中发挥积极作用。党委、政府督查部门要抓好目标管理和督促检查，合力推动工作落实。

（二）细化工作举措，鼓励开展社区治理探索创新。各区（市）县、市级有关部门要结合本意见和工作实际，研究制定推动城市社区治理的配套政策措施。要选取一定数量不同类型的城市社区，稳步推进示范点建设。在实践中，注意尊重基层首创精神，积极鼓励改革创新，坚决破除体制机制弊端，及时将成熟经验和做法上升为政策制度，全面推进城市社区治理工作，努力探索一条符合国情、成都实际和现代社会治理规律的城市社区治理新道路。

（三）加强宣传推动，营造社区治理良好环境。加强舆论引导，及时发现和宣传报道社区治理工作中涌现的先进人物、典型事迹、创新经验，调动社会各方和广大群众参与社区治理的主动性、积极性，努力形成全社会重视、关心、支持城市社区建设的良好氛围。

中共成都市委　成都市人民政府

2016 年 4 月 21 日

成都市民政局
《关于开展城乡社区可持续总体营造行动的通知》

各区（市）县民政局，成都高新区、成都天府新区管委会社会事业局：

为贯彻落实市委、市政府《关于深化完善城市社区治理机制的意见》（成委发〔2016〕6号）精神，进一步深化我市“三社联动”，统筹发挥基层政府、社会力量、居民群众主体作用，提升基层社会治理水平，将城乡社区发展成为具有共同情感联结、共同社区意识、共同文化凝聚的社会生活共同体，2016年起，我市全面开展城乡社区可持续总体营造行动。现将通过深化“三社联动”开展城乡社区可持续总体营造行动的相关事项通知如下：

一、总体要求

牢牢把握社会治理核心是人、重心在城乡社区、关键是体制创新的要求，坚持党委领导、政府主导、社会协同、公众参与、法治保障的社会治理体制，深化完善“一核多元、合作共治”基层治理机制和“三社联动”社区发展机制，在社区（指城乡社区，下同）广泛开展可持续总体营造行动。以居民（指城乡居民，下同）需求为导向、社会组织为载体、社工人才为支撑，引导居民组织化参与社区公共事务。通过以居民为主体的集体行动，促进社区公共利益，解决社区问题，弘扬社区文化，培育社区社会资本，把社区建设成为出入相友、守望相助、疾病相扶、邻里相亲的社会生活共同体。

二、基本原则

——居民主体原则。居民不仅是公共产品的消费者，更是社区公共事务能动的参与者、建设者，社区公共议题的提出、参与、实施应当以居民为主体，村（居）委会以及枢纽型专业社会组织作为协助者，推动居民主动自发解决公共议题、协调矛盾纠纷。居民主体是社区总体营造的首位原则。

——共同参与原则。居民参与社区公共事务决策、执行、监督、评估全过程，不同利益群体对社区公共事务的意见有常态的表达途径和沟通渠道。共同参与是社区总体营造的核心原则。

——过程导向原则。居民对社区公共问题进行有序协商达成妥协和共识，形成有效集体行动的过程，是对居民公共意识公共精神的培养过程，行动过程的价值高于行动结果。过程导向是社区总体营造的价值原则。

——自下而上原则。居民的需求与问题，通过自下而上的居民参与自主解决，是居民自治的精神内核。居民参与社区公共事务应当形成事由民议、策由民定、财由民理、责由民担、效果民评的长效机制，通过自下而上的民主参与塑造居民的责任意识和志愿精神。自下而上是社区总体营造的民主原则。

——权责对等原则。谁主张谁受益谁负责，是社区总体营造的行动逻辑。要按照权责对等原则区分政府、社区自治组织、居民自组织以及居民之间的权利责任义务边界，在社区公共事务领域引导居民主动承担营造美好生活的责任，建立自组织自主解决社区公共问题。权责对等是社区总体营造的基础原则。

三、主要任务

社区可持续总体营造行动的目标是在居民自发组织的过程

中，塑造公民意识，构建社区的主体性，提升社区的社会资本，提供社区公共产品，解决社区冲突与问题，提升居民的生活品质和幸福指数。

（一）激发自组织。引导本社区的居民自发组织不同类型、不同功能的自组织，自我管理、自我服务、自我发展、自我监督。通过建立自组织提升居民组织能力、协商能力、行动能力，解决社区问题，满足居民差异化需求。自组织的数量、种类、功能、运行机制、可持续发展能力等是衡量城乡社区可持续总体营造行动水平的重要指标。

（二）转化自组织。将自娱互益的自组织转化为公益组织，在满足居民兴趣爱好的同时促进社区公共利益，为居民提供维护院落秩序、维护社区安全及环境、居家养老、低龄老人志愿服务高龄老人、幼儿托管、残疾人康复、社区就业、垃圾分类、社区融合、留守老人和留守儿童关爱、公共素养公民意识教育等公共产品。将社区自组织成员培育发展为社区志愿者，积累社区社会资本，激发社区互助活力。

（三）培育社区自组织领头人。在社区活动、集体行动中发现有公心有担当有能力有志愿精神的居民，对其给予资金、资源、组织、培训等多方面的支持，将其发展成为居民自组织的领头人，从而不断提高其组织能力、沟通能力、协商能力、协调能力、活动能力、处理矛盾冲突能力和建立规则的能力，使自组织在其带领下能够常态运行发展，提高社区自主管理的水平。

（四）开展公共素养公民意识教育。社区总体营造行动的根本目的在于培养具备公共素养和公民意识的居民，要在营造行动实践中开展法治意识、规则意识、权利意识、责任意识、民主意识、参与意识、协作意识、协商意识、公私界限意识、尊重多元价值意识、互助公益意识、共同体意识、公共精神等教育，培养具有公共素养的居民，使其有意愿有能力参与到社区公共事务中解决社区问题。

（五）寻找支点撬动总体营造。通过关键支点切入，带动多个相关项目，解决多个公共议题，从而撬动整个社区开展可持续的总体营造行动，达成当地居民共同认可的社区愿景。社区总体营造的支点主要从社区的需求入手，涵盖人、文、地、产、景，以及社区面临的困难和问题，社会组织或居民自组织通过申请项目的形式满足需求解决问题，推动社区发展。农村社区要把当地的产业发展作为社区可持续总体营造的重要内容。

（六）协商寻求社区共识。社区公共议题的解决需要遵循协商共治的行动逻辑，众事众议共决。在党组织领导下，社区各利益相关方通过协商的方式求得社区公共利益的最大共识，并形成有效的集体行动。要搭建多方参与协商的议事平台，在村（居）民议事会制度的基础上，广泛吸收各类社会组织、业主委员会、物业公司、驻社区单位、农村集体经济组织、农民合作组织及成员、流动人口等参与协商，同时在协商中运用罗伯特议事规则、开放空间会议等协商技术，运用村（居）民议事会、民情恳谈会、社区论坛、社区对话、社区评议会和民主听证会等多样化的社区协商载体和协商形式，提高社区协商的水平和质量，提高协商议事决策结果付诸行动的有效性。居民在沟通、协商、妥协的过程中形成民主的意识、主体的意识、积极公民的意识，建立村规民约、社区公约、院落公约等社区规范，形成对社区的认同感归属感。

（七）整合资源推动社区发展。开展社区调查，深度挖掘社区内外部资源，为社区发展提供可持续动力。政府为社区赋能提供的公共服务和社会管理专项资金、政府为解决民生问题配置的老旧院落整治资金和各级政府职能部门、群团组织配置给社区的资源，是社区发展的外部资源。辖区的单位、企业资源，社区的产业、环境、生态、文化、组织、公共空间资源，社区内各式各样的能人、乡贤、达人、精英等，是社区发展的内部资源。探索通过社区公益基金（会）的形式有效整合各类社会资源，支持社区自组织或专业社会组织从社区居民的实际需求出发，以慈善、公益、自治、互助的方式满足居民个性化的服务需求，化解社会矛盾。

（八）多方协力共同营造城乡社区。各级民政部门要发挥好“三社联动”牵头作用，提出社区总体营造的鼓励方向，由专业社会组织、居民自组织自行提交营造方案，由政府职能部门、街道（乡镇）、群团组织或社区通过项目评估给予相应项目支持。专业社会组织提供专业服务，引入外部资源，进行跨域合作，激发居民的主体意识，协力推动社区总体营造。村（居）委会作为联结社会组织、社区自组织、居民群众的平台在社区总体营造中发挥枢纽和协调的作用，将各方力量汇聚起来，凝聚社区共识，提升社区的社会资本，让社区成长为有自治能力、有普遍信任、能够自然生长的生态社区。

（九）加强对社区可持续总体营造的支持保障。市级民政部门社区公益创投资金将持续支持城乡社区可持续总体营造行动项目，各区（市）县的社区公益创投活动也要加大支持力度，形成在全市城乡社区共同推动的态势。城乡社区公共服务和社会管理专项资金鼓励用于城乡社区可持续总体营造行动，以街道（乡镇）或村（社区）为单位，以提案大赛、创投活动、公益擂台等形式，组织社区“两委”代表、居民代表、专业社会组织负责人代表、社区议事会成员代表等组成项目评审组，对院落自治组织、业委会、社区自组织等居民为主体提出的公益项目进行参与式评审资助。

各区（市）县民政部门要抓住民政部倡导推进“三社联动”的契机，大力培育社区社会组织、培养专业社工人才、培力社区居民和志愿者，将成都市的城乡社区营造建设成为温暖、温情、温和的幸福生活共同体，实现政府治理、社会自我调节和居民自治的有效衔接和良性互动。

成都市民政局

2016 年 5 月 3 日

成都市财政局　成都市民政局
关于印发《成都市城市社区公共服务和社会管理一般性转移支付资金管理办法》的通知

各区（市）县财政局、民政局，成都高新区、成都天府新区财政局、社会事业局：

为切实加强我市城市社区公共服务和社会管理专项资金使用管理，提升资金使用效益，市财政局、市民政局对2014年5月印发的《成都市城市社区公共服务和社会管理专项资金管理办法》（2014年修订版）和2015年4月印发的《关于进一步加强和优化城市社区公共服务和社会管理专项资金使用管理的通知》进行了修订。现将修订后的《成都市城市社区公共服务和社会管理一般性转移支付资金管理办法》印发给你们，请认真贯彻执行。

附件：成都市城市社区公共服务和社会管理一般性转移支付资金管理办法。

成都市财政局　成都市民政局

2016年5月19日

成都市城市社区公共服务和社会管理一般性转移支付资金管理办法

第一章 总 则

第一条 为贯彻落实《中共成都市委成都市人民政府关于深化社会体制改革加快推进城乡社会建设的意见》(成委发〔2011〕1号)精神，完善我市城市社区（以下简称“社区”）公共服务和社会管理经费保障机制，加强城市社区公共服务和社会管理专项资金（以下简称“公服资金”）管理，提高资金使用效率，根据《成都市市级财政专项资金管理暂行办法》(成府发〔2014〕7号）等相关规定，特制定本管理办法。

第二条 本办法所述公服资金是指市级财政通过一般性转移支付下达各区（市）县政府，由各区（市）县政府结合本级预算，统筹安排给城市社区专项用于定额补贴以居民为主体参与社区自治，通过协商达成共识并采取集体行动解决公共议题满足社区成员共同需求的资金。

第三条 各区（市）县政府是社区公共服务和社会管理责任主体，负责保障城市社区公共服务和社会管理所需资金，组织、实施城市社区公共服务和社会管理项目。

第二章 部门职责

第四条 财政部门负责专项资金的预算编制，资金分配、拨付，资金使用监管，预算绩效管理等。

第五条 民政部门负责审核、提供专项资金预算编制测算资料，提出预算分配建议，监督指导资金的使用，组织开展公服资金审计、评价和培训等工作，收集相关数据指标，对资金使用进行绩效分析评价。

第六条 各街道（乡镇）负责公服资金的财务管理和会计核算，对社区公服资金的使用进行监督、指导。

第七条 各级财政部门、民政部门、街道（乡镇）应密切配合，各司其责，确保专项资金发放到位，专款专用。

第三章 资金安排

第八条 公服资金纳入区（市）县财政预算安排，根据社区实际居住户数，采取据实据效的补助分配方法。各区（市）县可根据当地财力适当提高公服资金补助标准。

第九条 各区（市）县政府（管委会）在每年 8 月 1 日前应确认所辖社区截至当年 6 月 30 日的常住人口户数、人数情况，并报市民政局、市财政局备案。各区（市）县民政部门应在每年第一季度向街道（乡镇）、社区明确当年度各社区资金标准和额度。

第十条 市财政局根据各区（市）县社区居民户数、财力状况及市公服资金标准给予适当补助。具体补助比例为：一圈层 40%；二圈层（含成都天府新区）50%；三圈层 60%；成都高新区全额自行承担。

第十一条 市级财政补助资金作为一般性转移支付，于每年 11 月底前将次年预算安排情况提前下达区（市）县财政局，编入区（市）县财政预算，由区（市）县财政部门按要求统筹安排足额保障。区（市）县财政部门应在每年 5 月底前一次性将市级补助资金和本级安排资金足额拨付到位。

第四章 资金管理

第十二条 区（市）县民政、财政部门应指导街道（乡镇）就公服资金对每个社区设立专账专户。不具备设立专户条件的，应按照“居财街道（乡镇）管”的原则，将公服资金纳入街道（乡镇）财务统一管理，每个社区做到专款专用，专账核算。

第十三条 各区（市）县应加强工作指导，通过公服资金为杠杆撬动居民参与，切实提高资金使用效能。对日常工作中发现拨付资金偏晚、公服资金使用进度迟缓、结存总额偏高的，各区（市）县民政、财政部门应及时核查存在的问题及原因，督促整改。

第十四条 各区（市）县每年第一季度要对每个社区上年度公服资金使用情况进行审计。审计可由区（市）县有关职能部门负责，也可采用购买服务的形式由具备审计资质的组织和机构进行。购买服务所需经费由区（市）县、街道（乡镇）专项列支。对审计中发现的问题，各区（市）县要及时整改。各区（市）县应在每年 4 月 10 日前，向市民政局报送本区（市）县上一年度专项资金使用管理自评报告。

第五章 使用范围

第十五条 公服资金分为运行资金和项目资金两部分。其中，运行资金控制在社区当年可支配公服资金总额 10% 以内（且不超过 3 万元），用于召开社区议事会、院落议事会、社区居民需求调查、制作专项资金档案等；项目资金不低于公服资金总额的 90%，用于满足以居民为主体实施的自治项目。区（市）县已另行配备运行资金的，运行资金按当地配备的运行资金额度执行，公服资金应全额用作项目资金使用。

每年初在各区（市）县民政部门、财政部门明确各城市社区年度公服资金（含上年滚存结余）总额后，社区居委会应及时提出运行资金和项目资金划分方案，并明确运行资金的明细使用方案。运行资金明细方案经社区居民议事会表决通过后，由社区居委会组织实施。项目资金和运行资金的额度、运行资金的明细使用方案，应在年初宣传发动和征集拟实施项目时，按照居务公开的有关规定，及时向社区居民公开。

第十六条 公服资金实行“负面清单”制度，公服资金禁止用于以下范畴：

（一）社区接待费用、社区工作人员差旅费、外出培训费；

（二）社区工作人员的工资、奖金及各类保险个人缴费部分；

（三）社区工作人员、居民小组长、治安巡逻等人员的加班补贴、误工补贴；

（四）偿还社区各种债务（专项资金本身应支付但尚未支付的费用除外）；

（五）城市市政道路及附属设施的维护维修；

（六）给付物管费、垃圾清运费、房屋设施维修等费用（含户内电线、水管、下水道、烟囱等的维修维护）；

（七）社区办公活动用房的维修维护以及社区用房产生的水、电、气、电话、光纤电缆等费用；

（八）社区社会组织注册验资经费；

（九）社区聘用保洁员、治安巡逻员的费用；

（十）公租房以及产权属于单位的房屋的维修维护费用；

（十一）根据有关法律法规应由房屋维修基金进行维护的费用；

（十二）居民供水、供电、排水改造等维修维护费用。

第十七条 公服资金的项目资金，由社区在当年资金总额度内，根据群众需求，按照“民事民议、民事民定”原则决定使用。社区在民主决策资金使用项目的时候，需要掌握的原则就是要通过公服资金的使用撬动居民共同参与，培育居民的主体意识、责任意识、协商意识、规则意识以及增强社区自组织进行集体行动的能力。鼓励的使用范围如下：

（一）培育发展社区自组织。

1. 引进的枢纽型社会组织、专业社会组织、居民内生自发联结而成的自组织，社区要在办公活动场所、资源链接、居民需求调研等方面给予力所能及的支持和配合。

2. 购买枢纽型社会组织在本社区开展社区总体营造的，参照《城市社区公共服务和社会管理专项资金资助社会组织服务程序》。

3. 专业社会组织为社区居民提供专业公益服务项目，按照权责对等原则，项目的受益居民是公益服务项目的付费主体。对特殊困难居民自付服务费用有困难的，专业社会组织应承担社会责任给予一定费用减免，减免后还有缺口的，社区按照民主决策程序给予适当资助。

4. 社区自组织在自治理自发展的过程中，为社区居民提供公益服务和公共产品时，可以作为申请主体，以项目形式申请公服资金。鼓励自组织转化发展为登记或备案的公益组织。

（二）社区志愿服务。

用于组织开展社区志愿服务必须的成本开支，如购买必要的工具、工作餐费、交通补贴等。也可以对本社区志愿者队伍进行表彰奖励。

（三）社区基础设施维护、维修、建设。

1. 社区公益活动设施维护和维修；

2. 老旧院落公共设施的维护和维修。

用于社区基础设施维护、维修、建设等硬件（含老旧院落）项目的，项目资金补助部分不得超过该项目应支付金额的50%，居民自筹资金部分（自筹资金指通过小区公共收益、居民众筹、单位捐助等社会力量筹资方式，非财政资金投入）不得低于50%。对列入市、区（市）县老旧院落改造系列的老旧院落，以及由某职能部门对口支援改造的老旧院落，不得投入公服资金叠加使用。

（四）社区文体公益活动。

1. 以居委会或者社区自组织为主体，组织居民开展社区文化体育公益活动，可以补贴租用灯光、音响、场地、服装等费用，以及比赛性质活动的奖品费用；

2. 购置必要的文化体育公益活动用品。

（五）社区教育培训。

1. 开展社区教育培训项目所需场地、老师劳务费、资料费；

2. 根据群众需求新增图书、报刊等资料。

（六）社区和院落环境治理。

1. 配备必要的环卫工具；

2. 对环境治理优秀的院落（小组）进行适当奖励。

（七）其他方面。以上六个方面没有涵盖并且在负面清单以外的项目，遵循居民主体、共同参与、自下而上、过程导向、权责对等原则，并按照公服资金使用程序进行评审、决策、实施、监督、评估的其他项目。

第十八条 对需要进行奖励的公益项目，如环境治理优秀院落、优秀志愿者团队、优秀自组织公益项目，社区要制定评选规则、评选程序、组织评选并公示评选结果。组织评选要尽可能扩大居民的参与率，将议事会成员、社会组织、院落自治组织、社区自组织、志愿者团队等评选相关组织的代表都尽可能纳入评委范畴，对拟奖励的项目进行公开评选。当年实施奖励的资助金额度不超过项目资金年度总额的20%。

第十九条 公服资金使用实行备案制度。拟实施项目是否属于可列支范围由社区议事会进行审查，报街道（乡镇）备案。凡不在本办法第十六条规定的“负面清单”范围内，且使用程序符合公服资金八步使用程序规范的项目，街道（乡镇）不得阻止社区实施项目，且不得以不符合专项资金使用范围为由不予报销。各区（市）县在出台本地实施细则时，可根据本地实际情况，在报经市民政局同意后，增加列入“负面清单”的事项。

第二十条 对志愿服务工作餐补贴、交通补贴和教育培训的师资劳务等个人的支出，可采取领款人列表签字的形式支出，同时要辅以志愿服务或教育培训的组织方案、活动图片等佐证材料。每年列表签字的支出总金额不得超过当年项目资金总额的10%且不超过3万元。

第二十一条 各区（市）县财政部门会同民政部门在本办法生效之日起两个月内，制定本区（市）县的公服资金财务报账审批规定，规范从社区到街道（乡镇）的公服资金报销程序，如资料准备、签字确认、现金使用等。制定的财务报账审批规定于2016年7月底前报市财政局、民政局备案。

第二十二条 本办法第十七条所称社区自组织，是指由本社区居民基于共同兴趣、公共议题等自主联结而成的自治理自发展的社区社群。鼓励社区自组织在满足共同兴趣的互益活动之余，积极参与解决社区公共议题、重构邻里关系的社区公益活动，提供社区成员需要的社区公共产品。所称老旧院落，是指建成年代较早，未归集房屋维修基金，也无单位负责公共设施维修的院落。对原有单位负责的院落，经社区多次与单位协商，单位仍不履行其维护义务的，也可参照老旧院落实施。

第六章 使用程序

第二十三条 公服资金应按照以下程序使用：

（一）宣传动员。社区应加强公服资金的宣传动员，采用多种宣传形式，在每年第一季度明确告知辖区每个院落（小组）居民本年度公服资金标准、使用范围、使用程序，决策、监督、评议、审计办法，发放一户一票进行宣传和征求需求意见，一户一票回收率不低于本社区总户数的30%。宣传时，应主动向群众公开上一年度公服资金使用项目、开支情况、结余情况，确保群众对公服资金使用情况的知晓权和监督权，提升群众参与公服资金使用管理的积极性，激发群众参与热情。

（二）征集项目。征集项目一般以三种方式进行：

1. 一户一票。一户一票征集居民需求是居民的需求调查，更是宣传动员，扩大知晓的必要措施。一户一票的发放回收由院落自治组织进行，回收率不低于院落总户数的30%。收回的意见由院落自治组织召集居民协商提出本院落的项目申请，并在本院落公示一周，无异议后向社区提出正式项目申请。

2. 社区自组织申请。社区自组织无论是否登记备案都有提出项目申请的资格，这种方式是公服资金征集项目的主要形式。

3. 社区居委会可就本社区公共议题提出拟实施的项目。

（三）评审并决议公示。社区要根据利用公服资金撬动居民参与的核心精神制定项目评审办法，并召集社区“两委”成员、社区议事会成员、院落自治组织负责人，以及一定数量的社会组织代表，在充分协商的基础上，议定并公示本社区公服资金项目评审办法（议定的办法须经应参会人员过半数参与、参会人员过半数同意）。加大宣传力度，确保项目评审办法在社区充分知晓。社区居委会将征集到的项目（含项目计划书、拟实施方案、所需资金总额、若是硬件项目还需承诺自筹资金数额），提交公服资金评审委员会进行评审，其中居委会提交的议题不应超过提交审议项目总数的20%。公服资金评审委员会成员组成由本社区公服资金项目评审办法规定，一般应该包括社区“两委”成员代表、社区居民议事会成员、辖区政协委员、人大代表、知名意见领袖、相关专家，按照本社区公服资金项目评审办法和议事规则对项目进行逐项审议，综合每一项目的轻重缓急、项目的计划方案、居民意愿强度、居民自筹资金额度、项目资金需求总额等因素，逐项形成评审意见，根据评审意见最终形成社区拟实施项目建议方案。评审会议应要求项目相关居民列席，最大限度实现公开透明。会议记录要严格记录每项拟实施项目的评审、表决情况，由所有参会人员签字确认并进行公示，公示期不低于10天。公示期有超过10%居民代表提出反对的项目，该项目不得进入下一程序。社区要对评审、表决全过程进行记录，确保记录真实、能够完整反映评审过程和决议结果。

（四）项目听证。对议事会或者居民代表会议决策拟实施的硬件建设项目，应进行听证。社区居委会应按照“一事一方案”原则，对本年度拟组织实施的硬件建设项目方案，在拟实施项目的区域召集利益相关的居民群众听取意见、吸纳民智。参加社区事务听证会的居民代表不得少于10人，与拟实施项目相关的普通有听证能力居民不少于20人。凡听证会同意率低于60%的项目不列入最终实施项目。重大项目（指所需资金达到本社区当年项目资金总额的50%以上的项目）需提交社区居民代表会议审议并投票表决，经80%以上社区居民代表同意方可组织实施。社区召开听证会，应按照《成都市城市社区事务听证会有关要求》的规定进行。

（五）组织实施。通过听证的硬件建设项目和其他经决策公示无异议的项目，社区居委会应及时报街道（乡镇）备案，街道（乡镇）收到备案报告之日起七个工作日内给予社区书面回复，逾期无回复视为街道（乡镇）无异议，之后进入组织实施阶段。院落自治组织提出的项目，原则上由院落自治组织负责实施，社区自组织提出的项目，由社区自组织负责实施，居委会提出的项目，由居委会负责实施。不能由申请主体负责实施的项目，经过居民议事会或者居民代表会议讨论决定委托第三方组织实施。社区居委会要将项目实施方案、签到册、会议记录、表决票等原始资料妥善保管，存档备查。

（六）实施监督。社区居务监督委员会负责监督项目实施的过程及结果。项目实施主体在组织项目实施过程中，要自觉接受社区监督委员会、社区居民的监督。对社区居民提出异议的，社区居委会要及时组织实施主体进行公开回应。

（七）评议完善。社区居委会应制定评议办法并报社区议事会议决确定。及时组织居民代表和利益相关居民按照评议办法进行检查验收，逐项打分。涉及专业技术的项目，要有专业机构或相关职能部门参与验收。验收合格的进行报账拨付。测评满意率低于80%的，要进行整改。进行整改的项目，再次返回实施监督程序。

（八）档案归集。各区（市）县民政部门、街道（乡镇）要指导社区以项目为单位，在项目评议完成报账后，及时完成该项目的材料归档工作，从收集议题到评议完善阶段对所有资料进行归档。次年初社区接受审计后的有关审计报告等材料，全部归入社区档案。

第二十四条 公服资金的使用情况，应作为居务公开事项，及时、全面、真实地进行公开，接受社区居务监督委员会、居民代表会议和居民群众的监督和评议。

第七章 绩效管理

第二十五条 公服资金的使用全过程纳入绩效管理，各区（市）县财政部门应当会同民政部门建立贯穿预算编制、执行、监督的预算绩效管理体系。

第二十六条 民政部门在申报项目资金预算时，应同时编制绩效目标。财政部门应当对绩效目标进行审核，对不符合相关要求的绩效目标，财政部门有权责成民政部门修改调整。财政部门在批复资金预算时，同时批复绩效目标。

第二十七条 项目执行期间，民政部门应当按照批复的绩效目标对专项资金进行跟踪监督，对偏离绩效目标的项目采取措施督促整改。

第二十八条 项目执行完成后，民政部门应当组织对项目的资金使用情况、目标实现程度、资金使用效益等进行评价，并向财政部门报送资金绩效评价报告，财政部门在主管部门绩效评价的基础上开展抽查、重点评价或再评价。

第二十九条 民政部门可根据需要，自行组织或委托专家、中介机构等第三方组织对各社区补助资金管理使用绩效情况开展重点评价。

第八章 监督管理

第三十条 各区（市）县要建立健全资金拨付、资金管理、社会监督等环节相互衔接、相互制约的运行机制，市财政局和市民政局不定期地对使用情况进行抽查，对擅自改变补助资金使用方向和使用范围的，虚报冒领骗取公服资金的，由民政部门负责核实并责令改正，由财政部门负责追回相关财政资金。对违反规定挤占挪用、虚报冒领、套取骗取公服资金的单位和个人，依据《财政违法行为处罚处分条例》追究相关单位和个人的责任。

第三十一条 国家机关工作人员在公服资金管理活动中有滥用职权、玩忽职守、徇私舞弊等涉嫌犯罪行为的，依法由纪检监察机关和司法机关处理。

第三十二条 专项资金自觉接受各级财政监察、审计部门检查和审计。

第九章 附 则

第三十三条 本办法由市财政局、市民政局负责解释。

第三十四条 各区（市）县结合当地具体情况制定实施细则。

第三十五条 在本办法印发之日前，已按照《成都市民政局成都市财政局关于进一步加强和优化城市社区公共服务和社会管理专项资金使用管理的通知》（成民发〔2015〕27号）、《成都市民政局成都市财政局关于印发〈成都市城市社区公共服务和社会管理专项资金管理办法〉（2014年修订版）》（成民发〔2014〕23号）已实施的项目，可继续按照原规定实施；本办法印发日起未实施的项目，应严格按照本办法的规定实施。

第三十六条 本办法自印发之日起实施。有效期5年。

第三十七条 《成都市民政局成都市财政局关于进一步加强和优化城市社区公共服务和社会管理专项资金使用管理的通知》（成民发〔2015〕27号）、《成都市民政局成都市财政局关于印发〈成都市城市社区公共服务和社会管理专项资金管理办法〉（2014年修订版）》（成民发〔2014〕23号）即行废止。

成都市民政局　成都市财政局　关于印发《成都市城市社区公共服务和社会管理一般性转移支付资金管理办法》相关配套文件的通知

各区（市）县财政局、民政局，成都高新区、成都天府新区财政局、社会事业局：

近日，《成都市财政局成都市民政局关于印发〈成都市城市社区公共服务和社会管理一般性转移支付资金管理办法〉的通知》（成财社〔2016〕40号）已正式印发实施。为切实加强我市城市社区公共服务和社会管理专项资金使用管理，提升资金使用效益，现将《成都市城市社区公共服务和社会管理专项资金资助社会组织服务项目程序（2016年修订版）》《成都市城市社区事务听证会有关要求（2016年修订版）》《成都市城市社区公共服务和社会管理专项资金使用管理相关问题解答》三个相关配套文件印发你们，请认真贯彻执行。

本通知自印发之日起实施，有效期五年。

附件：1. 成都市城市社区公共服务和社会管理专项资金资助社会组织服务项目程序（2016年修订版）；

2. 成都市城市社区事务听证会有关要求（2016年修订版）；

3. 成都市城市社区公共服务和社会管理专项资金使用管理相关问题解答。

成都市民政局　成都市财政局

2016年5月30日

附件 1

成都市城市社区公共服务和社会管理专项资金资助社会组织服务项目程序

（2016 年修订版）

社区按照《成都市城市社区公共服务和社会管理一般性转移支付资金管理办法》规定的程序，经宣传动员、征集项目、议决公示等程序后，经社区公服资金评审委员会或社区居民代表会审议决定委托第三方社会组织实施项目，或者对提供服务的社会组织进行资助时，可参考以下程序进行（以院落自治组织和社区自治组织为主体申请实施的项目不需要经过这个程序，以社区制定的项目评审议决办法为依据，符合公服资金使用八步规范即可）：

一、项目发布及申请

经社区公服资金评审委员会议定拟委托、资助第三方社会组织实施的项目及金额后，社区居委会应在拟截止收取社会组织申报材料之日 15 日前，通过各种形式向社会发布本社区拟委托社会组织实施项目信息，并对有参与意向的社会组织做好相关项目的咨询和接洽。逾期无任何组织申报的项目，经社区公服资金评审委员会议决同意后，可再次公告延长收集申报材料的时间，或调整实施方向，本年度不再实施该项目。

有意参与的社会组织应针对社区发布的项目需求及社区有关情况进行研究，结合自身资源优势，向社区居委会提出本组织争取作为社区某一项目或多项目实施单位的申请。社会组织应提交的材料包括：

（一）项目计划书。项目计划书应包括项目名称、项目目标、项目计划、社会组织自身情况及所能提供的资源情况、需要向社区争取何种资源或资助、参与受益人群覆盖情况、社会效益等内容。

（二）社会组织的登记证书或备案凭证。

（三）社区发布项目时要求的其他材料。

二、项目评审

社区居委会对各征集到的各申报材料组织居民代表或公服资金评审委员会成员召开评审会，逐一评审，最终决定购买、委托、资助实施的项目、拟统一实施项目的主体（社会组织）、每个项目的金额。对有多个社会组织独立申报同一项目的情况，原则上应一并提交所收到的该项目的不同方案，按民主程序决策。整个过程应按居务公开有关要求进行公示。

三、项目委托、资助及监管

委托、资助方案经审定公布且无异议后，社区居委会应与实施项目的组织签订项目协议。

在通过程序决定实施项目时，社区与社会组织签订项目协议前，应商定资金拨付比例及时限。

资助未登记的备案类社会组织提供服务的，备案类组织可到税负部门代开发票；也可由其他依法登记的社会组织或有资质的枢纽型社会组织代为管理账目，其具体要求应在项目方案、资助协议中明确。由其他组织代为管理账目的，资助协议应由社区与相关两社会组织签订三方合同。

四、项目实施

实施项目的组织应按照申报的项目计划有序推进项目实施，并定期向社区居委会、社区公服资金评审委员会报送项目进展和资金使用情况，每个季度向社区报送项目实施情况不少于1次，并在项目结项期满后15日内，向社区报送项目实施总结、自评估报告、评估申请。

社会组织在实施项目时，应发挥社会工作专业人才引领作用，以社区居民需求为导向，以社区居民参与为衡量标准，培育居民参与社区事务意识以及民主决策、民主管理、民主监督能力，以公益服务项目为载体提高居民对社区的认同感、归属感。

受委托的社会组织不得将项目分包、转包给其他社会组织。项目内容需要调整的，须提出充分的调整理由，经社区居委会同意。

五、结项评估

项目完成后，社会组织应向社区居委会报送项目自评估报告，评估内容需包括：项目运作情况、经费使用情况、项目实施效果、可持续性和参与群体意见等。评估报告应经社区公服资金评审委员会评议和居民代表测评，并将报告和评议结果向居民公示。

六、项目资料的归集

实施项目的社会组织，应做好专项资金资助项目有关资料的归集。归集的资料包括项目计划书，项目资助协议，项目自评估报告，以及自评估报告中所涉及的项目各环节、各步骤的计划、实施印证材料，结项评估材料。

以上全套资料由社区居委会保存，相关资料应保存期限5年。

附件2

成都市城市社区事务听证会有关要求

（2016年修订版）

一、听证事项的确定

社区事务听证会的议题可由社区居委会、五分之一以上的居民户或者三分之一以上的社区居民代表、社区五分之一以上年满18周岁的社区居民提出，由社区党组织受理，经社区党组织和社区居委会商议决定后召开。

社区事务听证会议题为社区居民普遍关心、涉及居民切身利益的事项。在实施城市社区公共服务和社会管理项目过程中，凡由社区公服资金评审委员会、社区居民会议商议通过并经公示无异议的重大硬件项目，在实施前均应召开社区事务听证会。

二、听证会前的准备

召开听证会前，社区居委会应对多数居民反映比较集中的问题，进行广泛深入的调查摸底，掌握基本情况，征询居民群众意见，并同政府有关部门和街道办事处（乡镇政府）联系沟通。听证会一般在议题受理之日起 15 日内召开。

三、听证会成员的确定

听证会人数一般为 30—50 人，参会人员由社区党组织和社区居委会在会议前一周确定，一般应由社区居民议事会成员、社区居民代表、拟实施事项将涉及的院落的自治组织成员及普通群众等组成，其中参加社区事务听证会的居民代表不得少于 10 人，拟实施项目所涉及的利益相关的有听证能力的普通群众不少于 20 人。经社区党组织和居委会邀请，有关政府部门、街道办事处（乡镇政府）、驻区单位的代表应列席会议。

四、听证会的组织召开

听证会由社区居委会召集和主持，召集人应在听证会前 3 天，将会议的时间、地点、主要议题向社会公示并通知参会人员。听证会有应到人数的五分之四以上出席，方可举行；听证会采取不记名投票方式进行表决，表决的形式由社区居委会根据听证事项的实际情况确定。

听证的项目取得 60% 以上到会人员同意，方可实施。重大项目还应提交社区居民代表会议审议，并经社区 80% 以上的居民代表同意后方可实施。

五、听证会的会议程序

听证会按下列程序进行：

（一）由主持人报告议题。

（二）由社区居委会通报听证议题的相关情况。

（三）由听证会成员充分讨论。

（四）涉及法律、法规、政策规定的问题，请政府有关部门或街道办事处（乡镇政府）的代表回答听证会成员的咨询。

（五）由听证会成员表决，形成表决意见。

（六）召集人指派专人做好会议的完整记录。

六、听证会会后事项

社区居委会应于听证会后 3 日内，将听证会的表决结果采取各种形式向社区居民进行公示，并及时向街道办事处（乡镇政府）通报会议情况。凡是涉及街道办事处（乡镇政府）和政府职能部门的事项，应及时同街道办事处（乡镇政府）和政府职能部门沟通协调。

附件 3

成都市城市社区公共服务和社会管理专项资金使用管理相关问题解答

一、使用程序类

（一）按要求“参加社区事务听证会的居民代表不得少于 10 人，与拟实施项目相关的有听证能力的普通居民不少于 20 人”这两类人群是否可以重叠？

答：召开听证会是为了在硬件建设类项目实施前，充分倾听与项目实施利益相关的那部分普通居民的意见。这是针对实施硬件建设项目的相关规定，避免一个利于多数居民的项目实际上严重损害少部分居民的利益。在社区实施的项目都提不到国家民族大义的高度，是为本社区居民谋福利的。多数人对少数人的尊重也是民主的要义。此处所指“居民代表”，是指按照《城市居委会组织法》《成都市城市社区直选规程》依法选出来的居民代表，明显与“普通居民”不属一个范畴，故两类人群不应重叠。

（二）公服资金负面清单过多，使用程序繁琐，担忧触及规定的红线，项目实施较难。为提高公服资金的使用率，能否进一步简化负面清单内容和使用程序？

答：《成都市城市社区公共服务和社会管理一般性转移支付资金管理办法》（以下简称“2016 年《资金管理办法》”）中，负面清单仅有 12 条，列入负面清单的事项均与资金解决居民共同面对的公共问题本身无关。负面清单中所列事项无非三类：一是居民私域范畴应该自付费用的，如物管费；二是有责任主体应该由责任主体负责的，如公房维修；三是属于政府职能，该政府负责的，如社区工作人员待遇补贴等。要向居民宣传负面清单的逻辑。

在程序方面，城市社区公服资金与村级公服资金相比，仅仅多了听证会一项，而且仅硬件建设项目需要召开听证会。这是为了在项目实施前，充分倾听与项目实施切实相关的那部分普通居民的意见，避免一个利于多数居民的项目实际上严重损害少部分居民的利益。在社区实施的项目都提不到国家民族大义的高度，是为本社区居民谋福利的。多数人对少数人的尊重也是基层民主的要义，故听证会程序不能取消。

目前所设置的程序，一是为了保障资金切实达到其设立宗旨；二是保护社区工作人员不在资金使用过程中出现违法违纪的情况。在提高资金使用率方面，社区应牢牢把握居民主体原则、自下而上原则、公共参与原则，由“群众自决”而非“社区做主”，充分发挥群众主体参与积极性，逐步提高专项资金使用率。

（三）社区在年初确定的运行资金和项目资金划分方案以及运行资金的明细使用方案在实施过程中是否可以稍作调整？

答：按照居民自治原则，自治事务的调整需要经过决定该事项的机构或更高一层权力的机构来进行。具体到运行资金和项目资金及其方案的调整，若在初始决定时经过了公服资金评审委员会、议事会、代表会程序；则在调整时，也需在征求居民意见后，经公服资金评审委员会、议事会、代表会审议决定，并向居民公开。

同时，运行资金的额度、明细使用方案由社区居民议事会表决通过并向居民公开。在调整运行资金时也应有相应程序。

（四）民意调查表收集存在较大难度很难达到要求的60%，是否可以考虑做些调整？

答：公服资金的设立，其本意就是鼓励居民参与，用于居民解决共同需求的公共服务和社会管理问题。2016年《资金管理办法》中，项目的申请主体以院落自治组织和社区自组织为主，一户一票的回收率降低到30%。主要目的是宣传、扩大知晓率。

（五）公服资金能否跨年度使用？

答：可以。如扶持社会组织的项目，不论是否跨年，其支付可按照合同约定的时间段和比例进行支付。同时，在前一年度未决定项目的结余经费，按照2016年《资金管理办法》的规定，应滚存到下一年度与下一年度新拨付社区的经费合并使用。

（六）由于社区居民户数较少，社区年度可支配公服资金额度也较少，容易出现辖区内居民需求较多，当年度的公服资金标准不能满足所计划的项目，导致部分项目搁浅的情况。可否进一步提高公服资金标准？

答：我市一直在致力于提高资金额度，2016 年已达到不低于每百户 4000 元标准。在此基础上，多数区（市）县实际操作时普遍提高了资金标准，全市平均在接近 6000 元/百户的水平，部分区（市）县达到了 1 万元/百户的标准，还有区（市）县针对规模较小的社区还设立了保底金额。建议各区（市）县根据自身财力情况，在不断提高资金标准的同时，适当提高部分常住人口较少的社区的资金额度。

（七）公服资金宣传力度和规格不够，导致社区工作人员向居民宣传介绍公服资金时，居民进入“这个东西不管我的事，也不是给我花，你们宣传也就是走走形式”的误区。建议能否统一制作成公益广告在市级主流媒体上进行广泛宣传？

答：上述案例，说明当地存在宣传力度不足、措施单一的情况，但并非在每一个社区都有这一情况发生。群众“你们宣传也就是走走形式”的说法，从侧面反映出该社区目前工作措施的不足，其根源应从社区本身找原因。建议有相关现象存在的社区，认真研读《成都市民政局印发关于提升城市社区公共服务和社区管理专项资金群众知晓度的十二条措施的通知》（成民办〔2015〕17 号）所推荐的办法，因地制宜，借鉴其他先进社区的优秀办法，遇到问题多思考如何利用现有资源解决问题，多采取好措施好办法，促进居民参与。2014 年以来，我市《成都日报》《华西都市报》《华西社区报》及各主流网络媒体多次发报道及宣传城市社区公服资金，成都市民政局也开通了“成都社区治理”微信公众号宣传资金使用管理情况和各地工作的好办法好措施。各区（市）县、各街道（乡镇）、各社区应立足本地实际，切实改进工作方式，确保资金使用达到撬动居民参与社区治理的本意。

（八）遇到急难危重，来不及开会的，怎么办？在具体的实施中（包括危树砍伐，电线维修等问题）反映给相关部门均未得到处理，而社区又无法找到专业人员处理，该怎么办？

答：公服资金的设立初衷是为了调动社区居民参与社区事务决策，公服资金的管理使用强调过程，并不强调效率。

遇到“急难危重”情况，若属于在负面清单外的，特别紧急事关居民人身安全的重大事项，在紧急情况来不及启动既定程序，建议社区采取每年初按程序预算一笔应急处置项目经费的办法，相当于由议事会授权居委会在哪些紧急情况下可以先动用一定数额的资金处置紧急情况，后补相关流程的做法。社区可以视情况紧急程度先实施，并在实施过程中及时召集相关会议、补充说明情况，补充相关程序，在档案资料中补充有关情况说明。如果事后在相关会议审议时，该项目未获得通过，则不能用公服资金进行支付，社区需从其他渠道筹资解决。在采用此办法处置时，应及时向街道和区（市）县民政部门报告，并在实施前及时召集相关人员与会说明，在实施时及实施后补充相关程序。所有处置过程均需保存各类资料或佐证材料以备查验。

（九）公服资金组织培养类要求对外发包进行比选，具体操作流程是什么？

答：《成都市城市社区公共服务和社会管理专项资金资助社区组织服务项目程序（2016年修订版）》中已明确规定具体程序。各区（市）县应切实加强指导，加强培培训，帮助社区掌握和吃透政策，切实开展好资金使用管理工作，撬动居民参与。

（十）要求运行资金占总金额的10%且不超过3万元，对成华区资金总量较小的社区在操作时存在一定实际困难，很多工作不能正常开展，能否增加公服资金使用中涉及运行资金的比重？

答：设立城市社区公服资金的本意是撬动居民参与社区事务。从统计情况看，成华区仅个别户数较少的社区配备金额在

8 万—12 万元/年，其运行资金按比例约为 0.8 万—1.2 万元。运行资金的用途主要在召开社区议事会、院落议事会、社区居民需求调查方面，户数少，这方面资金的需求也相对小。另外，我市对每个社区另外配备有不低于 5 万元的办公经费，故不能突破运行资金比例限制。

（十一）单个项目最高金额是否有限制？超过多少金额的必须进行比选？多少金额以上的必须进行招投标？

答：2016 年《资金管理办法》中，对任何具体的单个项目均没有金额和比例限制。由于各区（市）县财政体制和政策存在差异，对比选和招投标的要求，应按照本区（市）县财政部门的要求执行。各区（市）县民政、财政、审计应及时协商确定有关标准，并主动向街道、社区公开。

（十二）街道规定，必须在 6 月份之前决议项目，12 月 31 日前必须实施完成进入报账程序，对常年例行的事项或需跨年实施的事项，如何处置？

答：街道的这一规定不妥。对常年例行事项，社区视情况可经常性召集会议按议程议决实施，街道（乡镇）应该从利用资金撬动居民参与这个核心要义出发，支持社区工作。

（十三）我县面临对所辖社区管辖范围调整，调整前后，专项资金应该如何分配管理？

答：这种情况下，已实施的项目应该继续实施，对未决议的项目和剩余资金应进行冻结。在社区拆分、合并等管辖范围调整结束后，街道（乡镇）应及时组织社区进行两委、议事会、代表会、小组的选举，在选举完成后，由街道组织再行下拨分配专项资金经费。

对尚在筹备期，未正式选出“两委”、议事会、代表会的社区，因不符合资金管理办法规定的程序，不符合使用公服资金的条件。

（十四）我社区全是高档小区，小区居民没有需求，资金很难使用，如何处理？

答：公服资金的设立宗旨就是为了撬动居民参与，高档小区居民也有其自身需求，没有需求是因为社区没有发掘他们的真实需求。要激发小区居民成立自组织，以自组织的形式参与社区公共事务，促进社区公益。建议按照社区营造的理念开展激发社区自组织、挖掘社区领袖、面对社区公共议题、促进社区公益等营造行动。

（十五）在征集群众意见时，群众普遍提的是存在的问题而非具体项目，如何处理？

答：把群众的问题转化为公共议题并转化为可实施的具体项目，这本身就是社区工作者应该具备的基本能力。建议社区工作人员多学习多思考，提高工作能力，运用好公服资金撬动居民参与。

（十六）街道要求首先审查社区所有拟实施项目，街道同意后才能实施，否则结项后不给报销，是否合理？

答：公服资金实行备案制，凡不属于负面清单且程序合规的项目，街道（乡镇）应该给予报销。因为公服资金是为社区赋能的一项制度设计，以居民为主体，而不是街道为主体。各区（市）县应加强对街道（乡镇）的培训，严格遵守资金管理办法相关规定。2016 年《资金管理办法》中，已明确要求街道在社区备案后 7 个工作日内给予书面回复，逾期未回复视为街道无异议，同意社区实施。

二、使用范围类

（十七）社区使用公服资金制作公服资金宣传日历等宣传材料，应该是列入运行资金还是项目资金？

答：不管采取何种形式进行宣传，均属于资金使用的宣传部分。按照现行资金管理办法，属于运行资金范围，均不应且不得归于项目资金。

（十八）运行经费的会议成本，没有发票的情况，能否给参会人员以交通费和茶水费名义、签字盖印的形式发补贴？

答：不能。

（十九）召开议事会和听证会的会议补贴能否在公服资金里开支？

答：公服资金分为运行资金和项目资金两部分。运行资金控制在当年专项资金总额10%以内（且不超过3万元），用于召开社区议事会、院落议事会、公服资金评审会、社区居民需求调查、审计等方面。召开议事会听证会的合理成本可经居民代表会程序通过并向居民公告后，在运行资金中按规定使用，但不得向参会人员以交通费和茶水费名义、签字盖印等形式发放现金补贴。

（二十）可否考虑将重阳节慰问老人列入公服资金项目支出类别？

答：要尽量避免用公服资金直接慰问各类特殊人群的做法。公服资金制度设置的初衷是利用资金撬动居民参与，从公服资金开支慰问金，有违资金设置的本意。

若本社区居民对救助困难群体有强烈意愿，建议从对社区特殊群体救助的角度切入，社区自组织提出互助公益服务项目申请，纳入拟实施的公服资金项目进行评估，避免简单的给付慰问金这种治标不治本的做法。同时，建议社区探索在公服资金之外，另行设立社区基金，整合社会资源，更好地解决这类社区特殊困难人群需求。

（二十一）运行资金在进行需求调查时，可否购买专业社会组织服务进行调查和需求分析，如可，如何操作？

答：购买专业社会组织进行需求调查和评估，有利于更好地掌握社区居民的实际需求。在进行需求调查时，可按照购买社会组织服务程序的要求，购买相关类别社会组织的服务。但是调查居民需求不属于以居民为主体的项目资金范畴，所需经费应在运行资金额度内安排。

（二十二）我市农村可以用村公资金代办员（便民服务员），城市社区公服资金为什么不能申请此项目？

答：购买协管员提供服务与城市社区公服资金撬动居民参与的初衷不相符合。承担政府公共服务职能的协管员、代办员，应该由政府职能部门购买服务，不能使用社区公服资金开支。

（二十三）新都区2013年以前专项资金可以用于巡逻、保洁，社区巡逻、保洁搞得如火如荼。后来被规定专项资金不用用于巡逻、保洁，但上级有要求成立社区“红袖套”开展社区治安工作及开展环境治理进社区活动，请问城市社区公服资金是否仍然能用于治安巡逻和保洁？如果不能直接用于社区治安巡逻和保洁，是否能在购买社会组织服务时购买相应的治安巡逻和保洁服务？

答：不能。2013年市财政局、市民政局、第三方会计机构在审查时发现新都区在多个城市社区违规将公服资金半数或绝大部分用于聘用各种协助政府工作性质的社区协管员；在调查时，社区居民群众也强烈反对新都区的这一做法，市财政局在该年已责成新都区指导各社区进行整改。

具体针对这一问题所涉及的治安和环境类的事务，如果是院落小区之内的区域，属于居民自费的物管服务，由居民自行支付服务费用；属于院落小区之间的城市管理道路区域，是政府相关职能部门的指责，如果相关职能部门委托社区提供服务，按照社区工作准入制中“费随事转”原则，由政府相关职能部门给付费用。相关职能部门和街道（乡镇）不得将公服资金负面清单中的项目要求社区实施。至于上级要求成立社区“红袖套”开展社区治安工作及开展环境治理进行社区活动，可以理解为动员居民开展志愿服务活动，为自己的家园尽安全和环保义务。组织起来的志愿者义务为自己的家园提供公益服务的，按照志愿服务类项目，可以补贴开展志愿服务的必要成本，如补贴餐费、交通费等，金额限制在当年资金总额的10%以内且不超过3万元，这个规定就是防止变相以志愿服务的形式开支保洁、巡逻人员工资。

（二十四）老年协会能否定额要求使用公服资金开展活动?

答：2016年《资金管理办法》规定“专业社会组织为社区居民提供专业公益服务项目，按照权责对等原则，项目的受益居民是公益服务项目的付费主体。对特殊困难居民服务费用有困难的，专业社会组织应承担社会责任给予一定费用减免，减免后还有缺口的，社区按照民主决策程序给予适当资助”。老年协会如果提供专业为老服务，付费主体应该是受益老人，家庭困难的老人的服务费用，老年协会应该给予一定减免，尚有缺口的，通过民主决策程序由公服资金给予一定资助。程序参照2016年《资金管理办法》中相关规定执行。

我市曾发现过有个别区（市）县每个社区均向当地某一特定协会给予同样资金项目经费开展活动情况，这是不合公服资金使用规定的，提请区（市）县民政、财政部门在资金使用管理中加强监督、审查，发现有违规情况的督促进行整改。

（二十五）居民所提需求不在文件规定适用范围内，与政策文件中规定的资金使用规范有冲突。能否进一步细化和放宽公服资金使用范围?

答：出现这一情况，说明社区在前期政策宣传等方面有待进一步加强。要向居民宣传负面清单的逻辑，使群众清晰理解、掌握资金的适用范围和负面清单。负面清单所列事项无非三类：一是居民私域范畴应该自付费用的，如物管费；二是有责任主体应该由责任主体负责的，如公房维修；三是属于政府职能，该政府负责的，如社区工作人员待遇补贴等。2016 年《资金管理办法》规定，凡是负面清单以外的项目，均可以按程序纳入议题进行评审、决策、实施。

（二十六）公共服务资金意见征集表上的六大类太过笼统，居民只是对社区基础设施维修维护那一项有需求其他类别不知道怎么填写，能否对分类进行细化修改？

答：2016 年《资金管理办法》规定，除负面清单的事项外，其他事项均可以按程序议决实施。社区应对居民加强宣传引导，增进居民对社区的信任感和归属感，鼓励居民主动参与，发现居民内生的其他需求，从而使征求意见从“走过场”变成居民发自内心认真对待来填写自己的意见。

按规定，征求意见表由各区（市）县统一设计，并下发街道、社区采用。出现题目反映的情况，说明该区（市）县的征求意见表可能存在笼统地将六大类的名称写在表上，请居民填写或打钩的做法。建议存在这类情况的区（市）县，对所设计的征求意见表进一步改进，应请居民填写想要实施的具体项目内容，而非限制在六大类的框框里简单进行打钩的做法。

（二十七）公共服务资金的使用范围存在一定的局限，部分居民提出的无法得到解决的问题，多数属于不在公服资金的使用范围内（如老旧院落清掏化粪池，疏通下水道，管道维修维护，安装摄像头，灭火器需要购买或更换，搭建杂物清运和楼道卫生打扫等）。能否进一步扩大公服资金的使用范围？

答：工作中，应坚持谁主张谁受益谁负责的权责对等原则。对上述列举的项目，属于个人应付费的项目就应由个人付费，属于应使用维修基金的应先采用维修基金。对安装摄像头、灭火器更换这类，更应先从物管费用中开支。若无相关经费或相关经费不足的院落，应首先由院落居民成立自治组织（或业委会），组织居民自筹资金办理；若 2016 年《资金管理办法》规定的自筹部分资金达到50%以上时，可按照公服资金给予一定补助。

需要强调的是，各社区绝对不能采取全额由公服资金承担的做法，这一做法导致居民对社区的依赖而非激发其责任意识主体意识开展自治，自主解决面对的问题。居民自己有所投入会增强他们对这些设施的珍惜和维护意识，否则在面对经过磨损需再次投入资金时，居民对社区仍然存在相同性质的依赖。

（二十八）社区党组织会议费用是否可从运行资金中列支？院落党组织开展活动及其场地运行方面所需的经费可否经由公服资金开支？如果可以，是否有建议标准？

答：运行经费必须与公服资金的使用管理相关，与之无关的事项不得使用运行经费开支。社区党组织的会议不属于这一范畴，不应进行开支。

同时，党组织是有专门的党员活动经费的，党组织开展会议及活动的费用，建议考虑使用党组织活动经费给予解决。党员也是居民，如果党员组织要为居民提供公益服务，可以申请项目，按照规定的程序评审议决实施。

（二十九）重大节日（如：重阳节、春节）社区开展庆祝活动，对活动表演者的补助、舞台搭建、为社区的老年人发放慰问品、餐费等，是否都可以使用公共服务资金？

答：作为志愿者参与的餐费可以进行补贴（但社区“两委”成员不在此列）。开展节庆活动，以居民为主体，可以支付租赁灯光、服装、道具等费用。因为节庆活动逻辑上是居民自发组织自主参与的，一般不外聘演员，故不能支付高额外聘演员的费用。至于慰问品的发放，参考本解答第（二十）条。

（三十）我社区办公楼前有院坝约500平方米，该处不时地用于社区文体队伍的文体排练、消防演习、居民大会和社员会议等活动的开展，这块活动用地是否属于公益场地？这个场地地面及地面设施的维护和维修费用是否能使用公共服务资金进行开支？

答：属于公益场地。但此类项目应首先争取其他财政资金投入，如申请本区（市）县社区活动场所提档升级等经费支持。若确需使用公服资金，应首先明确该场地不属于应由城市市政管理部门应负责的公共广场这类地域范围，并按照公服资金相关程序实施。

（三十一）在无人进行公共管理的老旧小区内，为居民增设或修缮停车棚、清掏小区排污系统、增设围墙防盗刺、防盗网、安装监控等费用，是否可由居民自筹和公服资金共同出资？

答：2016 年《资金管理办法》已明确，属于个人应付费的项目应由个人付费，属于应使用维修基金的应先采用维修基金。对安装摄像头、灭火器更换这类硬件项目，应先从物管费用中开支。若无相关经费或相关经费不足的院落，应首先由院落居民成立自治组织（或业委会），组织居民自筹资金办理，自此基础上不足的部分，可按照公服资金给予不高于 50% 的补助。

（三十二）拟对社区优秀志愿者进行年度表彰，街道办事处认为该项目不符合资金使用原则否决了该项目，请问是否可以表彰？

答：可以表彰。2016 年《资金管理办法》规定，所有表彰类项目，如环境治理优秀院落、优秀志愿者团队、优秀自组织公益项目，社区要制定评选规则、评选程序、组织评选并公示评选结果。组织评选要尽可能扩大居民的参与率，将议事会成员、社会组织、院落自治组织、社区自组织、志愿者团队等评选相关组织都纳入参与评选的范围。当年实施奖励的资助金额度不超过项目资金年度总额的 20% 。

（三十三）在购买社会组织服务时，社会组织用该笔经费开支了人员工资，街道领导否决了这一事项，认为属于负面清单的人员工资，是否合理？

答：2016 年《资金管理办法》中，负面清单既规定了社区工作人员工资、奖金及各类保险、加班补贴、误工补贴不得在公服资金内列支，不包括社会组织的人员开支，社会组织的人员开支理应在使用公服资金服务的经费中列支。

社会组织将接受购买、资助资金用于聘用相关工作人员、志愿者，是社会组织自身权限范畴，社会组织服务的主要成本是聘用社会工作者组织志愿者开展工作，可以说社会服务的成本基本上绝大部分由人力资源成本构成，因此不能限制社会组织不得将资金用于机构人员开支。但社区“两委”工作人员不得以志愿者名义在该社会组织领取报酬。

（三十四）社区办公用房屋顶漏水了，是否可以使用公服资金进行维修？

答：按照《成都市社区用房建设规范》（DB510100/T 150—2105）规定，“属于国有资产的社区用房……大修或改造社区用房，由所属街道（镇）负责设施”“属于集体资产的社区用房……大修或改造社区用房，用集体经济组织负责设施”可知，社区办公用房的维修不应该使用公服资金，而应采用自有资金、申请街道（乡镇）财政资金、寻求驻社区单位支持等方式加以解决。

（三十五）社区较小运行经费很低的情况，可否明确审计费用由街道出钱，不在社区运行资金中列支？

答：2016 年《资金管理办法》中，已明确审计费由区（市）县、街道预算和列支，不在运行资金中列支。

（三十六）无物管的老旧院落的公共卫生死角的清洁打扫，能否用公服资金聘请专门人员负责保洁？

答：不能。院落内公共区域的清洁管理，属于小区居民自身应负担的物管类费用事项，不应由社区公服资金聘请专人来处理

（相当于物管保洁）。若社区临时组织了志愿者对个别特别脏乱差的小区进行了一次性突击清扫，可在志愿服务项目中列支。

（三十七）实施准物业服务的老旧院落，遇到大件垃圾的清运问题，能否使用公服资金处理？

答：不能。首先，大件垃圾也是小区居民产生，应由产生该垃圾的居民付费；其次，若找不到产生该垃圾的具体居民，则应由小区居民共同负担；不承担则允许那个院落有一段时间脏乱，可以启发居民的责任意识。若因为环境治理街道要求必须及时处理，由街道承担相关费用进行处置。这种情况只要有一次先例，所有小区清理积弊都会指望使用公服资金，最终将造成居民极大的依赖心理。建议社区以事件为契机，召开居民坝坝会，通过充分的讨论辩论，引导居民进行协商、妥协、达成共识，从而转变为能够对自己的事务负责任的居民。

三、财务管理类

（三十八）我区某社区在向街道开票报销时多开了 14695 元，即：街道拨给某社区公服资金时超出了预算 14695 元，多余的资金和预算项目无关，社区已在 2016 年 1 月把划拨的钱退还给了街道。因退还的钱不是在 2015 年 12 月 31 日之前退还的，是否可以进行审计时写个情况说明来处理？

答：按照 2016 年《资金管理办法》规定，涉及具体财务方面的问题，由区（市）县民政部门、财政部门予以明确。

（三十九）我区要求文体类项目开展的文化活动、游园活动等给居民发放的奖品或者纪念品要求每人签字，给活动组织人员增加工作量，并且在发放过程中由于参与人数多，给参与的居民也带来极大不便，居民意见比较大，可否以活动方案、活动记录、活动照片、发票等证明材料替代群众签字？

答：是否需要签字以当地财政部门的回复为准，多数区（市）县财政部门也并无此类较严格的要求。民政部门从未强调奖品签字程序。目前，不少社区将公服资金用于运动会、文化、游园类活动，这类活动的确需要一些参与类奖品吸引居民参与，但这种方式并非吸引居民参与的最佳方式，一定要想办法设计出真正有吸引力的活动，让居民没有奖品也动心且愿意来参与，在参与中建立人与人真实的联结，从而产生更多的自组织，形成自身自动的良性参与机制。

（四十）对使用公服资金购买社会组织服务和院落治理等部分项目时，存在无法开具票据的情况，能否纳入列表签字支出范畴？

答：无法开具票据不符合财政对资金管理的要求。未进行登记取得法人资格的备案类社会组织，其提供的服务可由其他具备资质的社会组织代为管理财务和开具票据；也可参照其他提供服务的个体或合伙类企业，由组织到当地地税部门代理开具发票。

（四十一）我区各街道报账的环节均不一样，街道随意性大，报销各类公服资金项目时应分别提供哪些附件资料，能否固定统一明确，方便社区操作？

答：由于各区（市）县财政体制存在差异 2016 年《资金管理办法》已限时要求区（市）县财政、民政部门出台本区（市）县的公服资金财务报账审批规定并于 7 月底前报市财政局、市民政局备案。届时，社区到街道（乡镇）的公服资金报销程序要求，如资料准备、确认签字、现金使用等方面均将得到明确。

（四十二）我区要求实施项目时，资金必须向对公账户支付。在实际操作过程中，遇到小维修大于 1000 块钱，但对方没有对公账户，只有私人账户，应该怎么处理？

答：以上情况无法开具发票不符合财政对资金管理的要求。对未进行登记取得法人资格的备案类社会组织，其提供的服务可由其他具备资质的社会组织代为管理财务和开局票据；也可参照其他提供服务的个体或合伙类企业，由组织到当地地税部门代理开具发票。

（四十三）备案的社会组织不能提供票据，如何购买该类组织的服务？

答：《成都市城市社区公共服务和社会管理专项资金资助社会组织服务项目程序（2016 年修订版）》规定，对备案类组织，可以采取与有资质的组织联合申报的形式参与这类项目，在实施时，由社区与该两个组织签订三方合同，该有资质的组织同时应最好对实施项目的备案组织的监督指导等工作。

（四十四）对社区购买（资助）社会组织低偿（或无偿）服务社区居民项目，我区在对社区审计时，要求该社会组织提供所有开销的票据列入社区做账。这样是否妥当？

答：按照《成都市城市社区公共服务和社会管理专项资金资助社会组织服务项目程序（2016 年修订版）》规定，经过评审程序决定资助的社会组织，在与社区签订合同后，仅需要向社区出具拨款资金的发票，并及时报送项目进展、资金使用情况、项目实施情况、实施总结、自评报告等材料，相关资料中应对资金的使用情况进行说明。而社会组织所有各类经费的开支、票据等，应由受资助的组织按照国家相关对应的法律法规规范进行财务核算及管理，由其采购、购买、开支的各类经费的票据，应由社会组织自行入账并保存单据，若社区确有需要可对相关票据进行复印。若设计财政资延伸审计，社会组织对受资助部门资金的情况进行说明并配合账务检查即可。因为社会组织是独立的责任主体，要求社会组织将本应由其自身入账保存的票据归档到社区的做法是不合适的。

（四十五）项目实施时，工程造价审计往往过于严苛，导致无人愿意应标实施项目，有无较好的处置办法？

答：建议由街道、社区在每年初，打捆与相关的审计机构谈判，以包年的形式签订工作协议，由街道根据预算在其他资金中支付该类报酬。这样做的好处是，该类社会审计机构不再有过高的利益驱使，避免项目造价审计时过度压缩费用，造成实施方无利可图甚至赔本而不愿意接手，而致项目无法实施的情况。

（四十六）在搞活动时，居民喝水消耗的纸杯等物品，区上要求必须每个居民对领用了纸杯喝水都要签字才能报销，引起群众不满，这个要求能否简化？

答：市民政局、市财政局未作此类要求。建议各区（市）县从实际出发，考虑以拍照等作为作证材料的形式，变通处理，避免这类问题。

（四十七）我区规定一元钱的开支都必须转账，在对社区志愿者进行饭补和交通补贴时，也要求每个志愿者必须到区上制定的某特定银行办理储蓄卡，转账发放。社区居民对这一情况有意见，能否松绑？

答：这一情况系区上财务管理规定，与资金管理办法的要求有冲突，建议区民政、财政、审计部门加强进行协调，对这一不合情理的情况区别对待。如区（市）县财政、民政部门发文明确本地报销流程及规范时，可考虑规定此类开支在 500 元或 1000 元以下可签字盖印领取，并有照片、方案、会议记录或纪要等作证材料为宜。

（四十八）我区报销程序烦琐，一般提交相关资料后，2 个月左右财政才拨款，能否加快进度？

答：建议区民政、区财政做好沟通，从方便群众角度考虑，加快工作时效，积极解决这类问题。

（四十九）我区每年将社区没有用完的结余资金收回，是否合理？

答：回收不符合资金管理办法规定，存在这一问题的区

（市）县，民政应会同财政部门，对这一情况进行整改。若市民政、市财政再发现类似情况，将进行通报。

四、2016 年版本资金管理办法需注意的其他政策变化类

（五十）社区基础设施的维护、维修、建设类项目，2016 年《资金管理办法》要求自筹非财政性资金超过 50%。若实施村务公开栏、小区院落公开栏建设项目，是否也需要自筹非财政资金达 50% 以上。

答：2016 年《资金管理办法》第十七条做这一规定的初衷，是针对院落内及周边实施的硬件性建设、改造、维护项目。鼓励居民采取自筹或其他方式筹措资金，有助于促进院落（小区）居民的参与和协商，有助于促进院落（小区）居民自组织的发展、转化，促进（院落）小区物业管理，保障相关硬件建设项目在投入使用后得到长期有效维护。

设立社区居务公开栏和小区院落事务公开栏，属于相关法律规定应设立的项目，不受需要 50% 自筹资金的限制。如社区居民有这类需求，在按相关程序通过后，可以进行实施。

（五十一）利用社区公服资金金额出资，引入专业组织在社区开展四点半课堂，辅助社区学生课后作业，在学生家长下班前代学生家长管护学生学习及安全，学生及家庭不需要出资，妥否？

答：2016 年《资金管理办法》第十七条第（一）款第（3）项明确，这类项目的受益居民是学生及其家长，学生家长有义务出自付费。若该类组织未受社区资金支持，自愿免费提供该类服务，这自然无可厚非。若采用社区公服资金资助此类服务，则家长应负担主要费用，公服资金资助的经费不应沦为有支付能力学生家长的福利，特困户、低保对象子女无力自行付费的，可以由公服资金补缺。如果是家长自愿联合起来为小孩子无偿志愿服务，可作为志愿服务项目进行支持。

（五十二）2016 年《资金管理办法》第十七条、第十八条规定的实施奖励的公益项目具体如何操作，尤其是无票据进行报销的问题？

答：2016 年《资金管理办法》第十八条规定了社区要制定评选规则、评选程序、组织评选并公示评选结果，并对评委人员有要求。在具体实施、现金使用及报销方面，2016 年《资金管理办法》第二十一条已要求区（市）县财政牵头会同民政部门根据本地实际在 7 月底前出台具体规定予以明确。

（五十三）第十七条规定的“对列入市、区（市）县老旧院落改造系列的老旧院落，以及由某职能部门对口支援改造的老旧院落，不得投入公服资金叠加使用”，若一个院落在上一年度由各级政府部门对口出资已进行过改造，在次年度及之后是否不再能使用公服资金进行院落改造项目？

答：2016 年《资金管理办法》第十七条采用了“叠加”的说法，意指在政府对口支持改造的当年，公服资金不得再投入该院落内相应项目。在政府对口改造完成后的次年，该院落内的非同类项目及类似项目可以实施，但也应满足居民自筹资金部分不得低于 50% 的要求。若系政府以对口改造老旧院落的同一项目的再改造，属于原有项目的可持续维护，应由院落居民自筹处理，不应再使用公服资金。

（五十四）社区在年初宣传时，不在一户一票征求意见同时公开告知上一年度资金使用项目、开支情况、结余情况和本社区新一年度资金标准、适用范围、实用程序等怎么办？

答：根据居民自治有关法律法规和 2016 年《资金管理办法》，社区有义务广泛对资金的开支使用情况向社区居民告知。社区在年初第一季度明确告知辖区每个院落（小组）居民本年度公服资金标准、使用范围、使用程序，决策、监督、评议、审计办法，发放一户一票进行宣传和征求需求意见，一户一票回收率不低于本社区总户数的30%。宣传时，应主动向群众公开上一年度公服资金使用项目、开支情况、结余情况，确保群众对公服资金使用情况的知晓权和监督权，提升群众参与公服资金使用管理的积极性，激发群众参与热情。

如果社区居委会不履行上述义务，居民可按照居务公开的有关规定，点题要求社区党组织、社区居委会进行公开；并可同时向市、区（市）县民政部门投诉反映，由区（市）县民政部门、街道（乡镇）督促社区进行整改。

（五十五）按照2016年《资金管理办法》，社区如何进行项目评审更为妥当？

答：2016年《资金管理办法》改变了原有仅社区议事会成员对项目进行评审议决实施项目的做法。要求按照以下程序开展：

1. 根据利用公服资金撬动居民参与的核心精神，由社区制定项目评审办法，并召集社区“两委”成员、社区议事会成员、院落自治组织负责人，以及一定数量的社会组织代表，在充分协商的基础上，议定并公示本社区公服资金项目评审办法（议定的办法须经应参会人员过半数参与、参会人员过半数同意）。

2. 加大宣传力度，确保项目评审办法在社区充分知晓。社区居委会将征集到的项目（含项目计划书、拟实施方案、所需资金总额、若是硬件项目还需承诺自筹资金数额），提交公服资金评审委员会进行评审，其中居委会提交的议题不应超过提交审议项目总数的20%。

3. 公服资金评审委员会成员组成由本社区公服资金项目评审办法规定，一般应该包括社区“两委”成员代表、社区居民议事会成员、辖区政协委员、人大代表、知名意见领袖、相关专家，按照本社区公服资金项目评审办法和意识规则对项目进行逐项审议，综合每一项目的轻重缓急、项目的计划方案、居民意愿强度、居民自筹资金额度、项目资金需求总额等因素，逐项形成评审意见，根据评审意见最终形成社区拟实施项目建议方案。评审狐疑应要求项目相关居民列席，最大限度实现公开透明。

4. 会议记录要严格记录每项拟实施项目的评审、表决情况，由所有参会人员签字确认并进行公示，公示期不低于10天。公示期有超过10%居民代表提出反对的项目，该项目不得进入下一程序。社区要对评审、表决全过程进行记录，确保记录真实、能够完整反应评审过程和决议结果。

（五十六）关于2016年《资金管理办法》第三十五条所指“本办法印发日起未实施的项目，应严格按照本办法的规定实施”，如已通过议事会决议为拟实施项目，正在进行公示，尚未签署合同，是否可视为已实施项目？

答：已实施项目是指已签署合同开展的项目。根据该含义，凡在2016年《资金管理办法》印发当日（2016年5月19日），尚未签署合同开展的项目，均应按照2016年《资金管理办法》有关要求进行实施。

成都市民政局、成都市财政局《关于提升城市社区公共服务和社会管理专项资金使用绩效的通知》

各区（市）县民政局、财政局，成都高新区、天府新区成都管委会社会事业局、财政金融局：

自《成都市财政局成都市民政局关于印发〈成都市城市社区公共服务和社会管理一般性转移支付资金管理办法〉的通知》（成财社〔2016〕40号）印发以来，我市城市社区公共服务和社会管理专项资金（以下简称“公服资金”）管理相关制度已日臻完善，为进一步提升公服资金使用绩效，全面推进城乡社区可持续总体营造行动，现就有关工作通知如下：

一、进一步加强公服资金管理

（一）优化使用程序。为便于理解和操作，今年进一步规范和优化资金使用流程（见附件1－2），2017年5月1日前已备案的项目，按原规定执行。各区（市）县财政、民政部门要进一步优化本地公服资金管理细则和报销流程，按照管理即服务的理念，既要加强资金监管，又要鼓励社区使用公服资金撬动居民参与社区公共事务，切实提高资金使用效能。

（二）落实备案制度。对城市（镇）社区在公服资金使用范围内（即在“负面清单”之外）且按照民主程序确定实施的项目，报街道（含乡镇，下同）备案。街道7日内无书面意见要求社区整改的，社区直接进入实施程序。各区（市）县要加强工作督查，对街道不严格落实备案制度，不按规定进行项目备案、报销的，定期通报，督促整改。

（三）加强审计评估工作。各区（市）县确定社区公服资金审计、评估的社会审计机构（或政府审计部门）后，区（市）县民政部门、街道要积极与审计、评估单位进行对接，主动提供政策资料，加强政策沟通，务必确保审计、评估单位熟悉并理解公服资金政策，按照市、区（市）县公服资金政策实施审计、评估。对审计、评估中发现的问题，区（市）县民政部门、街道要主动与审计、评估机构进行对接，分类明确问题性质。对不符合财务规范的问题，按照区（市）县财政部门要求进行整改；对不符合公服资金使用规范的问题，由区（市）县民政部门认定，并反馈意见给街道、社区，责令整改。市财政局、市民政局委托第三方机构采取抽样方式适时对全市公服资金使用情况进行绩效评价。区（市）县、街道要对本辖区公服资金使用情况进行绩效自评和审计，要避免不同层面多头重复审计。

二、试点公服资金跨社区调剂机制

2017 年，全市开展公服资金跨社区调剂使用试点。试点期间，资金调剂范围控制在被调剂社区所在的街道范围内，不得跨街道调剂使用。

（一）明确试点街道。针对部分城市（镇）社区公服资金使用进度迟缓、结余资金较大的现状，各区（市）县在 2017 年确定 1 个或多个街道进行试点，探索公服资金在街道内城市（镇）社区间调剂使用机制。试点街道须经区（市）县财政、民政部门共同确定。

（二）设立公服资金调剂金。试点街道 2016 年底结余资金总额超过 2016 年度财政拨付公服资金金额两倍的社区，经区（市）县财政、民政部门审核后，将该社区结余资金总额减去

2016度公服资金拨付额度后，其余额的一半，收回计入本街道公服资金调剂金，在街道设专账统一使用、核算（算法详见附件3）。同时，区（市）县财政、民政部门仍然应继续2017年标准向每个社区继续拨付2017年度公服资金。

（三）规范调剂金使用。街道要以“公益创投”形式，通过竞争性立项用调剂金资助该街道城市（镇）社区符合专项资金使用范围的项目。街道要制定《调剂金资金使用方案》和《“公益创投”项目评审办法》，一并报区（市）县民政部门审核后实施。在实施过程中，如需调整，应及时将调整后的文本送区（市）县民政部门审核。街道内所有城市（镇）社区均可以项目形式向街道申请，申请者可以是社区自组织、院落自治组织、支持型社会组织等多元社区治理主体。无论哪一主体进行申请，所申请项目必须经项目拟落地实施的城市（镇）社区议事会审议同意。

（四）成立评审委员会。项目评审前，街道应从辖区城市（镇）社区“两委”成员、各城市（镇）社区议事会成员、辖区内各级党代表人大代表政协委员、街道工作人员、外邀专家学者中遴选骨干人员组成街道公益创投项目评审委员会。评审委员会中，来自社区的评委不得少于1/2，街道办工作人员不得超过2人。

（五）资助项目的确定及管理。鼓励街道建立社会组织服务中心、社会组织联合会等平台型社会组织，负责辖区内公益创投活动的运营管理。街道评审委员会要根据评审办法对申请的项目进行评审，决定资助项目及资助额度。受资助的项目由所在社区议事会、监督委员会对项目实施情况进行跟踪监督及评估。

（六）加强试点督导。各区（市）县民政部门要加强对试点情况的跟踪调研和工作指导。各区（市）县民政部门应在

2017年6月1日前，将试点的街道及归集调剂金的规模，报市民政局备案。

三、规范评审制度

各区（市）县要规范各城市（镇）社区公服资金评审办法，完善评审委员会制度，明确社区评审委员会人数不得少于21人。每年初，各城市（镇）社区应按民主程序对本社区评审办法及评审委员会人员进行调整完善，并及时向全体居民公示（参考示例见附件7）。

四、建立培训制度

（一）加强日常培训。各区（市）县财政、民政部门要组织街道、城市（镇）社区主要负责人及相关工作人员进行公服资金政策培训，确保所有街道、城市（镇）社区掌握政策。

（二）开展同伴交流。各区（市）县民政部门应采取“工作坊”形式，每年至少组织两次城市（镇）社区“两委”主要负责人及社区公服资金项目负责人参与的公服资金学习。充分发挥示范带动作用，采取“先进带后进”“身边榜样引领身边人”的方式，通过案例分析、针对性剖析、讨论等形式，促进先进社区与后进社区之间的交流互动，通过同伴学习转变社区干部的理念，促进资金规范合理使用。

五、以“模板”促规范

为进一步规范公服资金使用，现制发公服资金使用“一户一票”“议案提交”“议事会审议结果及招募社会组织服务”三个关键环节“模板”供社区参考（见附件4－6）。各城市（镇）社区要基于本社区实际对参考模板进行适当修订。

六、建立示范案例收集工作制度

各区（市）县要做好优秀示范案例收集，注意发现和挖掘本地公服资金使用中的优秀案例，对有普遍意义和教育意义的典型案例进行整理并及时报送市民政局。市民政局收集整理后，将以示范案例集的形式印发各地学习借鉴。

七、加强资金保障

各区（市）县要切实按照资金管理办法有关要求，确保在每年5月底前将当年度公服资金一次性足额拨付到社区。各区（市）县要按照本区（市）县公服资金下拨社区资金总额的1%—3%，配套区（市）县本级公服资金运行经费，用于保障区（市）县本级开展的涉及公服资金的审计、绩效评估、政策研究、培训、宣传，等等工作。各区（市）县要加强公服资金使用管理资金保障，提高资金管理工作水平，提升公服资金使用绩效。

附件：1. 城市社区公服资金使用流程规范

2. 关于社区志愿服务成本开支的补充说明

3. 关于公服资金跨社区调剂机制的算法解释

4. ××社区2017年公服资金一户一票征集意见表（参考示例）

5. ××社区公服资金项目议案提交表（参考示例）

6. ××街道××社区居委会关于发布2017年社区公服资金初步需求方向的公告（参考示例）

7. ××街道××社区居委会关于2017年社区公服资金评审委员会及社区公服资金评审办法的公告（参考示例）

成都市民政局　成都市财政局

2017年4月26日

附件1

城市社区公服资金使用流程规范

2017年5月1日起，全市各城市（镇）社区使用公服资金时，应按照以下流程进行。

一、宣传动员

宣传动员可采用多种宣传形式进行。工作中要注意结合项目的征集、决策和实施，对公服资金进行长期宣传。每年第一季度，应明确告知辖区每个院落（小组）居民本年度公服资金标准、使用范围、使用程序，决策、监督、评议、审计办法。并在“一户一票”征集意见时，应主动向群众公开上一年度公服资金使用项目、开支情况、结余情况。

二、需求征集

社区居民的需求征集可采用“一户一票”、社区自组织申报、社区居委会申报三种方式进行。其中，居委会提交的议题项目不得超过项目总金额的20%。

（一）一户一票。每个社区在辖区院落每年至少应进行一次“一户一票”征集需求。院落自治组织负责“一户一票”的发放回收，每个院落的回收率不低于院落总户数的30%。

院落自治组织对收回的意见进行整理后，召集院落居民讨论协商提出本院落拟申请实施的需求方向或具体项目，在本院落公示一周无异议后，由院落自治组织向社区居委会提出正式申请。

（二）社区自组织申请。社区自组织无论是否登记备案都有提出项目申请的资格，这种方式是公服资金征集项目的主要形式。社区自组织提出的项目申请，可以是社区居民需求的某一方向，也可以是某一具体的项目方案。

（三）社区居委会申请。社区居委会可针对所掌握本社区实际情况，提出本社区基于公共需求的公益项目。

由社区居委会负责对以上三类需求和项目进行收集、整理、分类。对初步判断属于负面清单的禁止项目，以及拟自筹资金比例不足50%的硬件项目，社区居委会应及时建议申请者修改。

三、项目民主决策和备案

居委会梳理需求和项目后，召开社区议事会，决定当年重点支持的服务需求以及硬件项目，以及每一类服务需求所需的金额和每一个硬件项目所需金额。社区议事会可在本阶段同时审议通过本社区公服资金评审办法。社区议事会审议结果，由所有参会人员签字确认并进行公示，公示期不低于10天。公示期间有超过本社区居民代表10%反对，或社区居民20人以上书面反对的项目，不进入下一阶段。

公示期满无异议的结果即为本年度公服资金使用方案，报街道（乡镇）备案。街道（乡镇）收到备案报告之日起7个工作日内给予社区书面回复，逾期无回复视为街道（乡镇）无异议，之后进入组织实施阶段。自备案通过之日起12个月内，项目有效。社区可根据工作进度在有效期内推进项目实施。区（市）县、街道（乡镇）不得以跨自然年度等原因要求社区重新进行民主决策程序，再行申报项目。

四、项目评审、组织实施

对公益服务类需求，社区自组织能够响应的，由自组织提出项目申请，社区自组织没有能力响应的，由社会组织提出项目申请。社区召开评审委员会进行评审，决定拟支持的项目和具体资助金额（其中超过当年资金总额50%的重大项目还需交代表会表决），签署合同进入实施阶段。项目金额达到必须招投标或比选标准的公益服务项目，通过招投标或比选程序实施。

对硬件建设类项目，社区议事会审议决定实施后，要召开听证会听证（其中超过当年资金总额50%的重大项目交代表会表决）、经比选或招投标等程序确定实施方、签署合同进入实施等阶段。

社区居委会要将项目实施方案、签到册、会议记录、表决票、项目合同等原始资料妥善保管，存档备查。

五、实施监督

社区居务监督委员会负责监督项目实施的过程及结果。对社区居民及居务监督委员会提出异议的，社区居委会要及时组织实施主体进行公开回应。

六、评议完善

项目完成时，社区居委会应按照社区议事会审议通过的评议办法，及时组织居民代表和利益相关居民对项目进行验收、评议和打分。涉及专业技术的项目，要有专业机构或相关职能部门参与验收。验收合格的按程序进行报账拨付。测评满意率低于80%的，要进行整改。进行整改的项目，再次返回实施监督程序。

七、档案归集

社区居委会要以项目为单位，在项目完成评议和报账后，及时对相关材料归档。归档范围应包括从需求收集到评议完善的所有资料，以及社区接受审计的审计报告，社区基于公服资金项目的绩效评估报告等。

附件2

关于社区志愿服务成本开支的补充说明

《成都市财政局成都市民政局关于印发〈成都市城市社区公共服务和社会管理一般性转移支付资金管理办法〉的通知》（成财社〔2016〕40号）第十七条关于资金使用范围第（二）款社区志愿服务中明确，项目资金可“用于组织开展社区志愿服务必须的成本开支，如购买必要的工具、工作餐费、交通补贴等。也可以对本社区志愿者队伍进行表彰奖励。”

具体实施时，确需补助的，各社区可按照工作餐每人每餐不高于20元标准、交通补贴每人每天不高于10元标准对志愿者进行补助。但社区专职工作人员（含社区党组织成员、社区居委会成员、基层政府或社区聘用在社区工作的人员）不得领取此类补助。

区（市）县民政、财政部门可根据本地具体物价水平，参考本地公务员用餐补助标准，适当提高该项目的最高补助限额。实施时，社区具体执行的补助标准，应在当年由社区议事会审议通过，并通过街道备案该标准后，方可按程序实施。

附件3

关于公服资金跨社区调剂机制的算法解释

针对部分社区公服资金使用进度迟缓、结余偏高的情况，2017年，我市在部分试点街道探索建立公服资金在本街道城市（镇）社区间调剂使用机制。即对结余额度较大的社区的部分结余资金划入所在街道公服资金调剂金，在街道设专账核算。

一、具体算法

财政对某社区2016年度拨付公服资金20万元，2017年初审计后，核实该社区2016年底结余资金50万元，超过20万元的两倍，则用50万元减去20万元剩余差额为30万元，理论上应将这30万元的一半15万元从社区账户计入街道公服资金调剂金专账。

同时，区（市）县仍然应按2017年度的资金拨付标准，向该社区拨付2017年度公服资金，保障对该社区2017年度资金投入不低于市定最低标准（即每百户4000元）。

二、操作流程

实施以上操作时，试点街道应根据审计报告反映的情况，及时向区（市）县民政部门提出方案，经区（市）县财政、民政部门审核通过后，按本地财政管理流程进行操作。对计入街道公服资金调剂金专账的资金，区（市）县财政、民政部门要指导街道及时开展“公益创投”活动，在公服资金使用范围内，按程序支持辖区内申报的项目，切实服务辖区居民群众，推进城乡社区可持续总体营造行动，提升公服资金使用绩效。

附件 4

× ×社区 2017 年公服资金一户一项目票征集表

（正面）

（参考示例）

<table>
<tr><td>院落及地址</td><td colspan="3">________路____号________小区____栋____单元____号</td></tr>
<tr><td>居民（签名）</td><td></td><td>联系电话</td><td></td></tr>
<tr><td>您希望使用公服资金为您和其他居民服务的需求或具体事项</td><td colspan="3">（公服资金鼓励使用范围及禁止使用项目见背面，您的意见对社区的发展很重要，请斟酌填写。）
1.
2.
3.</td></tr>
<tr><td>调查员（签名）</td><td></td><td>调查时间</td><td></td></tr>
<tr><td rowspan="3">× ×社区
2016 年度
公服资金使用
情况公开</td><td colspan="3">2016 年× ×社区实际使用公服资金万元［其中，项目资金　万元，扶持项目×个（明细附后）；运行资金　万元，用于召开社区议事会×元，院落议事会×元，社区居民调查×元，公服资金档案规范×元，……］。2016 年底，结余资金　万元滚存入 2017 年社区可使用资金。</td></tr>
<tr><td colspan="3">2016 年项目资金支持项目情况如下：
1. × × × ×项目，× ×万元。
2. × × × ×项目，× ×万元。
……</td></tr>
<tr><td colspan="3">2017 年，× ×社区可使用公服资金　万元，其中项目资金　万元（征求您的意见后，按程序决定使用方向）；运行资金　万元。</td></tr>
</table>

× ×社区联系电话：028× × × × × × × × × ×县民政局监督电话：028× × × × × × × ×

××社区 2017 年公服资金一户一票项目征集表

（背面）

2017 年成都市城市社区公服资金使用负面清单

城市社区公服资金不可用于以下 12 类项目：

1. 社区接待费用、社区工作人员差旅费、外出培训费；
2. 偿还社区各种债务（专项资金本身应支付但尚未支付费用除外）
3. 社区办公活动用房的维修维护以及社区用房产生的水、电、气、电话、光纤电缆等费用；
4. 社区社会组织注册验资经费；
5. 社区工作人员的工资、奖金及各类保险个人缴费部分；
6. 社区工作人员、居民小组长、治安巡逻等人员的加班补贴、误工补贴；
7. 社区聘用保洁员、治安巡逻员的费用；
8. 城市市政道路及附属设施的维护维修；
9. 公租房以及产权属于单位的房屋的维修维护费用；
10. 根据有关法律法规应由房屋维修基金进行维护的费用；
11. 给付物管费、垃圾清运费、房屋设施维修等费用（含户内电线、水管、下水道、烟囱等的维修维护）；
12. 居民供水、供电、排水改造等维修维护费用。

2017 年成都市城市社区公服资金鼓励使用范围

城市社区公服资金鼓励用于以下方向：

一、培育发展社区自组织。包含：1. 购买枢纽型社会组织在本社区开展社区总体营造；2. 专业社会组织为社区居民提供专业公益服务项目；3. 社区自组织以项目形式向社区居民开展公益服务和提供公共产品。

二、社区志愿服务。包含：1. 用于组织开展社区志愿服务必需的成本开支，如购买必要的工具、工作餐费、交通补贴等。2. 用于对本社区志愿者队伍的表彰奖励。

三、社区基础设施维护、维修、建设。包含：1. 社区公益活动设施维护和维修；2. 老旧院落公共设施的维护和维修。（注：公服资金补助部分不得超过该项目应支付金额的 50%，居民自筹资金部分不得低于 50%。自筹资金指：通过小区公共收益、居民众筹、单位捐助等社会力量筹资方式，非财政资金投入）。

四、社区文体公益活动。包含：1. 以居委会或者社区自组织为主体，组织居民开展社区文化体育公益活动，可以补贴租用灯光、音响、场地、服装等费用，以及比赛性质活动的奖品费用。2. 购买必要的文化体育公益活动用品。

五、社区教育培训。包含：1. 开展社区教育培训项目所需场地、老师劳务费、资料费；2. 根据群众需求新增图书、报刊等资料。

六、社区和院落环境治理。包含：1. 配备必要的环卫工具；2. 对环境治理优秀的院落（小组）进行适当奖励（奖励的资助金额不超过项目资金年度总额的 20%）。

七、其他方面。以上六个方面没有涵盖、且在负面清单（见上文）之外的项目。

（说明：本表用于宣传动员和一户一票收集议题，各区（市）县可对本表修改完善，或自行设计征集意见表。修改后或自行设计的征集意见表，应包含本参考模板内所有内容）

附件 5

××社区公服资金项目议案提交表

（参考示例）

基本信息			
议案编号		提交时间	年　月　日
议案名称			
项目类型 （请在相应项目类别打“√”）	□1. 培育发展社区自组织；　□2. 社区志愿服务； □3. 社区基础设施维护、维修、建设；□4. 社区文体公益活动； □5. 社区教育培训；　□6. 社区和院落环境治理； □7. 其他（非负面清单事项）		
动议人 （或动议组织负责人）	姓名：　　　　联系电话：		
附议人 （可空）			
决策会议类型公服	资金评审委员会	会议拟议日期	年　月　日
动议人类型	小区议事会/居委会/自组织	动议资格审核	党组织和监委会联席会议
表决额度	到会人数达三分之二以上，得票过半数/三分之二 （即所有参与投票的过半数或者三分之二，根据本社区公服资金评审办法确定）		
动议要素			
时间	议案生效时间	从　　年　月　日起生效	
	项目计划执行周期	年　月　日到　　年　月　日	
地点	（说明项目执行地点：比如活动或项目开展地点、服务范围等）		
人物	执行负责人或小组、机构	联系电话：	
	采购和财务负责人	联系电话：	

续表

<table>
<tr><td colspan="5">基本信息</td></tr>
<tr><td rowspan="3">资源/
预算总结</td><td>申请公服资金额度</td><td colspan="3"></td></tr>
<tr><td>拟自筹资金额度
（硬件设施改造自筹需超过 50%）</td><td></td><td>拟自筹来源及是否已筹得</td><td></td></tr>
<tr><td>项目总预算</td><td></td><td>公服资金占比</td><td></td></tr>
<tr><td>资源/
详细预算</td><td colspan="4"></td></tr>
<tr><td>行动/
解决问题的方案</td><td colspan="4"></td></tr>
<tr><td>结果/
量化指标</td><td colspan="4"></td></tr>
<tr><td colspan="5">其他</td></tr>
<tr><td>动议理由/可行性/
紧迫性/重要性分析</td><td colspan="4"></td></tr>
<tr><td>申请陈述时间</td><td colspan="4">分钟</td></tr>
</table>

［说明：本表用于各院落（小区）议事会、自组织、居委会规范提交议题时使用，每一个项目应填写此表，可在提交时同时附项目计划书，供社区议事会审议及社区存档使用，各社区可针对本参考模板修改完善。］

附件 6

××街道××社区居委会关于发布 2017 年社区公服资金初步需求方向的公告

（参考示例）

公服资金是由成都市、区（市）县两级财政统筹定额安排给我社区，专项用于补贴以社区居民为主体参与社区自治，通过社区居民协商达成共识并采取集体行动解决公共议题满足社区成员共同需求的资金。2017 年，我社区可使用公服资金额度为万元（其中 2016 年度结余资金万元，2017 年度财政新增加投入补助××万元）。

2017 年×月×日，××街道××社区第××次居民议事会对社区居民、社区自组织、各社会组织、社区居委会提交的需求方向及具体项目进行了审议，初步决定 2017 年社区公服资金拟支持的项目及拟委托社会组织开展的服务方向，现公告如下：

一、拟委托社会组织在我社区服务的优先需求方向

2017 年，我社区初步拟定从项目资金中使用××万元资助或委托社会组织在我社区进行服务，请有意申报的各类社会组织于 2017 年×月×日前向××社区居委会提交项目计划书，由本社区评审委员会按评审办法进行评审，决定本类拟实施项目。

（一）××方向。要求：（如：开展××服务××频次，服务××人次……）

（二）××方向。要求：（如：开展××服务××频次，服务××人次……）

（三）……

……

二、拟实施的硬件建设类项目

如公示期满无异议，本类项目将分别进入听证会阶段。

（一）×××项目：申报资金总额××万元（其中自筹资金××万元，申请资助××万元），社区初步拟资助××万元。

（二）×××项目：申报资金总额××万元（其中自筹资金××万元，申请资助××万元），社区初步拟资助××万元。

（三）……

……

三、拟实施的其他项目

如公示期满无异议，本类项目将进入备案阶段（代表会阶段）

（一）×××项目：申报资金总额××万元（其中自筹资金××万元，申请资助××万元），社区初步拟资助××万元。

（二）×××项目：申报资金总额××万元（其中自筹资金××万元，申请资助××万元），社区初步拟资助××万元。

（三）……

……

对有意申报开展本公告第一项发布的项目需求的各类社会组织，于2017年×月×日前向××社区居委会提交项目计划书（需明确具体方案、资金总额、资金来源、申请社区补助的金额、资金使用方案、其他承诺事项）。鼓励按照本公告规定的主要需求进行申报，也可申报其他本社区居民有需求的服务事项。我社区将择期组织社区评审委员会对各组织申报的项目计划书进行评审，决定入围实施项目。

凡本社区常住居民或居民代表，对本公告第二、三项拟实施的具体项目如有反对意见，请于10日内（即2017年×月×日前），书面向本社区居委会进行反映。

社区居委会联系人：××××　联系电话×××××

××街道××社区居民委员会

2017年×月×日

附件7

××街道××社区居委会关于2017年社区公服资金评审委员会及社区公服资金评审办法的公告

（参考示例）

经2017年×月×日，××街道××社区第××次居民议事会审议通过，现将我社区2017年度公服资金评审委员会成员名单及公服资金项目评审办法公告如下。

××街道××社区居民委员会

2017年×月×日

××社区公服资金评审办法

（2017年修订版）

2017年，我社区可使用公服资金额度为××万元。经2017年×月×日社区第××次居民议事会审议决定，我社区初步拟定从项目资金中使用××万元资助或委托社会组织在我社区针对居民需求进行服务。按照公服资金使用管理有关政策，制定我社区2017年度公服资金资助和委托社会组织项目评审办法如下：

一、评审委员会组成

2017年，本社区评审委员会共由××人组成，其中：

1. 社区两委成员代表（共××人）：
2. 社区居民代表、社区议事会成员（共××人）：
3. 社区院落自治组织负责人（共××人）：
4. 辖区政协委员、人大代表（共××人）：
5. 社区知名意见领袖（共××人）：
6. 社区普通居民（共××人）：
7. 其他相关专家（共××人）：

二、评审基本程序

1. 主持人报告2017年本社区公告的居民优先需求方向：

2. 社区居委会通报征各类社会组织申报的项目计划书情况（分别响应优先需求的项目类别个数，以及非优先需求的项目类别个数）；

3. 评审委员会成员充分讨论，熟悉资金政策、评审办法，社区公服资金负责人答疑；

4. 评审委员会成员逐一听取项目陈述人对项目介绍，现场对项目打分；

5. 评审委员会对所有项目打分排序后，逐一讨论对每一项目拟支持金额，形成社区拟实施项目建议方案。

三、项目评审原则

1. 审定项目是否符合公服资金使用范围，是否属于优先需求项目。对收集后的议题由社区按类别分类，凡是在公服资金禁止使用范围中的项目，经评审委员会表决确认后，直接淘汰，不进入下一步评审程序。初步明确项目计划书是否响应本社区公告的优先需求范围。

2. 符合公服资金使用范围的项目，按照100分制原则进行打分，以平均分（所有参加评审人员得分加总后的平均分）作为最终得分。各项目按照平均分值从高到低进行排序，按照资金总量选择能够支持的项目从高分到低分依次序支持，平均分低于60分的项目，不得实施。

3. 项目评审采用实名制评审。

4. 项目申报方应到场回答评审委员会提出的问题。

四、项目评审打分标准

本社区拟实施的公服资金项目，按以下标准进行打分，具体评分标准如下：

1. 属于公服资金鼓励使用范围的项目，计分；

2. 项目与社区居民主要需求相关，能够切实解决当前矛盾和问题，能够切实服务于社区居民，计分；（不属于优先需求项目的不得分）

3. 项目具有很好的公益性，服务区域广，服务受益对象相对较多，计分；

4. 项目切入的时机较好，属于当前社区亟须开展的项目，并且具有一定的紧迫性，计分；

5. 项目方案设计科学专业，操作性强，示范带动性强，计分；

6. 项目执行团队具有一定的专业性，执行力强，有责任心，计分；

7. 项目资金预算科学，各项成本支出控制合理，计分；

8. 项目居民需求强烈，具有普遍性，在项目征集当中意见较为集中，所占比例排列前位，计分。

9. ……

五、评审注意事项

1. 每一参与评审人员对每一项目单独打分，并签名。

2. 单独由工作人员进行计分统分，并当场公告每一项目平均得分。

3. 所有评分表作为原始档案保存。

4. 评审现场，欢迎受评审项目相关居民列席旁听。

5. ……

六、其他说明

本评审办法经××街道××社区第××次居民议事会审议通过，如有异议，由社区居民议事会审议后进行解释。

（注：本示例供各社区参考修改使用。每年度对评审委员会成员调整、评审办法内容调整，均应按程序经社区议事会审议通过，并及时按照居务公开要求向社区全体居民公开）

中共成都市委、成都市人民政府关于深入推进城乡社区发展治理建设高品质和谐宜居生活社区的意见

各区（市）县党委和人民政府，市级各部门：

为深入学习贯彻习近平总书记系列重要讲话精神和治国理政新理念新思想新战略，准确把握中央城市工作新要求，全面落实党中央国务院关于城乡社区治理的重大部署和省第十一次党代会、市第十三次党代会精神，转变特大城市发展治理方式，完善国家中心城市治理体系，努力建设高品质和谐宜居生活社区，现就深入推进城乡社区发展治理提出如下意见。

一、推进城乡社区发展治理的总体要求

（一）总体思路和基本原则。坚持以基层党组织建设为统揽，以政府治理为主导，以居民需求为导向，以改革创新为动力，以建设高品质和谐宜居生活社区为目标，努力探索一条全面体现新发展理念、符合特大城市治理规律的城乡社区发展治理新路。

——坚持党建引领，共建共享。加强和改善党对城乡社区发展治理的领导，发挥基层党组织领导核心作用，统筹协调各类组织和社区居民共商区域发展、共担社会责任、共享发展成果、共建美好家园。

——坚持以人为本，精准服务。推动发展取向由以 GDP 为中心向以人民为中心转变，适应人民群众多样化多层次多方面

需求，以精细管理和良好服务造福居民，实现服务在基层拓展、矛盾在基层化解、民心在基层凝聚。

——坚持改革创新，转型发展。打破思维惯性和路径依赖，推动治理路径从条块分治向系统治理转变、发展动力从外在驱动为主向自我发展为主转变，破解城乡社区发展治理难题。

——坚持依法治理，智慧管理。运用法治思维和方式推动城乡社区发展治理，依法保护居民权利，强调居民法定责任和应尽义务，建立惩恶扬善长效机制。推动新一代信息技术与城乡社区发展治理深度融合，构建城乡社区智慧管理新模式。

——坚持统筹协调，相融共进。统筹推进城乡社区发展和治理，在高质量可持续发展中不断提高治理水平，以高水平治理促进城乡社区加快发展，做到城乡社区发展和治理相互促进、共同提升。

（二）主要目标。用 3—5 年时间，建立健全基层党组织领导、基层政府主导的多元参与、共同治理、共促发展的城乡社区发展治理体系，党执政的基层基础进一步巩固，城乡社区发展治理体制更加完善，城乡社区发展治理能力显著增强，城乡社区服务功能进一步强化，居民生活品质进一步提高，居民文明素养进一步提升，努力建设舒心美好、安居乐业、绿色生态、蜀风雅韵、良序善治的高品质和谐宜居生活社区，为建设全面体现新发展理念的国家中心城市提供坚实基础。

二、推进品质社区建设

（三）强化社区规划引领。科学编制社区规划，加强与控制性详细规划、村庄规划衔接。广泛吸纳居民群众参与社区规划，强化社区整体设计。科学规划社区空间和公共资源，加强地下空间整体规划和开发。科学调整乡镇（街道）行政区划，有序推进乡镇撤并、撤乡设镇和撤镇设街道。探索建立社区规划师制度。

（四）健全社区服务配套设施。按照每百户居民不低于30平方米标准，推进社区综合服务设施标准化建设。通过国资划拨、底商返租、区域共建、市场化购买等方式，完善社区服务配套设施。支持建设社区综合体。落实社区综合服务设施水、电、气等价格优惠政策。优化文化教育、医疗卫生、养老、体育等基本公共产品空间布局，推进优质公共服务均衡配置，构筑15分钟社区生活服务圈。新建社区公共配套设施与住宅同步规划、同步建设、同步交付使用。

（五）完善社区综合服务功能。建立社区公共服务综合信息平台，建设网上政务大厅，推进网络互联、信息共享、业务协同，实现与社区居民密切相关的劳动就业、社会保障等“一门式”服务。推行居民生活服务“一卡通”。实施“互联网+社区”行动，加快公共区域无线网络覆盖，加强一体化信息服务站、信息服务自助终端等便民服务设施建设。支持“O2O+社区”商业模式，推动社区电商、社区金融、物业增值服务等发展。依托商场、超市、24小时便利店等，叠加政务服务及其他公共服务。逐步推动蔬菜、零售、家政、早餐等生活便民服务全覆盖，促进行业连锁化、品牌化。加快建设社区养老院和日间照料中心，完善社区少儿托管服务。

（六）改进社区物业服务管理。加强社区党组织、居民委员会对业主委员会和物业服务机构的指导和监督。在社区居民委员会下设环境和物业管理委员会，监督业主委员会履行职责、业主和物业服务机构依法履约。鼓励支持无物业管理的老旧院落、农民集中居住区引进专业物业服务机构进行规范化管理。推动农村社区自主选聘物业服务机构。探索建立专业化物业管理中介机构。修订《成都市物业管理条例》。

三、推进活力社区建设

（七）促进社区居民充分就业。鼓励高校院所面向社会开放培训资源，定期举办创新创业和职业技能培训班，让每个有就业创业愿望的市民都能通过参加免费培训和全额报销考试费用获得一项以上的职业资格证书；充分利用社区内学校、企业、机构培训资源，面向社区居民开展创新创业培训，提高社区居民就业创业能力。完善就业创业服务平台，就近办理求职登记、开展技能培训、提供就业信息、加大创业扶持；落实高校毕业生、零就业家庭、农民工及就业困难人员就业创业优惠政策，积极开发社区公益岗位，做好动态就业援助。

（八）打造社区创新创业生态。以“不出社区即可创业”为目标，为创新创业者提供办公、软硬件等一体化配套服务；搭建创新创业微平台，与园区、区（市）县和市级创新创业平台无缝衔接，方便社区内企业和创业者获取创新创业信息；开展社区创新创业指导服务，建立企业和高校专业人才、创业能手、社会组织等为主体的社区创业指导团队，为城乡居民创业提供咨询指导；组织社区双创沙龙等活动，营造社区创新创业氛围；引进和培育适合社区特点的创新创业平台，促进社区创业，打造社区孵化、园区转化的双创生态。鼓励社区探索创办服务居民的社会企业。

（九）服务社区产业发展。适应生活性服务业向精细化和高品质转变，研究制定全市推进生活性服务业品质提升的指导意见，重点围绕人居、休闲、康养、健身、文化、教育培训等生活性服务领域，培育社区服务新业态、新模式，满足居民生活消费方式由生存型、传统型、物质型向发展型、现代型、服务型转变的需要，促进社区生活性服务业提挡升级，提高居民生活品质，增加就业岗位。完善社区内企业和员工的创新创业服务，增强社区对产业和员工的集聚能力；做好社区重点企业、重大项目的跟踪服务，畅通与企业（项目）负责人的双向沟通渠道，及时反映情况、协助解决问题，实现企业（项目）服务零距离，营造社区良好产业发展环境；协调推动第三方服务机构发展，积极引入便民利民高效的属地型社区电商、共享经济等，助推社区“新经济”发展。

四、推进美丽社区建设

（十）稳步推进街区有机更新。按照先自治后整治、一院一策原则，加大老旧院落改造力度。坚持政府主导、市场运作、群众参与的原则，推动棚户区和城中村改造，改善居住环境，增加公共空间。提升街巷路网功能，畅通织密城市“毛细血管”。注重历史建筑和历史街区保护。

（十一）推进社区全域景观化创建。加强对社区建筑立面和建筑风格的有效管控，全面实施背街小巷综合整治。大力实施拆围墙、拆违建行动，创造社区开放空间。开展城市社区“小游园、微绿地”建设，实现“300 米见绿、500 米见园”。推进家庭种花植绿行动，合理利用房屋楼顶、院落公共空间、阳台等，塑造城市微景观；结合资源条件、种植习惯和庭院经济，建设农村微田园。大力保护以竹林农舍、小桥流水为特色的川西林盘聚落，打造独具天府文化和都江堰灌区品牌的旅游景观。

（十二）加强社区环境综合治理。做好城市社区绿化美化净化、垃圾分类处理、再生资源回收、噪声污染治理、雨污分流和污水集中收集等工作。实施违规占道、车辆乱停、违法建设等综合整治。推行“街长制”管理。着力解决农村社区垃圾收集和污水排放等问题。加快农村散居院落及新型农民集中居住区环境综合整治和城郊接合部环境连片整治，解决“脏、乱、差、破、暗”等问题。

五、推进人文社区建设

（十三）培育向上向善向美的社区精神。大力弘扬中华优秀传统文化，践行社会主义核心价值观，开办“天府文化讲堂”，促进“创新创造、优雅时尚、乐观包容、友善公益”的天府文化深度融入社区建设和居民生活，养成居民文明、科学、健康、向上的思维习惯和生活方式。建立服务居民的免费网上图书馆，丰富社区书屋，积极发展社区教育，推进社区教育工作站标准化，开展学习型社区建设。深度发掘社区地域文化特质，建设富有文化气质、独具魅力的特色街区和公共空间，探索建立乡愁展示馆、创意设计馆、艺术馆等，打造社区“文化家园”品牌。保护和传承非物质文化遗产。开展道德教化工作，建立健全社区道德评议机制，加强家规家风建设，发现和宣传社区道德模范、好人好事，大力褒奖善行义举，用身边事教育身边人，引导社区居民崇德向善。

（十四）实施市民志愿服务行动。健全社区志愿服务体系，完善全市统一的志愿服务网络平台，更好地实现社区居民需求与志愿服务供给有效对接。将志愿服务情况纳入社会信用体系，并与积分落户制度相衔接。探索“时间银行”等激励机制。建立机关企事业单位工作人员常态化参与居住地社区服务的制度，结合自身专业服务居民。开展社区志愿者评比活动，形成全社会自觉参加志愿服务活动的氛围。

（十五）提升社区开放包容水平。进一步弘扬市民开放、包容、友善精神，让不同乡音、不同肤色、不同职业和谐共融。完善国际学校、医疗、健康等设施配套，提升对国际友人专业化服务水平，搭建国际友人和城乡居民的文化交流平台，提升社区建设国际化水平。促进国内外就业创业者、常住人员与市民基本公共服务均等化。

六、推进和谐社区建设

（十六）加强社区法治建设。制定完善城乡社区发展治理地方性法规和地方政府规章。深入推进“七五”普法，发挥警官、法官、检察官、律师、公证员、基层法律服务工作者作用，大力开展法律进社区活动。建立“社区法律之家”，推进“一社区一法律顾问”全覆盖，引导群众依法表达利益诉求。

（十七）加强和完善社区自治功能。加强基层群众性自治组织规范化建设，科学合理确定其管辖范围和规模。完善村（居）民议事会、监督委员会运行机制。深化院落居民自治制度以及村（居）务公开和民主管理制度。深入推进院落（小区）、农民集中居住区居民自治。进一步增强基层群众性自治组织开展社区协商、服务社区居民的能力，凡涉及社区公共利益的重大决策事项、关乎居民群众切身利益的实际问题和矛盾纠纷，原则上由社区党组织、基层群众性自治组织牵头，组织居民群众协商解决。充分发挥自治章程、村规民约、居民公约在社区治理中的积极作用，弘扬公序良俗，促进法治、德治、自治有机融合。

（十八）稳步推进平安社区建设。深化“大联动·微治理”体系，以事件为中心，线上线下统筹，建立指挥大统一、资源大整合、维稳大巡防、矛盾大调解、民生大服务、执法大协同机制。规范社区综治中心建设，深入推进“雪亮工程”。实行社区民警实岗制，推行“1+3+N”专群联动协同，提升网格化服务管理水平。培育社区矛盾纠纷多元调解组织，建立矛盾纠纷调解专家库。加强特殊人群服务管理。

（十九）加大对城乡困难居民关爱。同步提高城乡居民最低生活保障水平。加大对城乡低收入群体的关爱力度，切实帮助解决就业、就医、就学、住房等具体问题。积极开展以生产互助、养老互助、救济互助等为主要形式的农村社区互助活动。

七、健全促进城乡社区发展治理的长效机制

（二十）创新社区发展治理工作推进体制机制。成立市委城乡社区发展治理工作领导小组，协调各方力量，部署重大事项，推进重大改革。建立市城乡社区发展治理工作联席会议制

度，定期研究工作，落实分解任务，协调解决有关事项。设立市委城乡社区发展治理委员会，作为市委专司城乡社区发展治理工作的职能部门，负责统筹指导、资源整合、协调推进、督促落实；各区（市）县党委设立城乡社区发展治理相应机构；乡镇（街道）党（工）委突出党的建设、发展治理职责，优化内设机构设置，明确承担城乡社区发展治理职能的具体机构，构建统一领导、上下联动、各负其责、协调有序的城乡社区发展治理工作格局。健全以社区居民满意度为主要衡量标准的社区发展治理评价体系和评价结果公开机制。把城乡社区发展治理纳入市委市政府目标考核体系、地方党政领导班子和领导干部政绩考核指标体系以及党委书记抓基层党建工作述职评议考核。市统一制定乡镇（街道）、社区综合考核评价标准，实施分级评价考核。

（二十一）构建以职能归位为重点的联动推进机制。强化区（市）县组织经济发展的主体责任，聚焦发展规划、招商引资、产业升级等主业，不得向乡镇（街道）分解经济指标和招商引资任务。突出乡镇（街道）统筹社区发展、组织公共服务、实施综合管理、优化营商环境、维护社区平安等职能，不再承担招商引资职能，取消相应考核指标。扩大乡镇农村发展、公共服务、安全生产等权限。推动行政执法和政务服务重心下沉，赋予乡镇（街道）对部门派出机构的日常管理权，区域内规划参与权、综合管理权和关系民生的重大决策建议权；优化社区服务站设置，由乡镇（街道）统一管理。强化社区党的建设、教育引导群众、发展居民自治、统筹社会服务、协助公共服务等职能，指导院落（小区）开展居民自治和业主自治，提高居民组织化程度。落实社区工作事项准入制度。

（二十二）完善“一核多元、共治共享”机制。健全市、区（市）县、乡镇（街道）、社区党组织四级联动体系，构建以党组织为核心的区域化组织架构。扩大商务楼宇、各类园区、商圈市场、互联网业等新兴领域党建覆盖，在有条件的业主委员会中成立党的工作小组。全面推行乡镇（街道）、社区（村）党组织兼职委员制度和区域化党建联席会议制度。深化社区党组织领导、议事会（代表大会）决策、居委会执行、监委会监督的基层群众自治运行机制。健全社区党组织、社区居民委员会、业主委员会和物业服务机构及社会组织多方协调机制。动员驻区单位参与社区建设，实现组织共建、活动共联、资源共享。推动企业、学校、机关等向居民开放文化、教育、体育等公共服务设施。

（二十三）完善扶持社会组织发展机制。制定改革社会组织管理制度促进社会组织健康有序发展的实施意见，大力发展社区社会组织、社工组织和居民自组织。通过专项资金、政府购买服务和公益创投等方式，拓展社会组织参与社区发展治理空间。支持党组织健全、公益性质明确、管理规范有效的社会组织优先获取公共服务项目，促进其在基层党组织的引领下健康发展、服务社区。完善社区组织发现需求、统筹设计服务项目、支持社会组织承接、引导专业团队参与的“三社联动”机制。支持社区总体营造，推动社区自组织、自治理和自发展。

（二十四）健全促进社区人才发展机制。通过畅通来源渠道、提高薪酬待遇、拓宽发展空间，形成结构合理、来源广泛、素质优良的专业化、职业化社区人才队伍。制定社区工作者人才发展专项规划和管理办法，社区工作者由区（市）县统筹选聘、乡镇（街道）考核评价、社区管理使用。制定社区工作者员额控制及岗位等级序列办法，按照人均收入高于当地上年职工平均工资水平标准，建立与岗位等级和评价结果相衔接、动态调整的薪酬体系。区（市）县财政对纳入员额控制的社区工作者职业薪酬予以全额保障，以社区工作者实际收入为基数足额缴纳社会保险和住房公积金。制定优秀社区党组织书记选拔到乡镇（街道）领导班子具体办法，建立优秀社区党组织书记任乡镇（街道）兼职委员制度并给予一定补贴。加大从优秀社区工作者中定向公开招聘事业编制人员力度，表现特别优秀、群众公认、实绩突出的社区党组织书记和村（居）委会主任可实行考核招聘。健全社区工作者全覆盖培训体系，鼓励社区工作者参加社会工作职业资格评价和学历教育培训，探索社区党组织书记后备干部递进培养和导师制度。支持成都大学设立社会工作专业。有计划地选派机关事业单位优秀年轻干部到社区挂职锻炼，制定鼓励“一村一大”扎根社区工作的具体办法。探索建立容错纠错机制和奖惩机制，大力表彰先进社区组织和优秀社区工作者，开展社区“最佳书记、最佳社工、最佳义工”评选，调动社区工作者实干创业、改革创新热情。

（二十五）健全社区发展治理多元投入机制。合理划分市、区（市）县、乡镇（街道）三级财政支出责任。市级财政加大对社区发展治理工作的以奖代补力度，将相关经费纳入一般性转移支付保障范围。区（市）县财政落实乡镇（街道）资金预算，保障乡镇（街道）和社区工作经费。优化社区公共服务和社会管理专项资金管理使用机制，发挥社区公服资金“撬动”作用，引导社会资金和群众自筹资金投入社区发展治理。落实项目清单管理，由居民（代表）大会或议事会自主决定项日内容和实施方式。完善“居财居管”“村财村管”制度，强化乡镇（街道）监督职责，采取财务人员委派制等方式，为社区提供无偿财务代理服务。探索设立社区发展基金，鼓励社会资金投向社区发展治理，调动社区居民共同推动社区发展。

（二十六）健全以居民为主体的权责统一机制。按照权责一致的原则，制定社区居民权责清单，明确居民在社区发展治理中的权力与责任。建立社区、驻区单位、社会组织参与的居民常态化培训机制，增强居民公共意识和公共精神，提升居民自觉遵守法律法规、公民道德、社区公约水平，引导居民主动关心社区建设、参与社区治理。建立居民有效参与社区公共事务的制度规范。搭建利益相关方充分参与的协商平台，依法开展社区公共议题协商，化解矛盾纠纷，解决居民的实际问题。将居民参与社区治理、维护公共利益情况纳入社会信用体系。

八、提升城乡社区发展治理能力

（二十七）提升基层党组织领导能力。加强和改进乡镇（街道）党组织对区域内各类组织和各项工作的领导，通过职能调整、赋予职权、创新平台抓手等方式，提高统筹协调能力。社区党组织对社区重要事项发挥主导作用，牵头落实上级提供给社区的资金资源，不断增强社区党组织的凝聚力。加强社区廉洁文化建设。强化党组织自身建设，加大党组织负责人培训力度，推进“两学一做”学习教育常态化制度化开展，真正把基层党组织建设成团结群众的核心、教育党员的学校和攻坚克难的堡垒。

（二十八）提升群众工作能力。坚持把居民意愿、要求和利益作为想问题、做决策、办事情的出发点和落脚点，加强服务能力培训，提供精准高效服务，不断提升群众工作能力。完善定期联系、专人负责的服务居民机制，落实社区工作者与居民“面对面”工作制度，增强党和居民之间的交流互动，不断拉近与居民的距离。建立“两代表一委员”联系社区制度，完善“互联网+双报到”“走基层”等党员干部直接联系服务群众制度。发挥工会、共青团、妇联等人民团体的桥梁和纽带作用，加强对社区的联系服务。

（二十九）提升化解矛盾能力。完善社区各群体利益表达机制，准确了解掌握居民诉求，及时发现、预防、化解和依法依规处置矛盾。推行“互联网+多元化解”，逐步推行网上调解、视频调解、预约调解。引导人民调解员、基层法律服务工作者、社会工作者等专业队伍，在物业、家事、邻里、农村土地承包经营等纠纷调解和信访化解中发挥积极作用。强化安全稳定风险防控，建立预警防范和应急处置机制，把矛盾化解在基层、消除在萌芽状态。

（三十）提升舆论引导能力。加强对社区工作者现代信息技术培训，提升社区工作者运用新媒体能力。善于利用社区论坛、微信、微博、移动客户端等平台，引导社区居民密切日常交往、参与公共事务、开展协商合作、组织邻里互助。建立乡镇（街道）新闻发言人和社区信息员制度，及时了解掌握居民关心的热点和突发事件，准确做好舆情引导，确保社区和谐稳定。

各区（市）县要按照本意见精神，结合实际制定深入推进城乡社区发展治理的实施意见。各有关部门要根据意见精神和职责分工，制定贯彻落实的具体措施。

附件：部门重点任务分工表（略）

中共成都市委　成都市人民政府

2017 年 9 月 14 日

中共成都市委办公厅　成都市人民政府办公厅关于印发《成都市社区发展治理“五大行动”三年计划》的通知

为认真贯彻落实全市城乡社区发展治理大会精神，坚定不移转理念、转职能、转方式、转机制、转形态，推进社区发展治理“五大行动”落地落实，特制定本方案。

一、总体目标

到 2020 年，切实解决一批与人民群众生产生活及城市品质提升密切相关的具体问题，使市民居住生活环境更加美观、街区特质更加彰显、社区服务更加高效、基层社会更加和谐，社区居住舒适度、人文感知度、生活便捷度、公共安全度全面整体提高，建成高品质和谐宜居生活社区，实现城市综合实力争先进位与人民生活品质改进提升相得益彰。

二、重点工作

（一）实施老旧城区改造行动

坚持政府主导、项目化运作和少拆多改、拆改结合，以规划为导向，以片区为单元，打破“就地平衡”模式，区域统筹整体推进老旧城区改造，创建更适合居住、更具经济弹性和可持续的新型社区。到 2020 年，全面完成棚户区改造 4.68 万户 697 万平方米、改造 88 个城中村项目 20738 户、改造老旧院落 1820 个。

1. 实施棚户区改造计划。将模拟搬迁、居民自治改造模式与房屋征收程序有机结合，采取基层干部联合居民成立服务队、引导居民成立自治改造委员会等方式，依托群众力量有序推进改造。加强社区基础设施及公建配套建设，完善社区配套功能，改善居民生活环境。2018 年完成改造棚户区 2.36 万户、323 万平方米（2018 年任务数含 2017 年，下同）；2019 年完成改造棚户区 1.61 万户、254 万平方米；2020 年完成改造棚户区 0.71 万户、120 万平方米。〔牵头单位：市房管局；责任单位：市委社治委、市发改委、市国土局、市建委、市规划局、市城管委，各区（市）县〕

2. 实施老旧院落改造计划。坚持先自治后整治、一院一策，充分尊重居民意愿，以建立院委会、住委会、家委会等自治组织作为启动改造前置条件，着力推进安防设施、共用设施设备、公共环境等硬件改造和水、电、气、雨污分流等专项功能性改造，建立物业管理、维修资金管理长效机制。2018 年完成改造老旧院落 1220 个；2019 年完成改造老旧院落 300 个；2020 年完成改造老旧院落 3000 个。〔牵头单位：市房管局；责任单位：市发改委、市经信委、市公安局、市民政局、市财政局、市建委、市规划局、市城管委、市水务局、市林业园林局、市文广新局，各区（市）县〕

3. 实施城中村改造计划。全面推进直接货币安置、购房安置、跨区域置换安置、剩余房源折价安置等多元化安置方式。强化服务和保障，着力打破城中村改造资金瓶颈。2018 年完成改造城中村 11608 户；2019 年完成改造城中村 4980 户；2020 年完成改造城中村 4150 户。〔牵头单位：市建委；责任单位：市委社治委、市公安局、市财政局、市规划局、市城管委、市水务局、市林业园林局、市文广新局，各区（市）县〕

（二）实施背街小巷整治行动

以中心城区、郊区新城城市建成区以及国家级和省级重点镇、旅游场镇为重点，整治背街小巷“乱象”，切实解决背街小巷“脏乱差”问题，畅通街区街巷“微循环”，实现街区留白增绿。

1. 实施背街小巷“乱象”整治计划。推行“街长制”，重点开展违规占道、车辆乱停、违法建设、工地乱象、架空线缆“五整治”，实施环境卫生、商店招牌、街面设施、园林绿化、建筑立面“五提升”，实现背街小巷安全整洁美观。2018 年完成整治背街小巷 3257 条；2019 年总结固化背街小巷治理工作经验，完善相关管理制度，健全常态长效机制。〔牵头单位：市城管委；责任单位：市委社治委、市经信委、市公安局、市财政局、市建委、市规划局、市房管局、市交委、市水务局、市林业园林局、市商务委，各区（市）县〕

2. 实施街区街巷“微循环”功能提升计划。以网格化、小尺度道路划分城市空间，开放国有企（事）业单位非公共或半公共通道，按控制性详细规划新建市政街巷通道，推动小街区街巷路网改造提升和加密成网，织密畅通城市“毛细血管”。2018 年增加市政街巷通道 800 公里；2019 年完成 1200 公里街巷路网建设；2020 年既有城区小街区街巷路网改造提升和加密成网按规划全面完成。〔牵头单位：市建委；责任单位：市委社治委、市规划局，各区（市）县〕

3. 实施“两拆一增”计划。开展“拆除公共区域的违法建筑、拆除有碍开放空间的围墙、增加城市公共绿地”的“两拆一增”专项行动，扩大城市开放空间，提升城市整体形象。2018 年全面完成“两拆一增”计划。〔牵头单位：市规划局；责任单位：市经信委、市国土局、市建委、市城管委、市交委、市林业园林局、市文广新局、市工商局，各区（市）县〕

4. 实施“小游园、微绿地”建设计划。注重绿地布局平衡，充分覆盖社区，达到“300 米见绿，500 米见园”。2018 年建成“小游园、微绿地”示范点 86 个 27 万平方米；2019 年建成“小游园、微绿地”示范点 36 个 11 万平方米；2020 年基本实现“300 米见绿，500 米见园”。〔牵头单位：市建委；责任

单位：市规划局、市林业园林局，各区（市）县〕

（三）实施特色街区创建行动

以建设小街区规制为目标，从城市空间尺度上针对社区建筑功能、密度、高度、体量、色彩建立设计导则，打造特色乡镇街区，进一步彰显“老成都、蜀都味、国际范”的独特韵味。打造精品开放街区200条，改造提升特色镇100个，规划保护一批川西林盘。

1. 实施特色精品街区打造计划。按照“一街一特色”原则，在重点区域和节点，重点打造文化、旅游、商业、酒吧、餐饮五大特色街区，实现特色化、专业化、差异化发展，优化城市生态，增强城市整体功能。2018年打造特色精品街区200条；2019年形成充满创新活力、产业特色鲜明、配套系统完善的精品开放街区。〔牵头单位：市建委；责任单位：市委社治委、市规划局、市城管委、市商务委、市文广新局、市食药监局、市旅游局，各区（市）县〕

2. 实施特色小镇创建计划。打破原有行政区划、城镇体系和散乱布局，加快推进街道（乡镇）行政区划调整，依托重点产业功能区、轨道交通枢纽、重要交通功能节点、特色建制镇，改造提升一批具有小城市形态的特色镇。2018年在简阳市试点实施规模性乡镇撤并基础上，全面推进市域街道（乡镇）行政区划调整，改造提升特色小镇50个；2019年改造提升特色小镇30个；2020年改造提升特色小镇20个。〔牵头单位：市建委；责任单位：市委社治委、市民政局、市规划局、市城管委、市农委、市文广新局、市旅游局，各区（市）县〕

3. 实施林盘聚落塑造计划。通过土地综合整理、河流水网重构、交通地理改善、生态功能提升，规划建设一批具有川西特色的林盘聚落示范点，打造独具天府文化和都江堰灌区品牌的旅游景观。2018年打造林盘聚落40—60个；2019年打造林盘聚落50—100个；2020年打造林盘聚落100—200个。〔牵头单位：市建委；责任单位：市委社治委、市规划局、市农委、市旅游局，各区（市）县〕

（四）实施社区服务提升行动

坚持以服务居民、服务企业为导向，创新服务机制，不断提升社区服务供给的能力、质量和效率。

1. 实施社区服务设施优化计划。按照每百户居民服务设施面积不低于30平方米建设社区综合服务设施。通过国资划拨、底商返租、区域共建、市场化购买和公建配套等方式，实现社区综合服务设施提挡升级。2018年制定社区综合服务设施配置标准和服务标准，社区综合服务设施社区达标率30%；2019年社区综合服务设施社区达标率80%；2020年全市社区综合服务设施全面达标。〔牵头单位：市委社治委；责任单位：市委组织部、市教育局、市民政局、市人社局、市建委、市规划局、市城管委、市商务委、市卫计委、市体育局，各区（市）县〕

2. 实施社区综合体建设计划。整合社区管理、社区文体、社区医疗、社区养老、社区商业五大功能，示范建设一批社区综合体。2018年建设社区综合体75个；2019年建设社区综合体60个；2020年建设社区综合体45个。〔牵头单位：市建委；责任单位：市委社治委、市民政局、市规划局、市城管委、市商务委、市文广新局、市卫计委，各区（市）县〕

3. 实施社区综合服务提升计划。打造网络互联、信息共享、业务协同的统一社区公共服务综合信息平台，规范社区党群服务中心建设，拓展社区公共服务、便民服务、志愿服务功能，实现"一门式"服务。2018年社区综合信息平台区（市）县试点不低于10个；2019年实现社区综合信息平台区（市）县全覆盖；2020年基本实现社区综合信息平台应用全覆盖，实现公共服务、便民服务和志愿服务功能集成和"一门式"服务。〔牵头单位：市委社治委；责任单位：市委组织部、市经信委、市民政局、市人社局、市商务委、市大数据和电子政务办等市级相关部门，各区（市）县〕

4. 实施“互联网 +”社区便民服务计划。建设信息服务终端设备和一体化信息服务站，依托商场、超市、便利店叠加政务服务功能，支持“O2O + 社区”商业模式，大力发展社区电商、社区金融、物业增值服务，打造一批“互联网 +”便民服务示范点。2018 年打造示范点 50 个；2019 年打造示范点 150 个；2020 年打造示范点 300 个。〔牵头单位：市商务委；责任单位：市经信委、市人社局、市新经济委、市大数据和电子政务办（市政府政务服务中心）、市邮政管理局，各区（市）县〕

5. 实施社区“造血”增能计划。整合政府资源，制定社区采用股份制、众筹、资产入股等方式发展生活性服务企业的激励政策和扶持社会企业发展的办法。2018 年在试点的基础上，扩大社区发展生活性服务企业试点；2019 年提炼试点经验，制定全市统一的扶持社区参与生活性服务企业的办法；2020 年全市社区举办社会企业的机制全面形成。〔牵头单位：市工商局；责任单位：市委社治委、市民政局、市财政局、市商务委、市国税局、市地税局，各区（市）县〕

6. 实施社会组织扶持发展计划。建立多层社会组织服务平台，凝聚一批社会组织专业人才，形成一批品牌社会组织，发展一批居民需求的社区社会组织，培育一批社区自组织，实现社会组织服务更加专业精准。设立市级扶持社会组织发展专项基金，鼓励区（市）县对社会组织发展进行专项投入。2018 年市、区（市）县两级全部建立社会组织服务平台，街道全部建立社会组织服务平台，市级专项基金扶持社会组织项目不低于 310 个，全市专业社工人才增加 20%；2019 年乡镇社会组织服务平台建设达 50%，市级专项基金扶持社会组织项目不低于

150 个，专业社工人才增加 20%；2020 年街道（乡镇）社会组织服务平台全覆盖，市级专项基金扶持社会组织项目不低于 150 个，专业社工人才不低于 1 万人，平均每个社区专业社工人才不低于 2 人，社会组织服务更加专业精准。〔牵头单位：市民政局；责任单位：市委组织部、市委社治委、市财政局、市人社局，各区（市）县〕

7. 实施政府购买服务方式改进计划。完善政府购买社会组织服务制度，逐步提高政府购买社会组织服务在政府购买服务资金中的比例，搭建政府购买社会组织服务供需对接信息化平台，公共服务提供质量和效率显著提升。2018 年政府购买社会组织服务资金占比提高，建立政府购买社会组织服务信息平台，政府购买与社会组织服务供需有效对接；2019 年占比进一步提高，政府购买社会组织服务机制基本完善，形成一批运作规范、公信力强、服务优质的能承接政府转移职能的社会组织；2020 年社会组织独特优势充分发挥，政府公共服务与社会组织专业服务实现良好衔接和互动，有效满足人民群众日益增长的公共服务需求。〔牵头单位：市财政局；责任单位：市委社治委、市民政局、市公资交易中心等市级相关部门，各区（市）县〕

（五）实施平安社区创建行动

坚持依法治理、依规办事，推动政府、社会、市民共商共建共享，用新发展理念凝聚城市精神，培育“向上向善向美”社区精神。

1. 实施“一核多元、共治共享”深化计划。全面推行街道、社区兼职委员制度和区域化党建联席会议制度。扩大商务楼宇、各类园区、商圈市场、互联网业等新兴领域和社会组织党建覆盖面，在有条件的业主委员会中成立党的工作小组。健全社区党组织、社区居民委员会、业主委员会和物业服务机构及社会组织多方协调机制。动员驻区单位参与社区建设，推动企业、学校、机关等向居民开放文化、教育、体育等公共设施，实现组织共建、活动共联、资源共享。2018 年建立街道、社区兼职委员制度和区域化党建联席会议制度的社区达 100%，商务楼宇、各类园区、商圈市场、互联网业等新兴领域和社会组织党的组织覆盖率动态保持 80%，试点在业主委员会中成立党的工作小组，创建共享示范社区不低于 144 个；2019 年实现商务楼宇、各类园区、商圈市场、互联网业等新兴领域和社会组织党的组织覆盖率动态保持 82%，业主委员会中成立党的工作小组的达 30%，创建共享示范社区不低于 200 个；2020 年实现商务楼宇、各类园区、商圈市场、互联网业等新兴领域和社会组织党的组织覆盖率动态保持 85%，业主委员会中成立党的工作小组的达 50%，驻区单位、各类组织、居民群众全面参与社区治理，全市社区共治共享局面基本形成。〔牵头单位：市委组织部；责任单位：市委社治委、市教育局、市民政局、市财政局、市房管局、市城管委、市交委、市文广新局、市体育局，各区（市）县〕

2. 实施“大联动 · 微治理”深化计划。推进社区综治中心建设，实现市、区（市）县、街道（乡镇）、社区（村）、网格五级贯通。推进“雪亮工程”建设，加快社会视频监控资源接入社区、联网入户。实行社区民警实岗制，推行“社区民警”+“辅警、网格员、综治队员”+“楼栋长、单元长、平安志愿者等”的“1 +3 + N”专群协作联动模式。2018 年完成 60% 社区综治中心建设和 1554 个社区（村）“雪亮工程”建设，“大联动 · 微治理”配套机制初步形成；2019 年完成 70% 社区综治中心建设和 772 个社区（村）“雪亮工程”建设，“大联动 · 微治理”配套机制逐步完善；2020 年全部完成社区综治中心建设和“雪亮工程”建设，“大联动 · 微治理”配套机制基本成型。〔牵头单位：市委政法委；责任单位：市委社治委、市公安局、

市城管委，各区（市）县〕

3. 实施社区总体营造计划。以公益创投、公服资金、社区基金“撬动”社会资源，大力培育社区自组织，引导其提出社区公共议题、实施营造项目，培养社区居民共同体意识和文明市民意识，形成“向上向善向美”的社区精神。2018 年基本形成市级相关部门合力推进社区营造机制，市级资助实施以文化、旅游、养老、儿童、教育、居民融合等为切入点的社区营造示范项目不低于 100 个，全市实施社区营造项目社区达到 60%；2019 年基本形成横向联动、上下互动、多元参与的社区营造局面，市级资助实施社区营造示范项目不低于 100 个，全市实施社区营造项目社区达到 80%；2020 年全市实施社区营造项目社区达到 90% 以上，居民公共精神和公共素养全面提升，人人参与、人人尽责、人人共享的社区治理局面基本形成。〔牵头单位：市民政局；责任单位：市委组织部、市委宣传部、市委社治委、市财政局、市农委、市文广新局，各区（市）县〕

4. 实施社区志愿服务提升计划。培育社区志愿服务组织，整合志愿服务网络平台。将社区志愿服务情况纳入社会信用体系，探索“时间银行”等激励机制。发挥党员志愿者示范带动作用。引导中小学生、机关企业事业单位人员等参与社区志愿服务，鼓励行业主管部门组建专业社区志愿服务队伍。鼓励成立志愿服务基金，建立多渠道、社会化筹资机制。2018 年开展修改《成都市志愿服务条例》的立法调研工作，全市志愿服务网络平台基本实现整合，探索符合社区实际的志愿服务参与和激励机制，建立多类专业社区志愿服务组织，社区志愿者人数占比达 10%；2019 年行业社区志愿服务队伍不断壮大，社区志愿者人数占比达 11%；2020 年基本形成全市社区志愿服务体系，社区志愿者人数占比达 12%。〔牵头单位：市委社治委；责任单位：市委组织部、市文明办、市直机关工委、市教育局、

市民政局、市财政局、团市委，各区（市）县〕

三、保障措施

（一）加强协调配合

各地各级要加强对城乡社区发展治理工作的领导，落实城乡社区发展治理工作联席会议制度，强化沟通协调，促进信息共享，协同推进工作，形成推进“五大行动”的强大合力。强化区（市）县党委“一线指挥部”、街道（乡镇）党（工）委“龙头”、社区（村）党组织战斗堡垒作用，充分发挥广大党员先锋模范作用，推动“五大行动”落地落实。各区（市）县、牵头单位要结合自身实际，在 2017 年 10 月底前制定本地区、本部门具体实施方案，进一步细化任务、量化指标、明确时限、确保按时保质完成各项任务，并将方案报市城乡社区发展治理工作领导小组办公室（市委社治委）。

（二）加强宣传引导

充分发挥电视、报纸、广播、网络等媒体的作用，采取依托社区发展治理展示中心集中展示等多种方式，加大宣传力度，营造良好的社会氛围。鼓励社区运用网络论坛、微博、微信、移动客户端等新媒体，引导社会组织、社区居民等多方主体共同参与社区治理。

（三）完善多方投入机制

除已有专门经费保障政策的一次性或阶段性建设任务继续按现有政策执行外，各地各级要统筹各类用于社区发展治理的财政专项资金，分级建立社区发展治理专项资金，集中管理、统筹安排，实现财政资金的集约使用。市级专项资金主要采取“以奖代补”方式支持各区（市）县，由市委社治委会同市财政局制定项目申报实施和资金使用管理办法。优化城乡社区公服资金使用机制，充分发挥财政资金引导和撬动作用。建立社区发展基金，积极探索政府和社会共同投入、共同协作机制，鼓励引导社会资金和群众自筹资金投入社区发展治理。支持成立社区基金会和发展社区微基金。

（四）强化考核督查

将“五大行动”工作纳入市级目标考核内容，定期开展专项检查，梳理问题难点，并提出对策建议。对推进迅速、改革有力、成效明显、群众满意的区（市）县、街道（乡镇）和社区（村），确定为社区发展治理示范点；对工作不力、进度缓慢的进行通报批评。

附件：成都市社区发展治理“五大行动”2017 年度重点任务分工（略）

成都市民政局　中共成都市委组织部 中共成都市委城乡社区发展治理委员会《关于进一步深入开展城乡社区可持续总体营造行动的实施意见》

各区（市）县民政部门，各区（市）县委组织部、社治委，市级相关部门：

为统筹发挥基层政府、社会力量、居民群众主体作用，提升居民的幸福生活指数和基层社会治理水平，培育自尊自信、理性平和、积极向上的社会心态，形成“向上向善向美”的社区精神，建设高品质和谐宜居生活社区，按照中共中央、国务院《关于加强和完善城乡社区治理的意见》和市委、市政府《关于深入推进城乡社区发展治理建设高品质和谐宜居生活社区的意见》精神，现就深入开展城乡社区可持续总体营造行动提出如下意见。

一、总体要求

全面贯彻落实党的十九大精神，坚持以习近平新时代中国特色社会主义思想为指导，牢牢把握社会治理核心是人、重心在城乡社区、关键是体制创新的要求，坚持党委领导、政府负责、社会协同、公众参与、法治保障的社会治理体制，深化完善基层治理机制和“三社联动”社区发展机制，以城乡居民需求为导向，以社会主义核心价值观为引领，在城乡社区广泛开展可持续总体营造行动，推动形成以居民为主体的集体行动，实现社会组织在社区参与式陪伴、社工人才对居民骨干进行能力建设，社区整合资源支持居民组织化参与社区公共事务，提升社区公共精神，弘扬社区公益文化，把城乡社区建设成为守望相助、崇德向善、绿色生态、舒心美好的家园。

二、近期目标

城乡社区可持续总体营造行动以示范项目带动全面实施，2018 年不低于 60%、2019 年不低于 80%、2020 年不低于 90% 的城乡社区开展可持续总体营造行动，通过社区营造激发成千上万的社区骨干、志愿者、居民自组织、社区公益组织，在全市城乡社区形成人人参与、人人尽责、人人共享的社区治理格局。

三、基本原则

——居民主体原则。坚持居民既是公共产品的消费者，更是社区公共事务的参与者、建设者的理念，管理社区公共事务，建立健全事由民议、策由民定、财由民理、责由民担、效果民评的长效机制，保障社区不同利益群体参与公共事务的议事决策权利。村（居）委会和支持型专业社会组织作为联合协助者，积极推动居民主动自发解决公共议题、协调矛盾纠纷。居民主体是城乡社区可持续总体营造的首要原则。

——过程导向原则。通过利益相关者对社区公共问题的有序协商，达成共识，并形成有效集体行动。将对居民公共精神和社区意识的培养贯穿社区营造的全过程。过程导向是城乡社区可持续总体营造的价值原则。

——权责一致原则。坚持“谁主张、谁受益、谁负责”的动力机制和行动逻辑，按照权责一致原则区分政府、社区党组织、自治组织、物业服务机构、社会组织、驻区单位、居民自组织以及社区居民之间的权责边界。用村规民约、居民公约、院落公约等规约形式厘清居民在社区中的权利和义务。在公共事务领域通过集体行动引导居民主动承担营造美好生活的责任。

权责一致是城乡社区可持续总体营造的基础原则。

——可持续化原则。把握外力促内生、内生与外力互补互动的行动模式，通过专业社会组织的参与式陪伴，催生社区自组织持续服务本地居民，提升社区营造项目获取本地资源进行持续运转的能力，实现社区发展“人”和“钱”的可持续。可持续化是城乡社区可持续总体营造的关键原则。

四、主要任务

城乡社区可持续总体营造行动的目标是在居民自发组织过程中，建构社区主体性，提升社区社会资本，提供社区公共产品，解决社区冲突与问题，提升居民的生活品质和幸福指数。

（一）激发社区居民建立自组织。通过引导居民关心社区公共事务，激发参与意识，开展各种居民乐于参与的社区活动，逐步将活动项目化、项目组织化。鼓励本社区居民建立老年协会、儿童团、健身营、绿植组、厨艺队、合作社、公益市集、院落自治委员会等不同类型、不同功能的自组织，形成居民自我服务长效机制。

（二）引导自组织转化为社区公益组织。鼓励和引导准物业服务、院落秩序、社区安全、邻里互助、环境卫生、居家养老、幼儿托管、残疾人康复、社区就业、垃圾分类、社区融合、“三留守”关爱等活动类、兴趣类自组织转化为提供社区公共产品的公益组织。引导自组织在向为邻里提供服务的社区公益组织转化过程中，不断提升组织能力、协商能力、行动能力，提高管理社区公共事务、解决社区矛盾问题的水平。

（三）培育社区自组织领头人。在开展社区活动、推动居民集体行动中发掘有志愿精神的积极行动者，给予资金、资源、组织、培训等多方面支持，将其发展成为居民自组织领头人，在提高其组织、沟通、协商、协调能力的同时，加强对项目管理、筹集资金、处理矛盾和建立规则等实务技能的培养，使自组织在其带领下能够自主运行、良性发展。

（四）开展社区公共意识教育。大力发展天府文化，注重培养具备公共精神的积极行动者，在城乡社区可持续总体营造行动中开展法治、规则、权利、责任、民主、参与、协作、协商、公私界限、尊重多元价值等意识教育，培养具有公共精神的社区居民，使其有意愿有能力参与社区公共事务、解决社区公共议题，并不断影响更多居民成为具有社会主义核心价值观的志愿者。

（五）寻找支点撬动社区可持续总体营造。通过关键支点切入，带动居民意识转变和行动能力提升，解决一个至多个社区公共议题，撬动整个社区开展可持续总体营造行动，达成当地居民共同认可的社区愿景。关键支点类别导向参照如下：

1. 满足居民服务需求。从为空巢老人、留守儿童、困难残疾人、需要就业的妇女等特殊群体提供服务切入，通过开展团体活动、技能培训、社区教育，发掘服务对象中有意愿为邻里进行志愿服务的居民骨干，进而协助服务对象在骨干志愿者的带领下建立长效互助公益组织，开展自我服务。

2. 管理社区公共事务。从村组道路建设管理、沟渠清掏、小区公共环境卫生、秩序维护等公共事务切入，动员居民通过协商甄选迫切需要解决的公共议题，集体商议公共事务管理制度、管理规约，建立院落自治委员会、小区自管小组、沟渠维护小组、水库管理小组、安全巡逻志愿队等自我管理的自治小组，形成社区公共事务自我管理长效机制。

3. 共建社区公共空间。从社区公共空间的规划、设计、建设、布局切入，通过构建长者空间、连心驿站、社区书馆、风雨长廊、休闲广场、露天凉亭、社区花园、可食地景等室内外公共空间，建立公共空间共享维护机制，为居民交往、互动、协商、互助创造物理空间和精神联结，提升居民社区生活幸福指数。

4. 美化社区环境。从美化改善居住环境切入，通过动员居民共同参与营造绿色生态、环境优美的院落、小区、社区、街道，普及自然教育、垃圾分类、资源循环利用等绿色环保理念，撬动居民组织化参与社区环境治理。

5. 发展社区产业。从产业发展切入，挖掘当地优势资源，发掘社区骨干，通过建立合作社、兴办社区社会企业、改建民房兴办特色民宿、发展乡村体验旅游、推动城乡社区互助等方式，吸引更多群众参与乡村振兴大业。

6. 形塑社区文化。从群众喜闻乐见的民俗节庆活动、非物质文化遗产保护、“天府”文化传承、社区历史发掘等方面切入，通过活化社区历史文化、促进邻里交往互动、催生社区网络联结增进信任、促进互助，创造社区集体记忆，营造社区共同意识，形塑社区公益文化。

城乡社区可持续总体营造支点多元开放，既可从需求导向、资源为本入手，开展兴趣活动等务虚事务，也可从发展产业、管理公共事务等社区实务切入。通过支点切入开展社区可持续总体营造行动，其核心目的在于以持续的造“物”造“事”的集体行动实现造“人”，培育居民的公共精神和社区意识。

（六）搭建平台深化社区协商。搭建多方参与协商的议事平台，推动社区各利益相关方遵照众事众议共决的原则，求得社区公共利益的最大共识，并形成有效的集体行动解决社区公共议题。要在村（居）民议事会制度基础上，广泛吸收各类社会组织、业主委员会、物业公司、驻社区单位、农村集体经济组织、农民合作组织及成员、流动人口等参与协商。要积极推广村（居）民议事会、民情恳谈会、社区论坛、社区对话、社区评议会和民主听证会等多样化的社区协商载体和协商形式。要引导社区协商主体学习议事规则、开放空间会议等协商技术，提高社区协商的水平和质量，提高协商议事决策结果付诸行动的有效性。通过开展常态化的社区协商工作，引导居民在沟通、协商、妥协的过程中形成民主意识、主体意识、公民意识。推动建立村规民约、社区公约、院落公约、林盘公约等社区规范，形成社区居民有序自治的良好风尚。

（七）建立社区基金（会）。挖掘在地资源，培育社区基金志愿者队伍，通过社区集市、共同购买、城乡社区互动、辖区单位和社区居民捐赠、企业冠名、创办社区社会企业等多种方式建立社区公益微基金。完善社区公益微基金管理机制，实现在筹钱、筹人、筹规则的过程中撬动居民参与社区公共事务的目的。条件成熟的区（市）县要探索设立社区基金会，支持社区内各种组织合作，动员辖区社会资源深度持续参与社区治理。

（八）发展社区社会企业。大力发展植根社区的社会企业，直接回应社区需求。充分发挥社会企业以社会责任为使命的天然优势，遵循按劳分配、管理自治、民主决策等原则，在解决困难群体就业、消除社会排斥，社区贫困救助、促进资源循环利用、满足居民生活服务需求等方面弥补政府福利空白。鼓励社区社会企业以商业运营为手段创造经济价值的同时，创造社会价值，促进社区可持续发展。鼓励引导社区社会企业将盈利收益捐赠给社区基金（会），用于支持社区自组织和社区中的积极行动者开展城乡社区可持续总体营造，形成社区可持续发展的公益生态价值链。

五、健全促进城乡社区可持续总体营造的长效机制

（九）建立协同推进机制。城乡社区可持续总体营造是市委、市政府加强和完善城乡社区发展治理的重要举措，全市各级各部门要形成合力、协同推进。建立城乡社区可持续总体营造重大决策依托城乡社区发展治理工作领导小组和联席会议研究决定，常规工作牵头单位推动落实，相关部门协调配合的工作机制。

组织部门要指导社区党组织将城乡社区可持续总体营造理念贯穿到社区党员的服务和活动中，充分发挥党员的主体作用，将“双报到”党员、社区党组织骨干党员、党员志愿者引导成为营造社区的积极行动者，通过党员带动的集体行动团结更多的居民一起来营造社区。

社区发展治理部门要把城乡社区可持续总体营造行动作为社区发展治理专项资金的支持内容。

民政部门要发挥好“三社联动”牵头作用，为推进城乡社区可持续总体营造提供社会组织、社工人才力量支持。

群团部门要发挥指导基层群众性团体自治的优势，挖掘工、青、妇、残等群体的社区骨干，引导社区骨干团结社区居民形成有目标有宗旨的社区自组织，开展城乡社区可持续总体营造。

规划、建设、房管、文广新、林业园林、城管等部门在实施老旧城区改造、惠民文化进社区、全域增绿、垃圾分类等工作时，要践行城乡社区可持续总体营造理念，充分尊重居民主体地位，发挥居民主体作用。与居民群众生产生活服务相关的政府各职能部门，要结合本部门工作职责，提出本部门以城乡社区可持续总体营造理念开展示范项目的具体工作，并提供相应的资金支持。

区（市）县政府部门、街道（乡镇）要结合本地实际，为本辖区城乡社区可持续总体营造积极提供政策支持和资金投入。

城乡社区要引导村（居）民将公共服务和社会管理专项资金、村（社区）集体自有资金、各级政府部门直接投入村（社区）开展服务的资金，用于开展不同项目的城乡社区可持续总体营造。

专业社会组织、居民自组织提出城乡社区可持续总体营造项目的申请方案，提供支持的政府部门、街道（乡镇）、群团组织或社区对项目进行评估并给予支持，使各方力量在社区汇聚，形成政府提供政策和资金支持、社会组织提供专业服务、社工人才陪伴社区自组织成长、社区整合资源协调各方力量，共同推进社区发展的长效机制。通过深入开展城乡社区可持续总体营造，把城乡社区建设成为有自治能力、有普遍信任、能够自治理自发展的美好家园。

（十）加强保障措施。各区（市）县要成立城乡社区可持续总体营造支持中心，或委托枢纽型社会组织承担本地城乡社区可持续总体营造支持工作，整合支持本地城乡社区可持续总体营造项目。街道（乡镇）要建立社会组织支持中心，或社会组织联合会，服务本地社会组织、社区自组织，形成县、乡两级社会组织服务平台，促进支持型专业社会组织发挥好陪伴、助力城乡社区可持续总体营造的作用。要充分发挥城乡社区公共服务和社会管理专项资金的经费保障作用，将专项资金持续投入城乡社区可持续总体营造行动。鼓励专业社会组织、院落自治组织、业委会、社区自组织以提案大赛、创投活动、公益擂台等形式提出社区公益项目，并对优秀项目给予资助。继续保障市级社区公益创投资金持续支持城乡社区可持续总体营造行动，各区（市）县财政要配套专项资金支持本地城乡社区可持续总体营造项目，形成在全市城乡社区共同推动可持续总体营造的态势。

成都市民政局　中共成都市委组织部

中共成都市委城乡社区发展治理委员会

2018 年 3 月 29 日

成都市人民政府办公厅
《关于培育社会企业促进社区发展治理的意见》

各区（市）县政府，市政府各部门：

为深入贯彻落实习近平新时代中国特色社会主义思想和党的十九大精神以及习近平总书记来川视察重要讲话精神，建设全面体现新发展理念的城市，加强和创新社会治理，全面落实市委关于深入推进城乡社区发展治理、建设高品质和谐宜居生活社区的决策部署，培育社会企业并促进其在创新社会管理、参与社会治理、改善社会服务等方面发挥积极作用，着力构建共建共治共享的社会治理新格局。结合成都实际，现就培育我市社会企业促进社区发展治理提出如下意见。

一、总体要求

（一）发展原则

1. 坚持社会目标导向，市场机制驱动。本意见所称的社会企业，是指经企业登记机关登记注册，以协助解决社会问题、改善社会治理、服务于弱势和特殊群体或社区利益为宗旨和首要目标，以创新商业模式、市场化运作为主要手段，所得盈利按照其社会目标再投入自身业务、所在社区或公益事业，且社会目标持续稳定的特定企业类型。社会企业兼具社会、经济双重属性。坚持社会属性，提供优质社会服务，满足社会迫切需求，社会企业才有存在的社会价值。创新商业模式，按照市场机制运作，实现合理盈利，社会企业才有生存的基础和持续发展的能力。

2. 坚持党委政府引导，社会各方参与。在培育发展社会企业工作初期，应当坚持党委政府引导、社会各方参与，制定社会企业培育发展规划，研究出台鼓励支持社会企业发展的相关政策，建立包括登记注册、评审认定和扶持、服务、监管在内的全过程工作体系，促进和服务社会企业创设、运行和发展壮大，努力发挥社会企业在弥补公共服务供给不足、降低政府社会管理成本和创新优化社会管理等方面的积极作用。

3. 坚持创新思维，提升发展能力。创新培育和促进社会企业发展的理念、机制和方法，建立市、区（市）县、街道（乡镇）、社区（村）四级联动机制和服务平台，有效对接社会企业服务和社区发展治理需求，打造各方参与、资源汇聚的社会企业发展生态系统；鼓励社会企业创新商业模式和服务内容，增强核心竞争力和持续发展能力；探索建立服务和监管协调平衡的轻触式监管模式，构建以社会企业信息公示为核心的信用约束机制。

（二）发展目标

培育发展一批具有一定规模、一定影响力和辐射力的社会企业，基本形成鼓励社会企业有效参与社会治理的支持体系，社会企业在创新社会管理、服务社区发展治理方面发挥积极作用，成为有效提升城市治理能力和治理水平的重要力量。2018年，引导一批社会企业服务项目在社区落地，在全市范围内开展首批社会企业评审认定试点工作，促进社会企业这一新的群体形成和发展；2019 年，开展第二批社会企业评审认定工作，通过社会企业评审认定、示范引领，在全市范围内培育发展更多的社会企业和社会企业家；2020 年，健全完善社会企业培育发展和评审认定常态化机制，形成社会企业科学有效参与社会发展治理的可复制的制度性成果，全市社会力量参与社会企业的机制全面形成。

二、重点任务

（三）建立社会企业培育发展促进机制

1. 便利社会企业登记。制定社会企业登记管理具体措施、办法、社会企业章程示范文本，开展社会企业登记注册；放宽社会企业名称登记条件，支持其在名称中使用体现行业特点的组织管理形式、商业模式和经营业态；放宽企业住所登记条件，允许其以集群注册方式、住所申报方式办理企业登记。（责任单位：市工商局）

2. 支持社会力量投资创办社会企业。鼓励社会团体、公益基金会、城乡社区（居委会、村委会）、有志于公益事业的企业和个人，依照《公司法》投资创办社会企业。（责任单位：市工商局）。

3. 建立社会企业评审认定制度。社会企业通过认定标准区别于其他非营利性组织和纯商业企业。社会企业实行评审认定制和信用积分制。加强与第三方合作，制定《成都市社会企业评审认定标准和办法》，强化社会企业评审认定申请、评审认定、公示、服务、复审、退出（摘牌）等全过程管理，建立社会企业名录公示和企业信息系统标注制度。（责任单位：市工商局）

4. 优先发展社区生活性服务类和服务农村农业类社会企业。围绕社区居民迫切需要，重点扶持从事社区环境保护、食品安全、家庭服务、康养服务等居民生活服务项目，社区文化、卫生、教育、科普、体育健身等公共服务项目，就业援助、扶贫帮困、养老助老、助残救孤等基本民生服务项目，以及面向农民的小额信贷、农业经济合作服务等服务农村经济发展的社会企业发展。[牵头单位：市工商局，责任单位：市新经济委、市农委、市商务委、市金融工作局，各区（市）县政府（含成

都天府新区、成都高新区管委会，下同）]

5. 加强对社会企业的培育孵化力度。鼓励社区利用闲置场地和设施为社会企业提供办公场地、办公设施服务，参与创办社会企业；鼓励各类孵化平台为社会企业提供孵化服务；鼓励引导各方社会力量通过公益创投、影响力投资等方式，支持优秀社会企业和品牌项目做大做强。[牵头单位：市科技局，责任单位：市新经济委、市工商局，各区（市）县政府]

（四）营造支持社会企业发展良好环境

1. 完善金融支持政策。引导银行业金融机构加大服务力度，为符合条件的社会企业提供金融服务。鼓励股权投资基金支持符合条件的社会企业项目，推动社会企业发展。（牵头单位：市金融工作局，责任单位：市新经济委、市财政局）

将社会企业纳入成都新经济发展基金支持范围，对属于我市聚焦发展的新经济形态范围，且符合有关条件的社会企业、社会企业家、社会企业项目，按照新经济发展相关政策予以支持。（牵头单位：市新经济委，责任单位：市金融工作局、市财政局）

2. 落实财税及行业支持政策。切实落实财政、税收政策对社会企业的支持措施；将符合条件的小微社会企业纳入中小企业成长工程，对科技型中小企业、农业创新型企业或现代服务业企业给予项目、资金支持。（牵头单位：市经信委，责任单位：市财政局、市国税局、市地税局、市科技局、市商务委、市农委）

3. 畅通政府采购社会企业服务的渠道。加大政府购买社会企业服务力度。鼓励和支持社会企业以市场公平竞争方式，参与政府采购。鼓励将社区居民有迫切需求、适合采取市场化方式提供、社会企业能够承担的、与保障和改善民生密切相关领域的公共服务项目，面向社会企业公开采购。[牵头单位：市财政局，责任单位：各区（市）县政府]

4. 建设社会企业综合服务平台。以倡导社会创新理念、推动品牌体系建设、提升专业赋能、建构跨界合作网络、优化社会投资环境为目的，建立全市统一的社会企业综合服务平台，服务社会企业对外宣传、能力提升、业务拓展、交流合作、金融对接，提升社会企业群体的品牌意识，争取社会各方的广泛认知与支持；开辟志愿者服务通道，积极支持和促进志愿者参与社会企业服务；营造有利于社会企业有效运作的良好社会氛围。[牵头单位：市工商局，责任单位：市经信委、团市委，各区（市）县政府]

5. 支持社会企业能力建设。鼓励本地高校建立社会企业研究中心，通过合作交流、购买培训服务等方式，培养一批熟悉国际规则、具备国际视野的社会企业家和社会企业创业者。鼓励本地技工院校、高技能人才基地、技能大师工作室、专业技术人才继续教育基地开发培训服务，着力提升社会企业从业人员的专业知识和服务技能。[牵头单位：市工商局，责任单位：市人社局，各区（市）县政府]

6. 加强社会企业党的建设。建立健全社会企业党建机制，建设一支对党忠诚，热心公益，崇尚企业家精神，注重创新创业，勇担社会使命的社会企业家队伍，充分发挥党组织在社会企业发展中的政治引领和政治核心作用。（牵头单位：市委组织部，责任单位：市委统战部、市工商联、市工商局）

7. 鼓励社区开展社会企业发展试点工作，将社会企业培育发展情况纳入社区市级示范创建内容。鼓励村、社区按民主程序使用公服专项资金向社会企业购买服务，促进社会企业发展。[牵头单位：市委社治委，责任单位：市委组织部、市民政局、市农委、市工商局，各区（市）县政府]

（五）建立健全社会企业监管服务体系

1. 建立社会企业子系统和社会企业信用公示平台。依法加强对社会企业经济属性监管。依托成都市公共信用信息系统和成都市信用网，建设成都市社会企业子系统和成都市社会企业信用公示平台，依法归集、整合、发布社会企业的登记（备案）、行政处罚、年报等信息，方便公众查阅，做到公开透明。[牵头单位：市工商局，责任单位：市经信委、市大数据和电子政务办，各区（市）县政府]

2. 依法履行对社会企业的市场监管职责。相关管理部门要按照“谁审批、谁监管，谁主管、谁监管”原则，依法履行对社会企业的市场监管职责，防止监管真空。要强化部门间协调配合，建立健全信息共享、信息公示和案件协查移送机制。[牵头单位：市工商局，责任单位：市级有关部门，各区（市）县政府]

3. 建立社会企业信息公开披露制度。创新社会企业社会属性监管体系，引导社会企业通过社会企业信用公示平台，主动公开社会企业承担的公益项目和公共服务信息、业绩信息、利润分配信息等，按要求公开发布年度社会责任报告、影响力评估报告，以及遵守企业章程和评审认定标准、履行社会承诺、规范企业运行等方面的情况。（责任单位：市工商局）

4. 建立社会企业退出（摘牌）制度。对经第三方复审不再符合评审认定标准的社会企业，移出社会企业名录并予公示。移出名录的社会企业，不再具备申请社会企业评审认定的资格，不再享受社会企业相关政策支持。（责任单位：市工商局）

5. 完善社会监督机制。支持社会企业建立社会企业联盟自律公约制度，引领和规范社会企业行为，建立社会企业服务项目评价机制和意见反馈机制。发挥会计师事务所、律师事务所等专业服务机构和社区的作用，强化对社会企业及其行为的监督。鼓励支持新闻媒体、社会公众对社会企业进行监督，促进社会企业自觉规范自身行为和行业秩序。建立社会企业服务项

目评价机制和意见反馈机制。（牵头单位：市工商局，责任单位：市财政局、市政府新闻办）

三、工作保障

（六）加强组织领导。发挥市城乡社区发展治理工作领导小组工作机制，加强对社会企业发展工作的统筹指导、协调推进、督促检查。市工商局要发挥牵头作用，抓好具体工作实施，协调推进任务落实。各区（市）县政府要把支持社会企业发展及社会企业项目运行列入重要议事日程，纳入年度目标管理体系进行绩效考核。支持各区（市）县政府制定细化工作方案和具体措施，协调解决社会企业运行面临的个性化问题。

（七）注重宣传引导。市政府新闻办、各区（市）县政府要加大支持社会企业发展的宣传力度，引导社区居民主动关心社区建设、参与社区发展治理，搭建利益相关方充分参与的协商平台，为社会企业参与社会治理服务社区建设营造良好的群众基础。

（八）强化督促落实。各区（市）县政府要按照全市的统一部署，结合实际做好组织领导和贯彻落实工作。市级有关部门要根据职责分工，抓紧制定落实相关配套政策措施。市政府督查室要会同相关部门，做好本意见执行情况的监督检查，确保各项工作任务落到实处。

本意见从印发之日起施行，有效期3年。

附件：培育发展社会企业重点工作任务分解表

成都市人民政府办公厅

2018年4月9日

附件：

培育发展社会企业重点工作任务分解表

<table>
<tr><th>序号</th><th colspan="2">工作任务</th><th>牵头单位</th><th>责任单位</th><th>完成时限</th></tr>
<tr><td rowspan="5">一</td><td rowspan="5">建立社会企业培育发展促进机制</td><td>1. 便利社会企业登记</td><td>市工商局</td><td>市工商局</td><td>2018 年 12 月</td></tr>
<tr><td>2. 支持社会力量投资创办社会企业</td><td>市工商局</td><td>市工商局</td><td>2018 年 12 月</td></tr>
<tr><td>3. 建立社会企业评审认定制度</td><td>市工商局</td><td>市工商局</td><td>2018 年 12 月</td></tr>
<tr><td>4. 优先发展社区生活性服务类和服务农村农业类社会企业</td><td>市工商局</td><td>市新经济委、市农委、市商务委、市金融工作局，各区（市）县政府</td><td>2018 年 12 月</td></tr>
<tr><td>5. 加强对社会企业的培育孵化力度</td><td>市科技局</td><td>市新经济委、市工商局，各区（市）县政府</td><td>2018 年 12 月</td></tr>
<tr><td rowspan="8">二</td><td rowspan="8">营造支持社会企业发展良好环境</td><td rowspan="2">1. 完善金融支持政策</td><td>市金融工作局</td><td>市新经济委、市财政局</td><td rowspan="2">2018 年 12 月</td></tr>
<tr><td>市新经济委</td><td>市金融工作局、市财政局</td></tr>
<tr><td>2. 落实财税及行业支持政策</td><td>市经信委</td><td>市财政局、市国税局、市地税局、市科技局、市商务委、市农委</td><td>2018 年 12 月</td></tr>
<tr><td>3. 畅通政府采购社会企业服务的渠道</td><td>市财政局</td><td>各区（市）县政府</td><td>2018 年 12 月</td></tr>
<tr><td>4. 建设社会企业综合服务平台</td><td>市工商局</td><td>市经信委、团市委，各区（市）县政府</td><td>2018 年 12 月</td></tr>
<tr><td>5. 支持社会企业能力建设</td><td>市工商局</td><td>市人社局，各区（市）县政府</td><td>长期</td></tr>
<tr><td>6. 加强社会企业党的建设</td><td>市委组织部</td><td>市委统战部、市工商联、市工商局</td><td>长期</td></tr>
<tr><td>7. 鼓励社区开展社会企业发展试点工作，将社会企业培育发展情况纳入社区市级示范创建内容</td><td>市委社治委</td><td>市委组织部、市民政局、市农委、市工商局，各区（市）县政府</td><td>2018 年 12 月</td></tr>
</table>

续表

序号	工作任务		牵头单位	责任单位	完成时限
三	建立健全社会企业监管服务体系	1. 建立社会企业子系统和社会企业信用公示平台	市工商局	市经信委、市大数据和电子政务办，各区（市）县政府	2018 年 12 月
		2. 依法履行对社会企业的市场监管职责	市工商局	市级相关管理部门，各区（市）县政府	长期
		3. 建立社会企业信息公开披露制度	市工商局	市工商局	长期
		4. 建立社会企业退出（摘牌）制度	市工商局	市工商局	2018 年 12 月
		5. 完善社会监督机制	市工商局	市财政局、市政府新闻办	长期

中共中央　国务院
《关于加强和完善城乡社区治理的意见》

城乡社区是社会治理的基本单元。城乡社区治理事关党和国家大政方针贯彻落实，事关居民群众切身利益，事关城乡基层和谐稳定。为实现党领导下的政府治理和社会调节、居民自治良性互动，全面提升城乡社区治理法治化、科学化、精细化水平和组织化程度，促进城乡社区治理体系和治理能力现代化，现就加强和完善城乡社区治理提出以下意见。

一、总体要求

（一）指导思想

全面贯彻党的十八大和十八届三中、四中、五中、六中全会精神，坚持以邓小平理论、“三个代表”重要思想、科学发展观为指导，深入贯彻习近平总书记系列重要讲话精神和治国理政新理念新思想新战略，紧紧围绕统筹推进“五位一体”总体布局和协调推进“四个全面”战略布局，坚持以基层党组织建设为关键、政府治理为主导、居民需求为导向、改革创新为动力，健全体系、整合资源、增强能力，完善城乡社区治理体制，努力把城乡社区建设成为和谐有序、绿色文明、创新包容、共建共享的幸福家园，为实现“两个一百年”奋斗目标和中华民族伟大复兴的中国梦提供可靠保证。

（二）基本原则

——坚持党的领导，固本强基。加强党对城乡社区治理工作的领导，推进城乡社区基层党组织建设，切实发挥基层党组织领导核心作用，带领群众坚定不移贯彻党的理论和路线方针政策，确保城乡社区治理始终保持正确政治方向。

——坚持以人为本，服务居民。坚持以人民为中心的发展思想，把服务居民、造福居民作为城乡社区治理的出发点和落脚点，坚持依靠居民、依法有序组织居民群众参与社区治理，实现人人参与、人人尽力、人人共享。

——坚持改革创新，依法治理。强化问题导向和底线思维，积极推进城乡社区治理理论创新、实践创新、制度创新。弘扬社会主义法治精神，坚持运用法治思维和法治方式推进改革，建立惩恶扬善长效机制，破解城乡社区治理难题。

——坚持城乡统筹，协调发展。适应城乡发展一体化和基本公共服务均等化要求，促进公共资源在城乡间均衡配置。统筹谋划城乡社区治理工作，注重以城带乡、以乡促城、优势互补、共同提高，促进城乡社区治理协调发展。

——坚持因地制宜，突出特色。推动各地立足自身资源禀赋、基础条件、人文特色等实际，确定加强和完善城乡社区治理的发展思路和推进策略，实现顶层设计和基层实践有机结合，加快形成既有共性又有特色的城乡社区治理模式。

（三）总体目标。

到 2020 年，基本形成基层党组织领导、基层政府主导的多方参与、共同治理的城乡社区治理体系，城乡社区治理体制更加完善，城乡社区治理能力显著提升，城乡社区公共服务、公共管理、公共安全得到有效保障。再过 5—10 年，城乡社区治理体制更加成熟定型，城乡社区治理能力更为精准全面，为夯实党的执政根基、巩固基层政权提供有力支撑，为推进国家治理体系和治理能力现代化奠定坚实基础。

二、健全完善城乡社区治理体系

（一）充分发挥基层党组织领导核心作用。把加强基层党的建设、巩固党的执政基础作为贯穿社会治理和基层建设的主线，以改革创新精神探索加强基层党的建设引领社会治理的路径。加强和改进街道（乡镇）、城乡社区党组织对社区各类组织和各项工作的领导，确保党的路线方针政策在城乡社区全面贯彻落实。推动管理和服务力量下沉，引导基层党组织强化政治功能，聚焦主业主责，推动街道（乡镇）党（工）委把工作重心转移到基层党组织建设上来，转移到做好公共服务、公共管理、公共安全工作上来，转移到为经济社会发展提供良好公共环境上来。加强社区服务型党组织建设，着力提升服务能力和水平，更好地服务改革、服务发展、服务民生、服务群众、服务党员。继续推进街道（乡镇）、城乡社区与驻社区单位共建互补，深入拓展区域化党建。扩大城市新兴领域党建工作覆盖，推进商务楼宇、各类园区、商圈市场、网络媒体等的党建覆盖。健全社区党组织领导基层群众性自治组织开展工作的相关制度，依法组织居民开展自治，及时帮助解决基层群众自治中存在的困难和问题。加强城乡社区党风廉政建设，推动全面从严治党向城乡社区延伸，切实解决居民群众身边的腐败问题。

（二）有效发挥基层政府主导作用。各省（自治区、直辖市）按照条块结合、以块为主的原则，制定区县职能部门、街道办事处（乡镇政府）在社区治理方面的权责清单；依法厘清街道办事处（乡镇政府）和基层群众性自治组织权责边界，明确基层群众性自治组织承担的社区工作事项清单以及协助政府的社区工作事项清单；上述社区工作事项之外的其他事项，街道办事处（乡镇政府）可通过向基层群众性自治组织等购买服务方式提供。建立街道办事处（乡镇政府）和基层群众性自治组织履职履约双向评价机制。基层政府要切实履行城乡社区治理主导职责，加强对城乡社区治理的政策支持、财力物力保障和能力建设指导，加强对基层群众性自治组织建设的指导规范，不断提高依法指导城乡社区治理的能力和水平。

（三）注重发挥基层群众性自治组织基础作用。进一步加强基层群众性自治组织规范化建设，合理确定其管辖范围和规模。促进基层群众自治与网格化服务管理有效衔接。加快工矿企业所在地、国有农（林）场、城市新建住宅区、流动人口聚居地的社区居民委员会组建工作。完善城乡社区民主选举制度，进一步规范民主选举程序，通过依法选举稳步提高城市社区居民委员会成员中本社区居民比例，切实保障外出务工农民民主选举权利。进一步增强基层群众性自治组织开展社区协商、服务社区居民的能力。建立健全居务监督委员会，推进居务公开和民主管理。充分发挥自治章程、村规民约、居民公约在城乡社区治理中的积极作用，弘扬公序良俗，促进法治、德治、自治有机融合。

（四）统筹发挥社会力量协同作用。制定完善孵化培育、人才引进、资金支持等扶持政策，落实税费优惠政策，大力发展在城乡社区开展纠纷调解、健康养老、教育培训、公益慈善、防灾减灾、文体娱乐、邻里互助、居民融入及农村生产技术服务等活动的社区社会组织和其他社会组织。推进社区、社会组织、社会工作“三社联动”，完善社区组织发现居民需求、统筹设计服务项目、支持社会组织承接、引导专业社会工作团队参与的工作体系。鼓励和支持建立社区老年协会，搭建老年人参与社区治理的平台。增强农村集体经济组织支持农村社区建设能力。积极引导驻社区机关企事业单位、其他社会力量和市场主体参与社区治理。

三、不断提升城乡社区治理水平

（一）增强社区居民参与能力。提高社区居民议事协商能力，凡涉及城乡社区公共利益的重大决策事项、关乎居民群众切身利益的实际困难问题和矛盾纠纷，原则上由社区党组织、基层群众性自治组织牵头，组织居民群众协商解决。支持和帮助居民群众养成协商意识、掌握协商方法、提高协商能力，推动形成既有民主又有集中、既尊重多数人意愿又保护少数人合法权益的城乡社区协商机制。探索将居民群众参与社区治理、维护公共利益情况纳入社会信用体系。推动学校普及社区知识，参与社区治理。拓展流动人口有序参与居住地社区治理渠道，丰富流动人口社区生活，促进流动人口社区融入。

（二）提高社区服务供给能力。加快城乡社区公共服务体系建设，健全城乡社区服务机构，编制城乡社区公共服务指导目录，做好与城乡社区居民利益密切相关的劳动就业、社会保障、卫生计生、教育事业、社会服务、住房保障、文化体育、公共安全、公共法律服务、调解仲裁等公共服务事项。着力增加农村社区公共服务供给，促进城乡社区服务项目、标准相衔接，逐步实现均等化。将城乡社区服务纳入政府购买服务指导性目录，完善政府购买服务政策措施，按照有关规定选择承接主体。创新城乡社区公共服务供给方式，推行首问负责、一窗受理、全程代办、服务承诺等制度。提升城乡社区医疗卫生服务能力和水平，更好满足居民群众基本医疗卫生服务需求。探索建立社区公共空间综合利用机制，合理规划建设文化、体育、商业、物流等自助服务设施。积极开展以生产互助、养老互助、救济互助等为主要形式的农村社区互助活动。鼓励和引导各类市场主体参与社区服务业，支持供销合作社经营服务网点向城乡社区延伸。

（三）强化社区文化引领能力。以培育和践行社会主义核心价值观为根本，大力弘扬中华优秀传统文化，培育心口相传的城乡社区精神，增强居民群众的社区认同感、归属感、责任感和荣誉感。将社会主义核心价值观融入居民公约、村规民约，内化为居民群众的道德情感，外化为服务社会的自觉行动。重视发挥道德教化作用，建立健全社区道德评议机制，发现和宣传社区道德模范、好人好事，大力褒奖善行义举，用身边事教育身边人，引导社区居民崇德向善。组织居民群众开展文明家庭创建活动，发展社区志愿服务，倡导移风易俗，形成与邻为善、以邻为伴、守望相助的良好社区氛围。不断加强民族团结，建立各民族相互嵌入式的社会结构和社区环境，创建民族团结进步示范社区。加强城乡社区公共文化服务体系建设，提升公共文化服务水平，因地制宜设置村史陈列、非物质文化遗产等特色文化展示设施，突出乡土特色、民族特色。积极发展社区教育，建立健全城乡一体的社区教育网络，推进学习型社区建设。

（四）增强社区依法办事能力。进一步加快城乡社区治理法治建设步伐，加快修订《中华人民共和国城市居民委员会组织法》，贯彻落实《中华人民共和国村民委员会组织法》，研究制定社区治理相关行政法规。有立法权的地方要结合当地实际，出台城乡社区治理地方性法规和地方政府规章。推进法治社区建设，发挥警官、法官、检察官、律师、公证员、基层法律服务工作者作用，深入开展法治宣传教育和法律进社区活动，推进覆盖城乡居民的公共法律服务体系建设。

（五）提升社区矛盾预防化解能力。完善利益表达机制，建立党代会代表、人大代表、政协委员联系社区制度，完善党员干部直接联系群众制度，引导群众理性合法表达利益诉求。完善心理疏导机制，依托社会工作服务机构等专业社会组织，加强对城乡社区社会救助对象、建档立卡贫困人口、困境儿童、精神障碍患者、社区服刑人员、刑满释放人员和留守儿童、妇女、老人等群体的人文关怀、精神慰藉和心理健康服务，重点加强老少边穷地区农村社区相关机制建设。完善矛盾纠纷调处机制，健全城乡社区人民调解组织网络，引导人民调解员、基层法律服务工作者、农村土地承包仲裁员、社会工作者、心理咨询师等专业队伍，在物业纠纷、农村土地承包经营纠纷、家事纠纷、邻里纠纷调解和信访化解等领域发挥积极作用。推进平安社区建设，依托社区综治中心，拓展网格化服务管理，加强城乡社区治安防控网建设，深化城乡社区警务战略，全面提高社区治安综合治理水平，防范打击黑恶势力扰乱基层治理。

（六）增强社区信息化应用能力。提高城乡社区信息基础设施和技术装备水平，加强一体化社区信息服务站、社区信息亭、社区信息服务自助终端等公益性信息服务设施建设。依托“互联网＋政务服务”相关重点工程，加快城乡社区公共服务综合信息平台建设，实现一号申请、一窗受理、一网通办，强化“一门式”服务模式的社区应用。实施“互联网＋社区”行动计划，加快互联网与社区治理和服务体系的深度融合，运用社区论坛、微博、微信、移动客户端等新媒体，引导社区居民密切日常交往、参与公共事务、开展协商活动、组织邻里互助，探索网络化社区治理和服务新模式。发展社区电子商务。按照分级分类推进新型智慧城市建设要求，务实推进智慧社区信息系统建设，积极开发智慧社区移动客户端，实现服务项目、资源和信息的多平台交互和多终端同步。加强农村社区信息化建设，结合信息进村入户和电子商务进农村综合示范，积极发展农产品销售等农民致富服务项目，积极实施“网络扶贫行动计划”，推动扶贫开发兜底政策落地。

四、着力补齐城乡社区治理短板

（一）改善社区人居环境。完善城乡社区基础设施，建立健全农村社区基础设施和公用设施的投资、建设、运行、管护和综合利用机制。加快城镇棚户区、城中村和危房改造。加强城乡社区环境综合治理，做好城市社区绿化美化净化、垃圾分类处理、噪声污染治理、水资源再生利用等工作，着力解决农村社区垃圾收集、污水排放、秸秆焚烧以及散埋乱葬等问题，广泛发动居民群众和驻社区机关企事业单位参与环保活动，建设资源节约型、环境友好型社区。推进健康城市和健康村镇建设。强化社区风险防范预案管理，加强社区应急避难场所建设，开展社区防灾减灾科普宣传教育，有序组织开展社区应对突发事件应急演练，提高对自然灾害、事故灾难、公共卫生事件、社会安全事件的预防和处置能力。加强消防宣传和消防治理，提高火灾事故防范和处置能力，推进消防安全社区建设。

（二）加快社区综合服务设施建设。将城乡社区综合服务设施建设纳入当地国民经济和社会发展规划、城乡规划、土地利用规划等，按照每百户居民拥有综合服务设施面积不低于30平方米的标准，以新建、改造、购买、项目配套和整合共享等形式，逐步实现城乡社区综合服务设施全覆盖。加快贫困地区农村社区综合服务设施建设，率先推动易地搬迁安置区综合服务设施建设全覆盖。落实不动产统一登记制度，做好政府投资建设的城乡社区综合服务设施不动产登记服务工作。除国家另有规定外，所有以社区居民为对象的公共服务、志愿服务、专业社会工作服务，原则上在城乡社区综合服务设施中提供。创新城乡社区综合服务设施运营机制，通过居民群众协商管理、委托社会组织运营等方式，提高城乡社区综合服务设施利用率。落实城乡社区综合服务设施供暖、水电、燃气价格优惠政策。

（三）优化社区资源配置。组织开展城乡社区规划编制试点，落实城市总体规划要求，加强与控制性详细规划、村庄规划衔接；发挥社区规划专业人才作用，广泛吸纳居民群众参与，科学确定社区发展项目、建设任务和资源需求。探索建立基层政府面向城乡社区的治理资源统筹机制，推动人财物和责权利对称下沉到城乡社区，增强城乡社区统筹使用人财物等资源的自主权。探索基层政府组织社区居民在社区资源配置公共政策决策和执行过程中，有序参与听证、开展民主评议的机制。建立机关企事业单位履行社区治理责任评价体系，推动机关企事业单位积极参与城乡社区服务、环境治理、社区治安综合治理等活动，面向城乡社区开放文化、教育、体育等活动设施。注重运用市场机制优化社区资源配置。

（四）推进社区减负增效。依据社区工作事项清单建立社区工作事项准入制度，应当由基层政府履行的法定职责，不得要求基层群众性自治组织承担，不得将基层群众性自治组织作为行政执法、拆迁拆违、环境整治、城市管理、招商引资等事项的责任主体；依法需要基层群众性自治组织协助的工作事项，应当为其提供经费和必要工作条件。进一步清理规范基层政府各职能部门在社区设立的工作机构和加挂的各种牌子，精简社区会议和工作台账，全面清理基层政府各职能部门要求基层群众性自治组织出具的各类证明。实行基层政府统一对社区工作进行综合考核评比，各职能部门不再单独组织考核评比活动，取消对社区工作的“一票否决”事项。

（五）改进社区物业服务管理。加强社区党组织、社区居民委员会对业主委员会和物业服务企业的指导和监督，建立健全社区党组织、社区居民委员会、业主委员会和物业服务企业议事协调机制。探索在社区居民委员会下设环境和物业管理委员会，督促业主委员会和物业服务企业履行职责。探索完善业主委员会的职能，依法保护业主的合法权益。探索符合条件的社区居民委员会成员通过法定程序兼任业主委员会成员。探索在无物业管理的老旧小区依托社区居民委员会实行自治管理。有条件的地方应规范农村社区物业管理，研究制定物业管理费管理办法；探索在农村社区选聘物业服务企业，提供社区物业服务。探索建立社区微型消防站或志愿消防队。

五、强化组织保障

（一）完善领导体制和工作机制。各级党委和政府要把城乡社区治理工作纳入重要议事日程，完善党委和政府统一领导，有关部门和群团组织密切配合，社会力量广泛参与的城乡社区治理工作格局。完善中央层面城乡社区治理工作协调机制，地方各级党委和政府要建立健全相应工作机制，抓好统筹指导、组织协调、资源整合和督促检查。各省（自治区、直辖市）党委和政府要建立研究决定城乡社区治理工作重大事项制度，定期研究城乡社区治理工作。市县党委书记要认真履行第一责任人职责，街道党工委书记、乡镇党委书记要履行好直接责任人职责。要把城乡社区治理工作纳入地方党政领导班子和领导干部政绩考核指标体系，纳入市县乡党委书记抓基层党建工作述职评议考核。逐步建立以社区居民满意度为主要衡量标准的社区治理评价体系和评价结果公开机制。

（二）加大资金投入力度。加大财政保障力度，统筹使用各级各部门投入城乡社区的符合条件的相关资金，提高资金使用效率，重点支持做好城乡社区治理各项工作。老少边穷地区应根据当地发展水平，统筹中央财政一般性转移支付等现有资金渠道，支持做好城乡社区建设工作。不断拓宽城乡社区治理资金筹集渠道，鼓励通过慈善捐赠、设立社区基金会等方式，引导社会资金投向城乡社区治理领域。创新城乡社区治理资金使用机制，有序引导居民群众参与确定资金使用方向和服务项目，全过程监督服务项目实施和资金使用。

（三）加强社区工作者队伍建设。将社区工作者队伍建设纳入国家和地方人才发展规划，地方要结合实际制定社区工作者队伍发展专项规划和社区工作者管理办法，把城乡社区党组织、基层群众性自治组织成员以及其他社区专职工作人员纳入社区工作者队伍统筹管理，建设一支素质优良的专业化社区工作者队伍。加强城乡社区党组织带头人队伍建设，选优配强社区党组织书记，加大从社区党组织书记中招录公务员和事业编制人员力度，注重把优秀社区党组织书记选拔到街道（乡镇）领导岗位，推动符合条件的社区党组织书记或班子成员通过依法选举担任基层群众性自治组织负责人或成员。社区专职工作人员由基层政府职能部门根据工作需要设岗招聘，街道办事处（乡镇政府）统一管理，社区组织统筹使用。加强对社区工作者的教育培训，提高其依法办事、执行政策和服务居民能力，支持其参加社会工作职业资格评价和学历教育等，对获得社会工作职业资格的给予职业津贴。加强社区工作者作风建设，建立群众满意度占主要权重的社区工作者评价机制，探索建立容错纠错机制和奖惩机制，调动社区工作者实干创业、改革创新热情。

（四）完善政策标准体系和激励宣传机制。加强城乡社区治理工作理论政策研究，做好城乡社区发展规划编制工作，制定“三社联动”机制建设、政府购买城乡社区服务等相关配套政策。加快建立城乡社区治理标准体系，研究制定城乡社区组织、社区服务、社区信息化建设等方面基础通用标准、管理服务标准和设施设备配置标准。及时总结推广城乡社区治理先进经验，积极开展城市和谐社区建设、农村幸福社区建设示范创建活动和城乡社区结对共建活动，大力表彰先进城乡社区组织和优秀城乡社区工作者。充分发挥报刊、广播、电视等新闻媒体和网络新媒体作用，广泛宣传城乡社区治理创新做法和突出成效，营造全社会关心、支持、参与城乡社区治理的良好氛围。

各省（自治区、直辖市）要按照本意见精神，结合实际制定加强城乡社区治理工作的具体实施意见。各有关部门要根据本意见要求和职责分工，制定贯彻落实的具体措施。

第八章 他山之石

一、四川云村：传统习俗在灾后重建中发挥重要作用

【导语】

在专业社工介入社区营造的过程中，为了鼓励社区运用自己的力量进行社区建设，一方面可以引导社区居民或社区志愿者制定社区管理规则或运行机制；另一方面也可以利用社区原有的风俗习惯、约定俗成、民间传统等来解决社区营造中出现的管理困难等事项。发挥社区居民自身的智慧，挖掘传统的民间规则，有时会收到意想不到的良好效果。

【案例】

2008 年，四川汶川“5・12”特大地震发生之后，清华大学可持续性乡村重建团队选择了茂县云村作为重建帮扶对象，帮助云村重建家园。该团队发动当地村民用社区营造的方法进行重建，并对云村提出一个要求，就是社区一定要用自己的力量进行重建，不能到外面找包工队。社工团队前期对云村的情况进行了基础调研，认为这个村子社会资本发达，有能力做到自我重建。后来的事实也证明，这个村的村民关系比较和睦、邻里亲密感也很强，村民很有自组织能力，社区家园重建做得很好，得到了四川省阿坝州重建成果评估的第二名。

在云村重建的过程中，村里的乡规民俗发挥了重要作用。村里有传统的“竹根亲”，意思是家家户户都是某种形式的亲戚，一个山头前前后后四个村子，木耳村、牛尾村、羌阳村、云村，村和村之间的互相往来其实都是走亲戚。通过婚嫁的人际互动，不同村子之间的血缘、宗族关系不断变得密切，从而

发展出“换工”的传统。这其实是一种人情交换，又包含着一种慈善的力量。换工传统起源于农忙的时候，你家帮我家、我家帮你家。换工的规则是，一天大工换大工，一天小工换小工。如果是老弱病残，做一些零碎的小事就算是小工，例如帮忙照看孩子、捡石子、厨房切菜，等等。

建造房屋过程中，在砌石头、拉钢架、做屋顶的时候，一般认为村里的老人、小孩、妇女都无事可做，但是依据换工这一传统，哪怕你在外边端茶倒水也可以，甚至小孩子拿一把小铁锤敲石块、拉绳子都算小工。同工传统制定了一系列换工的乡规民俗，大工（砌石之类）换大工、小工换小工、小工以一定比例换大工，这一系列的换工方式，使得自组织盖房十分顺利，最后也很成功。

依靠居民之间的密切关系，几乎每个村民都参与了重建过程，并充分展示出了民间的智慧。他们组成了一个“十八罗汉”钢架队，在一棵大树上绑一个绞盘，拉上一条铁绳索，然后用拖拉机拉起钢架。他们做钢架时，全村的人都会来帮忙。很多人在旁边拉的同时，“十八罗汉”钢架队迅速爬上去拧螺丝，专业工程队用大吊车需要三天才能架起的一栋四连排的房子，而村民靠着拖拉机和齐心协力，以及“十八罗汉”在钢架上飞来飞去，竟然也可以用三天时间组合起来。

【点评】

这一案例对社区营造者或者是介入社区营造的社工具有很强的启发意义。在对当地的乡规民约进行充分调研的基础上，社区营造者需要考虑的是，如何有效地把这些乡规民俗转换成新的认同力量，新的合作力量，比如如何在他们原来的乡规民俗的基础上让当地居民合作，产生自治力，产生新的规则？社工团队应该因势利导，将当地很有价值的乡规民俗，融合变成现代合作社的合作模式，从传统的血缘认可转化成现代的合作认同，从传统的乡规民俗转化成现在的合作规范。

二、广东春湾：废弃空间重现勃勃生机

【导语】

在日常生活中，公共场域与公共空间的缺乏，是一个很突出的问题。我们常常说要改善公共治理，社区的公共空间，就是一种具体而有力的载体。但是，一些基层政府花了不少钱做的基层公共空间，却经常处于闲置状态，社区民众并不愿意主动去这些地方。其中的原因可能很多，比如不亲近居民生活区、不容易被找到、不符合居民实际需求、不能吸引居民关注，等等。

1955 年，联合国在《通过社区发展促进社会进步》文件中指出，社区发展经由全社会居民积极参与，并充分发挥创造力，以促进社区经济与社会同时进步；强调发现社区需求，发动社区资源去满足社区需要和期望，动员社区居民一起行动……这些实际上强调的是注重发掘社区本土资源与力量，注意自下而上的社区动员，注意社区居民的支持与参与。打造社区公共空间时也要遵循这些原则，方能让公共空间名副其实。

【案例】

春湾社会工作站位于广东省阳春市，是广东省民政厅 2017 年开始实施的“双百计划”中的一个，现阶段拥有 5 名本土社工。2017 年 6 月开始，春湾社工开始在湾北社区、原春湾糖厂下岗职工生活区建立扎根社区的服务据点，他们走街串巷，入户访谈，评估社区的方方面面。在社区走访中，社工们发现社区内没有可供居民活动的场所。社区的老人只能坐在糖厂生活区有树荫的道路边，坐在邻家小店摆放的破桌子上聊天，人多的时候只能站着。家访时，居民也向社工反映，糖厂生活区没

有什么可以玩儿的地方。显然，从需求评估的角度来看，社区需要一个可供居民玩乐的活动场地。春湾社工基于实践理念和现实需求，希望打造一个社区居民想去、爱去、能去的社区公共空间。

但是，春湾社工走遍了糖厂的边边角角，询问了社区不同的主体，得到的答案都是“没有这样的场地”。“不死心”的社工们多次访问社区，终于找到了原春湾糖厂的卫生室，该房一直荒废，经过与糖厂负责人反复沟通协调，糖厂将房间无偿提供给社工使用。这间平房很适合作公共空间，它位于职工生活区，靠近溜冰场、篮球场，距离社区老人经常聚集的树荫道路很近，没有出行限制，傍晚时有一定的人气。但由于年久失修，房子非常破烂，需要清理改造。

春湾团队没有“等靠要”，而是从社区动员开始，寻找社区的各类资源来打造社区公共空间。改造社区空间需要水泥、砂石、灰膏，社工动员当地居民捐赠出自家建房时剩余的材料，并动员社区内销售地砖、砂石的老板捐赠相应的物资。在购买石粉、电风扇、照明设备时，春湾社工对商家“动之以情、晓之以理”，说服了商家以半价出售。改造房屋所需要的技术工人，都由社工在居民中寻找。改造社区公共空间还需要一些现金。春湾社工便发动社区居委会、社区幼儿园、糖厂办公室等捐赠一些。同时，发起“一元钱”捐款活动，即在社区走访，向社区居民宣传打造社区公共空间的计划，并号召每户为社区公共空间打造捐赠“一元钱”。随后，春湾团队还发动社区居民捐赠自己家中不用的二手家具，如桌椅、凳子，并将其用于公共空间的装饰。这是一个社区动员的过程，更是一次社区教育的过程。他们记录道：“我们发动当地群众自愿为空间贡献自己的力量，它的意义在于除向群众宣传公共空间外，还要告诉群众，公共空间是大家一起参与打造的，大家以后有权利享用它，同时也有义务维护和完善它。”

经过半年多的努力，春湾社工逐渐打造出一个干净、舒适、功能齐全的社区公共活动空间。在硬件建设的基础上，他们还有一系列社区公共空间改造的后续计划：将社区公共空间打造的过程、故事、照片作为装饰，在社区展览；举办社区活动中心揭牌仪式，让社区居民都来参与；将自发的民众活动常规化、常态化；从民众中选举管理委员会，培育培训他们成为积极分子，制定日常管理细则，把钥匙交给民众，让公共空间的使用权最终回归民众。

治理前后

【点评】

从表面上看，春湾社工的实践并没有什么了不起，改造的公共空间也没多大，也没多精美，也不够完善，但整个过程却充满积极的意义。他们有社区调查，有社区动员，有社区教育，也有社区参与。只有这样相信民众、依靠民众，让社区各个主体都有参与的感觉，公共空间才会属于大家。从春湾案例，可以为打造社区空间总结出一些实用的经验：

1. 注意空间规模。社区公共空间的服务（辐射）范围是有限的，动辄几百平方米、上千平方米的服务空间未必总是好。不要一味地追求大而全的社区公共空间，而是要建立小而美但符合居民需要、具有可亲近性的公共空间。

2. 利用原有基础。公共空间的打造并非要“另起炉灶”或是推倒重建，能在社区既有的空间基础上加以改造是最合适不过的。菲律宾的社区发展，常常将乡村学校加以利用，泰国的社区发展则是结合寺庙来完成，潮汕地区的探索则是将祠堂加以改造，春湾的案例是将原来废弃的糖厂卫生室回收改造。在原有基础上探索社区公共空间改造，一方面，能够“物尽其用”，节约成本；另一方面，原有的空间往往承载社区历史记忆，更“接地气”，更能获得居民的认可。

3. 注重社区参与。空间打造的过程不单靠上级政府调拨资源，不单靠几个社工独自操刀，而是要充分调动社区内外各种的资源和能力。打造公共空间的过程不只是完成“物理空间”改造，更重要的是居民参与，凝聚人气，并从中发掘社区的积极分子。

三、日本千叶：长寿社会的社区营造

【导语】

在老龄化趋势越来越严重的今天，社区居家养老模式成为未来老年人养老的主要方向，社区养老服务已成为社区福利的重要内容，各个社区都应考虑社区老年人的养老服务问题，为老年人提供舒适的生活环境、高质的医疗服务、便捷的生活服务。

日本是个人口长寿的国家，也是世界上最早迎来超老龄社会的国家。大多数日本老年人希望能在自己熟悉的环境安心生活，直至生命最后一刻。为此，日本推出了“长寿社区营造”计划，以“自立支援”为基本理念，让老年人尽可能健康自立，同时，还通过各种活动，让老年人不断提高生活品质，过一种充满活力，能发挥自身价值的生活。

【案例】

日本千叶县柏市位于东京都中心约30公里，交通便捷，但面临急速老龄化问题。2011年4月，人口约40万，其中75岁及以上老年人约3.5万人。预计到2030年，75岁及以上老年人将达到7万人。随着老龄化的进展，老年人的支援和护理需求也在增加。

“示范社区营造事业”开始于柏市老龄化程度最为严重的丰四季台社区。这一社区营造的理念是：构建一个可以安心地在自己熟悉的环境生活的社区，一个不管多大年龄都能创造人生价值、充满活力地生活的社区。2009年，柏市丰四季台地域高龄社会综合研究会在一次会议上讨论了“长寿社会的社区营造构想”，由此，以当地团体为中心，开始了柏市“长寿社会的社区营造”。

首先，改善居家养老的医疗环境，构筑地域关怀体系。具体包括：推进居家医疗，设立可上门诊疗的诊疗所，确保医院有短期入住的床位，充实24小时上门看护和上门护理，并与多种形式的服务机构建立联系；增加居家医疗的医师，提高服务质量；在地区核心位置设置地域医疗点，为老年人提供医疗、看护、护理一体化服务；为居家养老的老年人提供生活支援、上门看护、小规模多功能居家护理等多样化服务；发挥地域综合支援中心的作用。

其次，为老年人创造劳动和就业的机会与场所，构建让老年人发挥价值、感到人生有意义的社区环境。柏市有大批老年人，他们退休后活动范围从工作单位转移到了社区。一些身心健康的老年人，有继续工作的意愿，但由于缺少工作机会，只能待在家里。柏市丰四季台地域高龄社会综合研究会为改变这一现状，开设了利用休耕地的都市型农业、利用社区内土地开辟迷你菜园工厂、房顶农园，让老年人亲近土地，体会种植和收获的快乐。他们还让老年人开办社区食堂，满足社区居民需求。鼓励他们在育儿、生活等方面提供能力和技术支援，例如让一些健康的老年人负责放学后儿童的看管。他们还创设移动贩卖、配餐、生活支援等多种劳动机会，吸引老年人走出家庭，过充实有意义的生活。

除柏市丰四季台社区之外，还有一些地区和社区积极为老年人搭建信息交流和人际交流的平台，让健康老年人成为社区生活支援的承担者。如，山形县山形商工会议所统一租下了位于市中心旧松坂屋大楼的4—8层，提供给不同的团体经营。位于5层的山形市老人俱乐部运营的老年人沙龙，成为老年人聚会、闲谈和开展各种兴趣小组的活动场所。

长野县冈谷市将东急百货店的部分楼层用作社区活动场所，设立“生涯学习活动根据地”和文化中心。该中心设有多功能厅、和室、会议室、研修室、IT研修室、学习室、青少年活动室、舞蹈音乐教室，可举办各种培训班和讲座，社区老年人可按兴趣报名学习。

富山县高冈市商工会议所利用市内闲置店铺，开设老年人交流场所“坂下小路”沙龙，供购物疲倦的老年人休息，附近老年人可在此喝茶聊天，交流信息，还可拜托志愿者代为购物。沙龙内有电脑体验角，有志愿者免费教老年人使用电脑和智能手机。沙龙还不定期举办各种面向老年人的讲座，受到老年人欢迎。

【点评】

营造长寿社区，老龄化社区，受益的绝不仅仅是老年人，而是包括社区所有人在内。实现这样一种舒适、安全、安心的社区环境，不仅仅是行政主导，还要发挥居民的主体性，改善社会环境，通过“协动”构建适合老年人生活和养老的“宜老社区”和“为老社区”。在进行长寿社区营造方面有以下几点经验可供借鉴：

1. 掌握地区、居民的现状和问题、老年人的需求，开展日常生活圈中的需求调查，进行数量质量分析。

2. 在社区居民会议上讨论具体案例，挖掘社会资源，包括护理、医疗、居住、预防、生活支援的问题。

3. 了解志愿者现状，包括具有专业职称的人数、资质，同时还要善于发现社区的领导型人才，促进居民互助。

4. 召集社区相关人员商讨对策，吸收居民参与医疗计划、社区相关计划的企划和修改。

5. 召开居民会议、各种主题的研讨会，充分听取公众意见。在制定老年人相关政策时，与儿童、残障等方面的政策进行协调，实现地区课题共享。

6. 通过保健、医疗、福利等方面负责人士的共同合作，找出共同课题，制定对策，并将其反映到年度社区规划中。

四、上海嘉定：邻里互助营造友好型社区

【导语】

邻里间结成互帮互助对子，消除邻里间的陌生，拉近邻里间的距离，充分发挥社区志愿者的作用，是社区营造过程中的重要环节，有利于调动社区人力资源，丰富社区人文生活、充实社区居民日常活动、减轻困难家庭负担，也有利于营造邻里和谐、共创文明的良好氛围。

【案例】

上海市嘉定区安亭镇红梅社区是一个居民结构相对复杂的社区，拥有“五多”的特点，即老年人多、下岗失业人员多、

社会救助对象多、出租户多、外来人员多。这些相对落后和复杂的条件给社区治理带来较大困难，制约了社区发展。但是，由于红梅社区具有邻里互助的好传统，社区认同感与凝聚力较强，因此，这里的居民们安居乐业、和睦互助、邻里守望，使得社区生活其乐融融、多姿多彩，而在这其中起到最大作用的，就是红梅的“帮帮团”。

红梅“帮帮团”是社区居民自发自愿形成的志愿者团队，旨在为社区建设形成互帮互助的良好氛围，鼓励居民共同管理好自己的社区。“帮帮团”是在以睦邻互助队为主的一些社区居民志愿者团队基础上发展壮大起来的，而睦邻互助队的成立源于一段照顾老华侨的故事。

十多年前，红梅社区居住着一位印尼归国华侨，老人在晚年身体情况不佳，一度情绪失控，企图自杀。一位居委会干部的爱人与这位华侨退休前是同事，来看望他时，发现他特别需要照顾，便动员了爱人及十多个社区里的热心阿姨来照顾他。居委会干部和志愿者坐在床前，连续进行3个小时的耐心劝慰、疏导；在他病重期间，志愿者们总是不忘带上营养品上门探望他；大年夜还特地烹制了老人爱吃的大明虾去陪他。正是社区居委会的干部、志愿者和好乡邻们，陪老人走过了人生的最后一站。老人临终前将他15万元积蓄全部捐给红梅社区居委会，用于设立助学金，帮助社区内的困难家庭和困难学生。

2006—2011年，5年间睦邻互助队先后帮助了小区120多位80岁以上独居、卧床、生活困难的老人。他们包揽了社区80岁以上老人重阳节走访的所有任务；他们承担了元宵“包汤圆”、端午“箍粽子”的工作；他们始终坚持对左邻右里的关心，做到“有一分热，发一分光”。

2012年，在红梅睦邻互助队的基础上，“帮帮团”成立了，相比于前者，“帮帮团”不但把志愿者队伍扩大了，更是把志愿者服务从原有的“老帮老”拓展到了社区生活的方方面面。目前，红梅“帮帮团”有200多人，4支大队，包括夕阳红歌唱队、舞蹈队、卫生整治队等，从环境整治、文化活动组织、为老助老、纠纷调解等各个方面维护社区秩序、协调社区矛盾、解决社区居民困难。

“帮帮团”为了更好地“知民情、晓民意、察民心”，打造了“有话大家说”议事平台，每周三下午定时定点举行活动，让来到这里的居民对社区建设提出自己的观点和疑问，而大家可以针对所提出的问题一起讨论解决的办法。这一平台将居民“请进来”，“有问题大声说、有困难大胆讲、有意见大胆提”。在一次次的“说会”中，“帮帮团”为居民解决了居民最关心、最直接、最现实的利益问题，打造了社区“关注民生、畅通民意、汇聚民智、解决民忧”的常态工作品牌。

【点评】

社区治理、社区营造归根结底还是靠“人”的参与，在推进社区建设的过程中，还是需要依靠“居民自治”来带动“社区共治”，从而达到“善治”“德治”。红梅社区这一案例充分体现了由社区搭建平台，提供场所，鼓励居民自治的社区营造模式，形成了“社区搭台，居民唱戏”的良好机制。

但同时也应该看到，红梅社区这一模式的建立有一个重要的基础，即红梅社区是由上海十家市属企业从市区搬迁到安亭之后形成的，邻里之间大多是同事关系，彼此之间较为熟络，因此在互帮互助上没有信任方面的障碍，这种模式比较适合城区的老旧小区，或是单位小区，对新建商品房小区来说，推行起来的困难比较大。

五、台湾宜兰：产业振兴留住社区人力资本

【导语】

一个社区最大的资本就是“人”，尤其是社区本地的居民，这是社区营造的根本，也是社区拥有的最重要资源。而要留住社区居民，只有复兴当地经济，发掘社区产业特色，创造出工作机会和发展前景，才有利于社区经济建设，社区营造才可能有持续的力量，居民的参与也才会有持久的动力。

【案例】

台湾宜兰县苏澳外镇白米社区曾经处处是矿石厂、水泥厂，污水横流，烟尘弥漫，社区环境恶劣，“晴天一身土，雨天一身泥”，这句话成了小区的真实写照。几十年里，当地开了十多家矿石加工厂，使这里成为全台湾落尘最大的矿业区，居民纷纷外迁，社区由此落寞。

1993 年，为了找回社区的生机，居民牵头成立“白米社区发展协会”，从环境监控入手，向污染宣战，但由于大量居民搬离社区，协会缺少足够的人手与污染企业交涉，社区营造困难重重。

“经过商议，我们决定调整社区营造的方向，采取先改造小区，再要求厂方的策略。”白米社区发展协会理事长介绍说。社区居民先对当地环境资源和生态资源进行保护性开发，减少水泥制造和采矿业对环境的污染。接着，复兴旧时“白米瓮”的木屐产业，作为社区新的产业发展方向。然后，说服矿石业者加入绿色产业计划，一同经营木屐产业，逐步修复被破坏的生态环境。

白米社区邀请老手工艺人，利用后山上的林木资源，教授村民木屐制作技艺，重振木屐产业。1998 年，木屐合作社推出《白米社区产业文化推展辅导计划》，大力推动木屐工艺传承、

进行产销制度规划、开发木屐舞培训、乡土导览活动等。同时，鼓励有兴趣的家庭加入产业辅导计划，参与彩绘木屐生产研习班，并发挥居民创意制作出巨型木屐、彩绘木屐、鸳鸯木屐、袖珍木屐等一系列叫好又叫座的产品，一下子打开了游客市场，产品供不应求。

随着木屐花样越来越多，如何向游客进行集中展示和推广，成了社区营造的重点，"白米木屐馆"应运而生，成为全台首座木屐博物馆。如今，木屐博物馆已成为白米社区的观光招牌，每年吸引10多万人次的游客，带来了巨大的经济效益和社会效益。以前到城市工作的年轻人看到了木屐产业带来的生机，开始陆续回流，有的选择在木屐馆或社区任职、有的开起木屐工作坊，还有的留下来开公司、做文创、旅游导览等工作。

年轻人的回归，也让木屐玩出了更多新花样，在年轻人的倡导下，以"木屐新花样"为主题的"苏澳镇白米文化祭"，每年都在社区上演，吸引了成千上万名游客参与。其间，社区举办特展，展示新式木屐及文创商品，组织木屐舞表演、木屐竞赛及园游会，扩大游客参与度，与青年设计师合作，开发木屐系列伴手礼等。

年轻人愿意回归，社区越来越有活力，20多年来白米社区围绕木屐讲故事，成功让木屐艺术化、生活化、精致化、既复兴了木屐产业，也带动了旅游、餐饮、文创等相关产业的发展，同时创造了可观的工作机会与发展前景，外迁人群逐渐回流，原本没落的社区复活了，蜕变成为生态环境合适、人文环境优美的"木屐之乡"，成为台湾乡村社区营造的经典案例。

【点评】

台湾的乡村社区营造始于20年前，时至今日，台湾的乡村社区营造运动仍如火如荼，产生的效益有经济的、有文化的，但在不少业内人士看来，其最有意义的部分是"活化产业"和

“造人”，因为有了产业的带动，有了居民的参与，社区营造才能成功。所谓“活化产业”是指因地制宜地培育在地产业，从而带动村落的复兴。所谓“造人”则是培养居民的参与意识与公共意识，建立“人与土地”及“人与产业”的情感连接，从而调动全体民众的积极性和能动性。

六、英国七橡树镇：社区文化营造增强社区归属感

【导语】

社区营造的最终目标是要打造一个能让居民在工作之余好好休憩，好好享受生活的社区，并且要创造出各个社区的特色。而特色的打造，最核心的在于社区的特色文化与产业，“特色营造”一方面是社区特色文化及产业的视觉表现；另一方面也是社区居民文化向心力凝聚的集聚点，它能有效盘活在地资源转化，激活社区居民的热情与创造力。英国社会改革家埃比尼泽·霍华德在其著作《明日的田园城市》中描绘了一种兼具城市与田园的城市模型，成为人们心目中的理想城市。社区营造也是要创造一种符合人们内心向往的理想模型，将社区硬件建设与文化建设相结合，不断挖掘、发挥，以实现理想社区的梦想。

【案例】

英国七橡树镇位于伦敦东南，距离市中心35公里，小镇镇区人口仅2.8万。别看人口不多，但小镇历史悠久、风景优美，拥有17处国家历史公园和花园，40处自然保护区，57处本地野生动物地点，被称为“英格兰的花园”。该镇在社区营造方面进行了多层次的文化营造，逐渐成为世界闻名的特色小镇，成为社区文化营造的成功典范。其社区文化营造工作包括以下几个层次：

在空间上，打造复合型文化综合体。小镇中心坐落着“七

橡树万花筒”，是集画廊、图书馆和博物馆为一体的复合型文化综合体。综合体内的图书馆人气极旺，会定期举办种类丰富、参与性强的活动，例如讲故事会、每周读书会以及极具特色的婴儿学语时间。博物馆里展示着小镇独特的发展历史。古老的图片和物件，配上辅助详细观察的放大镜和台灯，让孩子们从小增进对自己生活的这片土地历史文化的了解。

与此同时，小镇还创造了全覆盖浸染式教育环境，让教育不只在学校和图书馆。针对学龄前儿童，小镇推出了覆盖幼儿园阶段的自然成长计划，设置森林学校、农场日等见学体系，让孩子们亲近动物、认识真正的自然，更深入地了解生活，在自然中学习，形成对真实世界的全面认知。针对8—12岁孩子，小镇推出了每周儿童团计划，通过组织同年龄孩子们课余的集体活动来培养他们的合作意识、规则意识和自信心建立，让孩子们在集体中成长。为了创造更加全面有效的学习环境，小镇还提供移动图书馆和云端图书馆服务，让学习变得触手可及。

在生活方式上，营造全年龄运动健康生活方式。在七橡树小镇，更加注重孩子天性的释放与体魄的强健，运动是人人皆有、无处不在的生活习惯。针对未来精英的教育，学校和社区都会组织孩子们定期在周边众多绿地上来场撒野跑，在这个过程中，孩子们锻炼了身体，收获了乐趣。

在时间上，通过多种节日传承小镇的文化。七橡树人创造了自己的社区节日：夏日节和文学节。小镇有着浓厚的文学传统，《傲慢与偏见》的作者简·奥斯汀曾在此居住。七橡树文学节期间，还有世界知名作家来到小镇与社区文学爱好者一起探讨。七橡树文学节逐渐成为全英乃至世界范围内影响力急剧上升的文学节。节日期间，小镇中的人们聚集起来参加各种各样的活动，增进了彼此的情感，同时增强了对小镇的认同感和归属感。

打造专属社区标志，强化社区身份认同。七橡树小镇的名字源于诺尔庄园的七棵橡树，小镇选取“七颗橡果”作为小镇的 Logo 及标志。校徽、运动队徽、墙饰、井盖等地方，都是以“七颗橡果”为原型的变化，它存在于小镇的各个角落，是小镇居民共同身份的表达，彰显着小镇人共同的心灵归宿。

【点评】

社区文化教育生活的营造，是一个全方位的内容，与七橡树社区文化营造相比较，我们现在的文化生活营造还有欠缺，主要针对人群为中老年人，形式也比较单一，每个社区的特点不明显。总结七橡树的案例，主要有以下几点成功的原因：

1. 注重新老结合。既保留了社区传统的文化，又在传统文化的基础上发展了新文化，用自然巧妙的手法使得新旧文化相互交融。

2. 提升社区文化形象。对社区整体的视觉形象进行了提升，从小镇的 Logo 及标志开始进行，并将这些视觉符号应用到小镇视觉可接触的角落里，让小镇的形象符号深入人心。

3. 重视社区儿童的教育。在特色营造方面，以儿童兴趣及习惯出发，设计各种有趣生动的环节，以他们所能接受的形式将小镇文化进行传播。而且还针对儿童群体，建立交流专区。

4. 打造特色文化。打造小镇独有的传统节日，建设小镇居民情感交流场所，不仅丰富当地居民的文娱文体活动，加强小镇归属感，也传达了小镇快乐的特色文化。

附　录

附录1：参与式评估的指标体系

参与式评估是一套由政府部门、项目执行机构、高校学者共同“开发”的指标体系，下设六大范畴，53 项指标。六大范畴包括：领导与治理；人力资源管理；财务管理；危机与风险管控；服务设计、提供及评估；对外关系与沟通。53 项指标为具体的规则，用以考察被评估方。

指标体系的使用说明：（1）六大范畴及 53 项指标的配合具有高度的灵活性，需要由评估方提前和被评估对象进行磋商，根据项目性质、评估范围、评估内容和评估要求，从指标中选取或增加适合被评估项目的指标，并共同商议不同的范畴、指标在评估结果中的权重。（2）六大范畴中的财务管理部分，着重评估执行项目的机构是否制定了财务管理的相关制度，而项目的具体财务细节，应交由具有资质的财务公司进行审计。

（一）项目管理

标准 1——服务需求：项目执行机构应确保项目设计客观、真实、及时、有效。同时，项目设计应满足社区的需求，并在一定程度上满足机构自身、资方的需求，符合当地行政主管部门的政策要求。

（1）项目执行机构通过专业的方法（如二手资料搜集、文献研究、需求调研等）确认所服务社区的需求。（信息来源应包括居民、资方或委托方、合作机构等利益相关方）

（2）项目执行机构根据服务对象和社区的需求，制定有针对性的项目执行方案或项目建议书。

（3）项目执行机构应按照项目建议书执行项目。项目执行过程中，如需调整项目内容，可与资方（委托方）沟通并签订项目变更协议，按照变更协议执行新的项目内容。

标准 2——项目目标：项目执行机构针对服务对象和项目内容确定项目目标，并制定项目进度表。

（1）项目执行机构在项目设计之初设立项目的总体目标，例如：和睦社团、社区管治、守望相助、积极参与等。

（2）项目执行机构根据社区和服务对象的需求，清晰地制定项目的短期、中期、长期目标。

（3）项目执行机构根据项目内容制定项目进度表，并在时间节点监测项目完成情况。

标准 3——服务范围：项目执行机构确保服务的时间、周期、区域、人群、活动符合项目设计和当地社区、服务对象的需求。

（1）项目执行机构根据社区基本情况、服务的人群、需求、社区特色等内容，制定项目背景资料文档。

（2）项目执行机构根据项目计划书的具体内容和资方（委托方）的要求，按照项目进度表完成项目设计和项目活动内容。

（3）项目执行机构提供和项目计划书相应的活动总结，包括但不仅限于活动报告、照片、视频、音频、签到表、信息反馈表等。

标准 4——服务质量评估：项目执行机构关注服务对象的满意度，并在客观、公正的基础上，持续改善服务质量。

（1）项目执行机构制定了政策和方法用以搜集服务对象的满意度。

（2）项目执行机构根据满意度和意见进行了整改和调整。

标准 5——服务成效：项目执行机构在项目设计阶段确定

项目预期成效，并指定相应的指标。

（1）项目执行机构根据项目目标指定相应的成效指标。

（2）项目执行机构根据自评成效指标（例如：互相帮助、自助活动、社会责任、社区参与等）的达成程度，并提供相关的数据、资料作为支撑材料。

（二）机构治理

标准1——机构内部管理：项目执行机构通过组织内部管理（包括组织领导、项目质量、资本管理、实施方案，工作计划等），确保承接的项目按照计划顺利推进。

（1）项目执行机构建立、健全内部管理机制，确保对项目进行有效监管和支持。同时通过制定相应的要求和程序，确保项目有效执行（包括项目管理计划、资源管理及时间执行等）。

（2）项目执行机构建立健全内部汇报机制和反馈机制，监测项目执行情况，并确保和项目发包方或委托方的定期交流。

标准2——机构对外交流：项目执行机构确保机构与社区的融合、项目负责人的专业性，并促进社区的内部交流。

（1）项目执行机构确保项目融入服务的社区，并与所在地的各利益相关方充分交流，健全沟通和问责机制。

（2）项目执行机构确保项目之执行人员的专业资格和专业性，并提供有关证明，以确保服务对象能够得到专业的服务。

（3）项目执行机构通过建立管理制度及措施，促进社区内部交流，建立社区支持网络、凝聚社区力量，并且保持可持续性。

（三）员工和志愿者管理

标准1——员工管理：项目执行机构建立、健全专、兼职员工聘用、监督、处分、激励、福利、派遣的制度和程序。

（1）项目执行机构制定、执行有效的专/兼职员工的聘用、监督、处分、激励、福利、派遣制度，制定专/兼职员工招聘、晋升、签订合约、纪律处分的政策和程序。

（2）项目执行机构备有员工续效评估的制度和程序（含考勤制度）。

（3）项目执行机构按照员工职责和任务表，定期、持续地对项目执行人员进行评估，以监测项目执行人员的表现，协助员工改进工作表现，为员工提供必要的培训和督导。

（4）项目执行机构制定员工惩处的政策和处理程序，并确保员工能得到公正的处理，包括口头警告、书面警告、降级、轮换、解雇等。

（5）项目执行机构制定员工激励政策和程序，以提升员工的积极性，包括晋升制度、员工发展培训机会、资助表扬制度等。

（6）项目执行机构按照法例规范提供基本福利和保障，包括社保、假期等。

标准2——志愿者管理：项目执行机构实施有效的志愿者管理、组织、培训等。

（1）项目执行机构制定有效的志愿者管理政策和程序，组织及管理好志愿者，包括招募、登记和注册、培训/督导、激励、服务参与和界定志愿者的权利和义务。

（2）项目执行机构制订志愿者培训的政策和程序。

标准3——专业督导及职业培训：项目执行机构通过督导、培训等方式帮助项目执行人员提高专业能力。

（1）项目执行机构为员工提供培训。包括但不仅限于以下内容：新进职员工入职培训，帮助新员工熟悉机构政策、项目基本情况、项目执行进展等；员工进阶培训，帮助员工逐步提升能力；专项培训，帮助员工提高某项专业技能水平等。

（2）项目执行机构制定政策和程序为员工提供督导。督导员应具备专业水平，通过保证督导次数和频率，协助项目执行团队提升能力和水平。

（四）财务制度管理

标准 1——财务管理制度：项目人员确保在本项目执行过程中，严格执行相关的财务政策和制度。

（1）项目执行机构确保财务人员和项目执行人员清楚财务管理法规和管理办法。

（2）项目执行机构确认机构财产管理办法，以及管理人员的岗位、职责、任务。

（3）项目执行机构保管好与财务管理制度相关的预算、记录及报表。

（4）项目执行机构制定现金和银行存、取款的管理细则和程序。

（5）项目执行机构制定采购管理细则和程序。

（6）项目执行机构备有账目完整的程序规范，包括会计核算、发票管理、财务档案保存等。

（7）项目执行机构制订财政资源管理及财政表现检查政策及程序，包括固定资产登记及管理、捐赠资产管理、费用报销、税金。

标准 2——分项目核算：服务单位的项目需独立核算。

标准 3——专项经费的用途：项目执行机构按照约定使用专项经费。

（五）危机管理

标准 1——权利保障：服务对象的隐私权、申诉权和知情同意权得到保障。

（1）项目执行机构确保场地及设施能有效地保障服务对象的隐私。

（2）项目执行机构有保密权得到尊重的政策和程序，并可提供服务使用者、员工及其他相关人员阅读。

（3）服务对象和其他相关人员有渠道就项目内容向项目执行机构申诉，并且得到合理的处理。项目执行机构应确保投诉的渠道通畅，投诉反馈机制健全。项目执行方应提前建立问责的政策和程序，清楚告知服务对象问责处理的责任人、投诉权利、处理程度、日程，以及处理结果如何反馈投诉人。

（4）加分指标：项目执行机构制订有效的措施（例如合作协议、外出参访同意书等）取得服务对象的书面同意，特别是在涉及财务、个人安全方面问题。

标准2——环境安全：项目执行机构采取恰当措施以确保环境安全，进而保障服务对象和相关人士的人身、财产安全。

（1）项目执行机构在服务地配置消防器材和应急用品，悬挂安全逃生图，确保被服务对象了解环境安全的信息确保服务对象和相关人士处于安全的环境中。

（2）项目执行机构制订有效的项目安全应急预案，在项目执行期间组织演练，以保障服务对象的安全。

（3）项目执行机构为员工提供安全培训，以帮助员工掌握处理突发事件的能力。

标准3——人身保护：项目执行机构制定相关的程序规范，保障服务对象和相关人员免受语言、人身、性侵等伤害。

（1）项目执行机构采取有效方法以确保服务使用者和相关人员免受语言、人身、性侵等伤害。

（2）项目执行机构制定预案，确保伤害发生后能有效处理和问责。

（3）项目执行机构确保员工时刻提高识别、处理伤害事件的警惕性。

（六）沟通和参与机制

标准1——知情：项目执行机构设立有效沟通机制，建立可行的沟通途径，以确保服务对象、合作机构以及其他利益相关方对于服务的提供、内容具有知情机会和途径。

（1）项目执行机构制定有效的沟通机制，确保服务目的、目标和服务内容、活动内容等信息能充分传达给利益相关方。

（2）项目执行机构与合作机构（如社区等）定时进行沟通，沟通包括口头沟通和书面沟通两种类型。

标准2——问责：项目执行机构有渠道获得服务对象和其他相关方的意见和反馈。

（1）项目执行方制定机制和途径鼓励服务对象参与项目的执行，并搜集他们对服务的意见和建议。方式包括但不仅限于居民座谈会、机构回访、微信群、活动访谈、问卷等。

（2）项目执行方建立公开、透明、有效的问责处理机制，包括内部处理问题的渠道、责任人，以及外部的信息搜集、信息反馈方式。

附录 2：2016 年成都市社区营造评估情况

一、背景

本评估采用参与式评估技术为指引，通过现场评估和实地走访相结合的形式，对 2016 年成都市城乡可持续总体营造项目进行了细致的考评，考评内容主要包括：社区营造服务项目目标的实现程度、专业服务效果及项目资金的使用情况。特别关注社区营造服务通过政策支持、教育培训、内部动员、服务提供、资源链接等措施对社区建设和居民需求满足情况。

评估组在结合现场与实地的情况，最后给出了评定结果。在 101 个项目中，A 级 26 个，占总体的 26%；B 级 45 个，占总体的 44%；C 级 24 个，占总体的 24%；D 级 6 个，占总体的 6%。城市社区中 A 级共 18 个，B 级共 21 个，C 级共 17 个，D 级共 5 个；农村社区中 A 级共 4 个，B 级共 24 个，C 级共 7 个，D 级共 1 个；支持性项目中 A 级共 4 个。就此次评估的情况来看，2016 年社区营造项目取得了不错的成绩，A、B 等级占了总体项目的 70%；D 级（未通过考核）项目仅占 6%。在 61 个城市项目中，A、B 等级占比 64%；在 36 个农村项目中，A、B 等级占比 78%；支持性项目以全 A 交出了完美答卷。

2016 年作为成都市社区营造元年，在各机构、各社区的努力、成都市民政局的支持和各相关方的参与下取得了许多可喜的成绩，各相关方在开展社区营造项目过程中制定了卓有远见的战略规划，许多项目都在实践中获得了可圈可点的宝贵经验，为接下来的社区营造工作打下了牢固的基础并指明了方向。

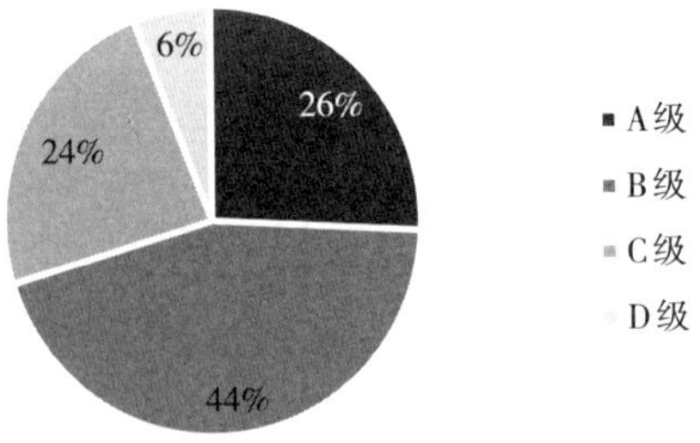

表 1　成都市 2016 年城乡社区可持续总体营造行动项目评级比例

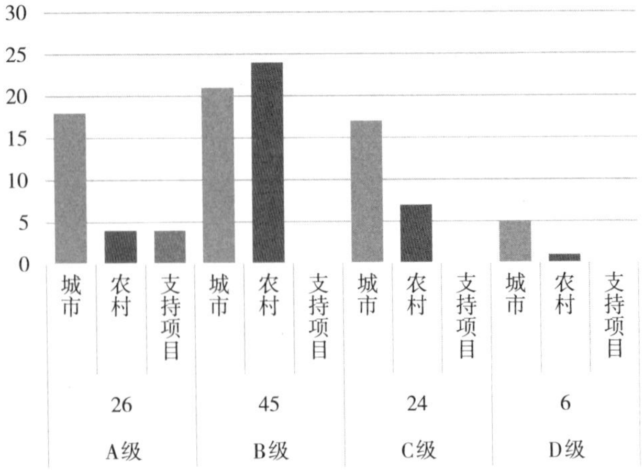

表 2　成都市 2016 年城乡社区可持续总体营造行动项目评级情况

二、项目运作的现状与成效

（一）项目的整体定位

1. 与党的十八大以来的社会治理方向高度吻合

成都市社区营造项目是在社会治理体系的支撑点——社区领域的重大而积极的实践探索。从其总体设计思路及运作情况来看，它完全位于社会治理的轨道上，并对现有社区治理给予了新的巨大推力和创新。

当下，全国各地一些社会治理改革前沿省市，都在不断地尝试这样的探索，各地都有了一些令人欣慰的经验。

成都市的这种探索是众多探索中的一种，并且在经历了一年的实践之后，已经开始证明了自己社会治理实力，也获得了应有的认可与尊重。以下部分将具体分析、总结评估结果。

2. 一个独具特色的高层设计

这是一个来自中国西部中心城市——成都市党政部门的整体性顶层设计，通过党政部门的牵头推动，充分发挥出了顶层设计、系统化推进的优势。

在具体执行过程中，政府相关职能部门又退回到护航者的位置上，把运作的自主性空间让渡给具体运作的社会组织，显示出了社会治理时代最典型的政府与社会力量的合作模式，并在现实中看到，这一模式具有最高程度的治理实效。

3. 购买服务的资金支持起到了重要作用

这次社区营造项目，政府投入了大量的资金（820 万元）。正确的顶层设计，配备上恰当且具有巨大推动力的资金量，为项目的顺利推动奠定了最良好的基础。

4. 社区营造：一个更落地的社区治理切入点

通过对 100 家项目单位的评估，可以看到，社区营造项目已经充分展示出了自己的特点。这是一套自下而上式的治理建构，有效触及了长期以来自下而上很难落地的困境。之所以可以做到这一步，关键在于该项目的定位：让社会组织进入社区，联合社区党支部与居委会系统，动员社区公众及各种资源，一同进入到社区自我治理的轨道上来。

该切入点的独特性在于：第一，超越了单独的社会服务提供，将目标瞄准了公众的自我服务能力的提升；第二，从社区开始，将工作重点落到最坚实、最基础的地面上；第三，运作主体为社会组织，避免了自上而下的单向化、行政化改革，使得每一步动作都会落到实处，形成了上下互联互通，双向交流合作机制，构建了“政府+社会+市场”的网络，体现了联合的力量，极大调动了社会治理潜能。

评估专家组在与国内其他地方的社区治理改革进行交流时发现，成都市社区营造的方式已经构成了一份最有益的尝试之一。

这一切入点的实际效果，在以下的具体效果评估中会充分体现出来。

5. 与社区的既有党政体系形成了良好的合作关系

由于项目着眼点瞄准于动员社区既有资源，因而，社区的现有管理与治理格局得到了最大化的尊重。

通常，项目的最初切入都是与社区党支部与居委会的合作，接下来才是社区积极分子，最后则是更一般化的社区公众。

社区既有班子的支持，对于项目的良好实施起到了最高程度的支持作用。

6. 购买服务与社区既有资源形成了良好的整合

在不同的具体项目落地社区，作为项目执行方的社会组织首先要整合该社区自身的资源，其中最主要的就是社区公共服务资金。

动员社区既有资源，以社会组织的方式加以运用，已经是当下社区治理改革中的最有益的尝试之一。

（二）社区营造项目的两个核心作用

社区营造激活了两个核心作用。在过去这两个核心作用基本上是没有被呈现出来的，在绝大多数的城市社区和农村社区都是如此。目前社会组织进入开展社区营造的城乡社区，这两个作用都被明显地激活，其中第一个作用是对社区公共事务的启动；第二个作用是动员社区公众的参与。

1. 第一个作用：一个新型的公共事务启动点

（1）公共事务的启动

任何一件事情，都需要跨越观念到行动的鸿沟，需要有人牵头、启动。需要启动是因为社区里有一个公共需求，并且社区里的全体公众或部分公众已经意识到他们应当行动起来获取这种公共利益，但这只是一种原初的意识，要转化为实际行动还有一段距离，因此这个公共需求一直处于休眠状态，无法得到满足。社会组织介入社区营造首先进入视野的就应当是这个启动作用，它让那些原本处于激活位面之下的公共需求被激活，促使公众开始由少至多逐渐从原始意识步入参与行动领域，直至最后形成一个全社区范围内的集体行动，因此那些长久以来都被掩埋在社区里潜伏着的公共需求浮出了水面，人们进入行动，社会需求才能开始得到满足。

其中最常见的情形如社区里有一块废弃的公共绿地，公众都觉得应该利用起来，但没有人去牵头，更没有人去响应，人们只是在心中知道应该怎么做，但仅限于知道而已，缺少实际行动，随着时间流逝人们甚至连这份需求的意识也会逐渐遗忘。

（2）为什么过去没有得到启动

在过去，不管是城市还是农村社区，尽管已经普遍建立起了党支部、议事会和居委会（村委会）三套班子，尽管他们的基本功能就是要为居民服务、满足居民需求，但是除了少数“有作为”的班子之外，多数情况下并没有有效的激活机制，相关事务无法得到启动。换而言之，社区里的公共需求绝大多数仍然处于休眠或半休眠状态。为什么会如此呢？由于本报告的主要关注点并不在此，因而在这里只进行两个延伸性的推测或说明：

第一，在过去作为社会治理重要节点的基层社区的三套班子或公共服务体系中，相当程度上带有自上而下的特点。自上而下的特点最主要的就是它在满足谁的需求——通常是上级的需求而非社区公众的需求。如果我们从政府角度居高临下来俯瞰一个社区，判断自己应该做什么，在相当程度上我们关注的并不是居民自身的需求，而是我们觉得这个社区应该如何维持稳定、如何满足上一级政府部门的要求，以及如何让我们能够一眼就看出其政绩等。这通常不会触动社区里的深层次需求，甚至连公众的真实需求都无法触动。

第二，自上而下组织的活动，通常更像是纯粹意义上的“活动”，简言之，活动的动作有声有色，但是通常却未必有相应的结果，犹如一阵风过后他们迅速地完成了任务，甚至获得了优异的考核成绩，而这些行动背后的根本目标是否实现则完全是另外一回事，也无法进入到自上而下的考核体系中（原因是公共服务存在着如何测量等问题）。

（3）三种启动，第三种最落地

有三种公共事务的启动模式。第一种是未启动——事务仍然处于休眠状态；第二种是已经启动起来但仅仅是形式上有声有色，上级考核结果非常漂亮但实际上却未必满足社区公众的需求；第三种则是人们启动起来了，并且按照事情本身的规律来实践，满足了社区公众的意愿，实现了最根本性的目标。

从实践而言，通常第三种模式比第二种模式要复杂得多、深化得多，从时间上来看也长久得多。如果进入第三种模式就意味着比第一种模式和第二种模式要付出更多的努力，这也正是为什么它通常不被选择的原因。而当社会组织进入社区之后整个行动模式改变了，第三种模式通常成了首选；这不仅是社会组织的首选，而且也是社区三套班子的首选。

这是一个令人感兴趣的话题，为什么会如此呢？在我们访谈中看到，其实答案就在于这些社区的领导班子，他们也是人，甚至本身就是社区里的公众，他们有自己的社会责任感和创新精神，他们有自己的服务需求，他们的内在动机中本身就包含着去做真事，把事做真、做好的内在要求。简而言之，多付出努力并不一定构成他们行动的障碍，而是他们内在特定要求的一部分，只是在原来的自上而下体制中，这样一个内在动机的强烈程度对于多数人来说还没有达到能够跨越“门槛”、越过局限值而进入到行动的地步，因为自上而下的体制和行动氛围导致人们更倾向于去采用有活动而未必有结果的行动方式。

社会组织的介入撬动了另外一个激活点，它相当于另外一种行动路径的铺设以及激发，这条行动路径的模式如下：

民政局→社会组织→进入社区→与社区三套班子沟通协商，激活社区里的公共服务需求。

这样一种新的行动链条与启动模式是过去从来没有过的，但正是这样一种模式才决定了当下社区营造为什么会产生与众不同作用的关键所在。可以看到：这里的社会组织是行动的新起点，正是他们的社会责任感与行动方案最终决定社区里的服务需求该以怎样的模式启动和前行。从原来的自上而下转移到现在的自下而上的模式中来，于是开始关注公众的真实需求是什么，“怎样能把事情做好”成了新的工作重心。

这种激活作用从社会组织作用到城乡社区的三套班子，促使他们社会责任感的内在动机被激活和强化，达到了阈限值，从而越过既有的门槛进入行动边界，这正是社区营造行动所具有的本质特点之一，或许也是最核心的特点之一。

2. 第二个作用：动员公众参与进来

第二个核心作用就是公众的动员。公众动员是在公共事务的启动之后的第二个环节，二者共同构成：“启动 + 动员”两个阶段。“启动”是指促使公共服务要满足的需求进入社区决策人物的视野并展开行动，而“动员”则是让更多的人参与进来。在这次的社区营造项目中，“启动”通常是与社区三套班子以及社区积极分子、居民骨干关联起来，让他们首先产生“动”的念头，而动员公众则是让利益相关群体更高程度地参与进来，让整个社区形成一个行动的整体。

我们看到，在社区营造项目中，那些做得好的社会组织普遍形成了动员公众的项目运作模式和能力。通常情况下，一个完整的行动链条是：

①自己做让人们看→②少数社区精英或领导班子的人看到，他们产生了兴趣→③利益群体普遍卷入进来→④整个社区公众普遍参与进来。

当下社会组织在社区营造中已经发现了这样一种行动链条，并且做得好的（评估等级为优、良等组织）通常已经能够进入到第二个环节至第三个环节。

当然这里还需要再注明一下，就是社会公众的动员能力本身就应该是社工服务机构和一般社会组织应具备的最普通的能力之一，甚至应该是其核心能力，原因在于社工服务中的社区工作方法也要强调公众的动员，而社会组织在做社区发展等项目时也都牵涉到这样一个核心理念——让公众参与进来，这就需要动员作用。

3. 两个作用的归总

上面所谈到的是两个核心作用，分别是事情的启动以及公众的动员，从启动到动员是一件完整的链条，是一件事情的两个组成部分，这两个部分加总到一起就构成了社区营造的核心内容，当然社区营造本身的精髓也在于此，即发掘社区需求，产生集体行动，由少数社区领袖或社会组织牵头的模式进入更多的公众参与进来的模式，最终实现自下而上的方式来完成服务的提供、管理的完成和最终治理的实现。

4. 社区三套班子依旧，但这样的治理却是新型的

这里特别想提到的一点就是，这些社会组织不管是进入农村还是城市社区基本上都遇到了动员公众的瓶颈。在过去，社

区公众在满足他们自身的需求过程中缺少被动员的经历，缺少参与的意识、习惯与能力，因此社会组织就需要从头做起，而这个起点是困难最大，也是最需要去突破的。一个问题由此产生，那就是社区里面不仅有党支部、居委会（村委会），而且还有议事会，根据这种组合形式来加以判断，社区公众的动员至少应该是已经有过或者曾经发生的历史的。议事协商本身就意味着相关群体的参与，而且在社区重大事件的议事过程中，对公众参与度的要求更高，参与的难度也更大。因此议事会的建构如果不只是形式而是实质的话，那么社区公众的动员将不成问题，但我们在社区营造过程中发现，几乎所有的社区，哪怕只提供一个基本的公共服务、基本的议事协商，都需要从头来。这就可以看出我们原来的三套班子其实是处在有名无实的境地的，因此社区营造的重要性可见一斑。我们只有把这种自下而上的机制做起来才能够让自上而下体系已经建立起来的那些社会治理机制进一步发挥作用。

（三）项目在社区中产出的效果

基于上述两个核心作用，在社区的公共空间里一种新的形象被产生出来，仅仅在一年的时间里，社区营造就为社区带来了一些非常重要的变化。

1. 原来这里是什么样子的

以某社区为例来看。社区原本有一块公共绿地，它是人们走出自己的家门进入社区的一个开放空间，也是社区理论意义上典型的公共空间，在这里我们来寄希望于社区居民能够获得良好的环境和社会生活，提升人们的成长空间和精神境界，但是这里却成了：“垃圾场+公共厕所+摆放麻将桌开始打麻将的地方”，并且一旦出现稍微值钱的一些公共设施还会成为偷盗的对象。简言之，公共空间过去是一种脏乱、破败和嘈杂的状态。

上述只是一种特殊的情形，大多数社区并没有供人们去破坏的奢侈品，但是当人们走出户外之后，多数社区同样存在寥落冷清的现象，缺少公共家园的感觉，社区公众之间很陌生，公众的一些共同需求无法在社区获得满足，社会的精神也是如此。

2. 现在这里可以有什么：物理公共空间的视角

物理空间是指纯粹的地域空间。当人们走出家门之外看到的那方地域，它既可以成为家庭空间的延伸，让人们有进入更大的庭院的感觉，又可以让社区“两委”和物业等机构进行社区基本卫生条件的配置，当然还可能是破败荒凉的景象。

通过社会组织的参与动员，让社区公众参与进来，首先受益的是物理空间。比如某家组织的项目服务社区，原本是一个非常小的院落，初看起来，这个院落里人们从家门走出来再从社区的大门走出去，这部分小小的空间只需要把地面打扫干净就可以了，没有太大的空间去做文章。但是通过动员公众他们设计了一个小路两边的花廊，货架子是用废弃的大铁门锯断以后改成的，而花则是他们精心选择的……在其中一个非常微小的空间中则种上了茂密的植物，中间还有一棵桃树，甚至桃子该怎样种、该怎样维护、该怎样收获都成了人们关注的微型焦点。这表明这里一个小小的物理空间可以打造得很美好。

可以用三个词来形容这一社区里的微小公共空间里的特点，那就是：密集、丰富、精致。

这三个词所表达的情形在如此一个狭小的空间内展开，告诉我们只要社区公众参与进来就可以让他们的户外变成一个更具生活气息和美学气息的场所，而不是平淡无奇毫无文章可做。

3. 现在这里可以有什么：社会公共空间的视角

社会公共空间是指人们从家庭中走出来相聚到一起，在一种社会活动的空间里而形成的共同活动。这种活动可以促使人们形成共同体，也可以促使人们相互交往相互帮助，还可以促使人们在这里协商议事，解决他们共同面对的问题。以下几种情形分别论述。

（1）妈妈互助团体

这个小案例涉及年轻母亲们的交往需求。众所周知，每个年轻的母亲都面临着生育孩子之后与相似人群交往的需求，包括在育儿方面相互学习、相互鼓励、获取经验和获取认同。年轻妈妈团体可以借助同一个工作单位里的同事关系进行建构，也可以借助社区里的共同体活动来建构。在某社区里面我们看到这种情形——通过社会组织的工作促使年轻妈妈群体交往得到进一步的发展，虽然该团体的起源带有一定的自发性，但社会组织则促使他们进入到更良好的环境，以及得到更好的发展。

（2）从种植到超越种植：共同体的建构

从某机构的蔬菜种植项目来看。社区中仅有一片两分地不到的小地方，却因此而产生了一个社会的小小实验场，人们是因为经济利益或感兴趣入手而加入这一种植共同体的，在经由几次相互讨论后大家形成了一种社会共同体、认同共同体。在这个场所里人们所收获的不再是蔬菜的经济利益，而是相互交往、相互议事以及被认同分享的快乐。这种快乐满足的是人们的另一层面的需求，并且显然它更符合城市小区里公众的心理期望值，因而它在相当程度上取代了原来经济利益初衷和简单好奇心理。

其中最典型的实例是偷菜现象。最初偷菜传达的是人们把这种行为当作获取一种物质利益的偏好，有时是相邻小组之间的偷盗，有时候是种植户和未种植户之间的偷盗。但是到了后来这种偷盗现象自动消失，原因就在于大家经常讨论，人们会发现有一种价值是无法通过偷盗得来，只有摒弃偷盗进入新的共同体活动层面才能获得这种价值。

(3) 议事协商

议事协商表示相关的利益群体进入他们共同关心的领域，甚至面对存在着矛盾的利益冲突，进行讨论互相协商找到合理化的解决方案。我们在某社区看到的是一个微型的议事协商成功案例，在他们的楼后有大约30平方米的荒废空间，他们将此规划为菜园，动员大家参与进来，讨论这块菜园该种什么以及怎样种。动员过程是一个很艰难的过程，但最终他们解决了这个问题，然后大家参与进来讨论以寻找一个合理的解决方案。这样一个微型的议事协商就从无到有建立起来，这里面的质变效应非常明显，它不是一个简单的种菜事件，也不仅仅意味着一个利益点的利益分配问题被简单地解决，而是让人们有了议事协商的行动，这一步的难度相当大。

规模更大的议事协商则如同我们在另一社区见到的社区门前道路秩序改善的案例。该社区前面有一条属于街道层面管理的道路，路上车水马龙，使得道路两旁秩序杂乱，成为一个长久困扰社区居民的问题。社会组织介入社区营造项目之后，动员大家参与讨论他们所面临的问题，结果道路的秩序改善就成了一个被引出的话题，并且他们将自己的方案递送到街道，得到了街道的重视以及进一步的建议。

由此，一个新型的道路秩序标准出现了，包括行人的位置、自行车的停车位和汽车的停车位，以及更细节的秩序维护等措施。有趣的是当天我们从宾馆乘车到该社区调研的一路上遇到的都是交通问题——各种各样的秩序混乱、乱插队、出入口设置不合理等问题都有体现，以至于应有的道路交通流量没有办法被展示出来。眼下社区和社会组织已经打算在最低一级层级的公路上开始引入自下而上的机制，而不再是完全的自上而下管理体制，公众的意愿得到表达，公众的参与感得到体现，其中所能看出的意义可见一斑。

4. 现在这里可以有什么：精神生活的视角

精神生活的空间是指通过文化、艺术、读书等活动让人们内在的精神需求在外部得到一个共鸣，得到一个共同活动的场所，借此提升人们的艺术文化境界，获得精神需求的高端需求层面的满足。

在这方面做得最典型的是某组织的 e 剧场，通过将以前社区居民在社区内已经开展的各种文体活动，拔高到一个固定的场所、形成一个庄重的话题，在境界上将其加以拔高，覆盖到更广泛的社区生活领域，并定期开展活动，因此起到了将自下而上生长出来的这种艺术形式继续向上拔高的作用。

文化艺术活动或许存在这样一个悖论，那就是要么高雅要么通俗，通俗更接近于公众，而高雅则可能会在获得境界层次拔高、艺术内涵拔高的时候远离了公众，但该剧场这种自下而上的成长则基于公众又脱去其低端庸俗的成分，形成一种更具满足需求能力的艺术内涵与演出形式。

5. 现在这里可以有什么：社会服务的视角

社会服务是指在社区中为特定的人群（如老人、儿童、妇女、残障人士等）提供他们所特殊需要的服务。社会服务是社会组织尤其是社工组织的基础性工作，所以，我们在这里主要不是为了谈社会组织做了什么，而是想强调两点：第一点，一些社会组织已经非常巧妙地将社会服务作为进入社区的通道，借助于社会服务进而与社区打成一片，动员社区公众产生社区营造的深度效果。第二点，如同某组织的案例所呈现的，该组织的主要职责是到社区中孵化社会组织，因此社区内的微型组织自我提供社会服务的模式就是他们所追求的目标，在他们的工作范围内通过一年的时间已经帮助孵化出了两个社会服务机构，一个是为儿童服务的，一个是做助残服务的，两个组织已经初步实现了自身生存的目标。

这些社区内的微型社会服务组织已经开始进入自身与外界更广泛的社会服务市场和社会服务资源对接的模式，潜在的资金来源包括企业的、公益组织的，来自街道和社区的，以及其他更广泛的资助方的。这里还需要强调一点，目前成都市整个社会服务的市场发展还处于初期阶段，社区之外还很少见到专业化的、社会化运作的社会服务组织，因此社区里这些微型社会服务组织也就只能处于一种初期的运作水平上。

6. 现在这里可以有什么：健康服务的视角

以 K 机构的服务为例，它们是在社区中做医疗卫生、知识宣传和诊疗服务的机构，这里非常值得一看的是它们在服务模式、服务的技术手法方面的创新与发展，具体表现如下：

（1）服务模式

该组织针对的问题是社区公众医疗卫生知识水平低下或理解错误。

它将全科医生的资源、社区医疗卫生服务中心的资源与社区公众的自我组织对接起来，三者的对接产生了巨大的服务潜力，它不仅对居民的意识改变和及时诊疗两者都产生了积极的作用，而且还对社区的医疗服务中心的工作开展产生了促进作用，对于全科医生的志愿服务精神也产生了积极的作用。

（2）新形成的资源潜力

这样一种服务模式在相当程度上得益于服务开展方自身所拥有的特殊医疗资源，这些资源在这种服务模式中的运用具有以下三个方面特点：第一，专业可信；第二，带有明显的公益性质，价格明显比市场低廉；第三，公众通过自我组织起来的方式拥有这份资源并可持续地对接下去。因此这样一种模式是在当前我们能够找到的最理想的社区医疗服务的提供模式，它不仅能最充分地发掘我们现有的各种资源，并且在观念的提升改变和医疗服务等方面践行综合一体化的服务提供模式，当然它还可以在专业化的服务机构离开之后可持续性地运作下去。

目前我们唯一期待的就是这样一种创新型的服务模式能够借助社区营造的政府购买服务项目继续进行下去，它们未来的发展方向是让项目模式更加成熟，让受益人群从社区中的一个小众逐渐走向多数公众，由一个社区走向多个社区，它们目前拥有这样一种想法，并且项目模式也允许它们这样可持续性地运作下去。

（3）所运用的技术手法

该组织的最突出的成果是由一套十分具有服务潜力的可持续性的服务模式来体现的，但在其背后则是它们能够产生出这一个结果的运作手法，这是它们的另外一个产品，是体现它们自身特色的产品，也是它们自身能力成长的标志。这个手法关键在于不再是从自己认为的对方的需求出发，不再是直接满足对方那部分我们自认为的需求，而是直接从对方的需求脉络出发，简言之就是他们现在的起点是什么，他们关注什么，当然他们关注的这些起点有可能是很低端的，也有可能是很错误的，但是他们却真正去做到这一点。比如他们有一个自己的微信交流群，他们关注的话题可能是带有一些蒙昧性质的，他们可能只感兴趣一些自己认为不屑一顾的方向，他们不愿意听课，他们愿意参与一些有趣的讨论……不论如何都满足对方，从对方的需求出发，然后逐渐把自己这里的专业知识慢慢输送过去。这样一种手法也是社会服务中的最核心手法之一，然而他们仅仅在一年的时间里就通过自身的探索由无到有地发展出来，不仅是一种关于这种手法的意识而且是在社区医疗服务的操作过程中的具体运用。

7. 以上五种服务模式的总结

上面谈到社会组织在社区营造项目中，在社区内的工作包括物理公共空间、社会公共空间和精神公共空间的打造工作；

包括基础性的社会服务的提供、医疗服务的提供，等等。如果仅仅罗列这些服务的内容还无法告知我们社区营造的真实价值，因为我们花了钱，社会组织在社区里开展了工作，这些工作都是它们在常规服务模式下应该做到的内容，更何况总结100个不同组织做的不同内容的项目，我们很容易就将不同的服务模式全部覆盖，因而在这里可以总结出丰富的内容。

但关键问题是上述五种类型中有许多模式都是首创性的，另外一些模式则具有一种明显向前推进的作用，例如大家之间为解决共同问题而进行的议事协商，对于绝大多数社会组织来说它们所从事这个项目都是首次开展的，而社区内的这类活动对于当地社区来说绝大多数情况下也是首次开展的。再如我们的医疗卫生服务模式也是一种创新型的模式，并且在现有的认识水平下可以看到它已经达到了最大限度资源开发与利用的效果，并且可以持续性地运作下去。

在此之外其他一些服务项目都具有将模式或机制向前推进一步的作用，例如社会服务工作，尽管它是一种普遍的运作形式，但我们会看到在将社区社会组织孵化出来自主性的承担这类功能之外，它还开始与政府的公益市场的和企业的资源对接起来，从而正在催生更大范围内的社会化的社会服务机制。而精神活动空间比如文艺演出，比如口述史的工作的开展，都在一定程度上开始超越于传统上人们对于社区文化艺术的认识，让这里产生自下而上的高雅文化的建设，从而一方面不失去人们的需求；另一方面则又开始向高端进行建构。

（四）位居社区治理的引领地带

这些内容已经进入社区治理的引领性位置上，相应地可以用“创新”“引领”等词汇来表达。

1. 整体发展谱系

首先我们需要勾勒出社区治理的整体发展谱系，看一下由传统到现代的大致行进顺序，据此就可以看到当下社区营造的引领作用。这只是一个大致的顺序，它表示随着社区治理由起点向高深处发展，社区公众逐渐增加参与深度的状况。他们的活动顺序可以大致呈现为：

（1）基础环境与社会秩序的建构类

这是指公众参与进来，制造与维护出一个良好的物理环境与基础性的社会秩序环境。

（2）文体娱乐类

这是指社区公众依据自己的兴趣爱好而形成一个一个的小群体，其起点通常是一个发起人或一个松散的人群，最终走向一个微型的自治组织，并在社区或街道备案而开展活动。

（3）互助志愿和社会服务类

这是指社区公众参与一种可以称为社会服务的内容中来，这样一种服务关注的是老人、儿童、妇女、残障人士等人群，他们开展工作的方式可以是互助，可以是公益志愿的性质，还可以具有微型社会企业的性质，组织形式不限。

（4）议事协商类

它们针对的问题是社区公众之间，与驻社区机构之间，以及与更广泛的利益主体之间的利益协调、关系的处理，也是当下社区治理改革的一个较为高端的形式，通过议事协商的方式来化解矛盾冲突，达成一致意见，采取共同行动，形成遵纪守法的契约精神。

（5）社区生计与微型社会企业

这是与议事协商位于大致同一层面的，它是指公众通过追求某种经济实体或生计方面的合作而产生收益获得更好的物质生存空间。

（6）社区发展基金类

这是一种更接近于社区自我治理的类型，它把资金的募集，公众的参与和公众的自我治理合而为一，最终为一个理想的社区治理奠定条件。

上面这六种形式是一个大致的参考框架，在每一个具体社区的发展中未必严格遵循这一顺序，也未必六种情况都有，有些时候可以在缺少某一个、两个或更多的环节下而直接进入后面的环节，有些时候甚至出现顺序上的颠倒，这都不足为奇。社区里的治理的难易程度大致遵循这一顺序，但并不是一定要完全如此，有了这样一个顺序之后我们就可以判断当下社区营造的大致地带，它是否进入引领者的位置，是否具有明显的社会创新的色彩。

2. 已经进入引领地带

（1）社区发展基金：两家

社区发展基金是社区发展基金会的雏形，也是我们当下社区治理一直期盼的一种组织形式与治理方式。令人欣慰的是，在这次社区营造活动中已经看到有的社会组织开始试图撬动社区发展基金这种模式，有的已经达到了某种小规模的运作效果，并且对未来有着某种更良好的期待。其中的资金募集方式很有特色，它聚焦于社区公共设施资源的营利空间，将此募集到社区发展基金中。如果这种初级形式能够在社区中落脚扎根，哪怕它生存空间还不够大，但也让人看到产生希望的种子。原因就在于未来的公共服务资金、政府购买服务资金、政府职能的转移资金可以更有效地转向这里，让社区公众进入一种真正的自我治理轨道上来，典型的案例如 Y 社区等。

（2）社会企业

它们聚焦于社区生计发展、绿色农业等，最典型的是 R 机构。它们的做法是将一个农村社区和一个城市社区结对连接起来，让前者那里产生的有机农业进入后者这里进行消费。由于这种定点联系因而信任关系建立起来，与此同时这里又涉及更多的社会收益，包括水资源保护和社区自我治理等要素，因此可以期待一种很广泛的社会收益。并且一旦这个桥梁建立起来，那么在桥梁两端就可以各自单独扩展，其中农村那一端可以有更多的村庄加入有机农产品的生产中来，而城市这里则是更多的社区加入进来，进入绿色农业消费者的渠道。

所以其中最关键的环节还是这个桥梁，通过社会组织将这样一种信任关系的桥梁纽带建构起来是其最大的贡献，而它的真正价值并不仅仅是表面上看到的双方的联系与信任这一层面，它还包括为什么能够建立起信任的社会基础，即双方公众参与进来，而不再是原来的我只管消费我不管去考察，或者我只管生产但我无法去联系到更广泛的社区，双方通过自我参与和自我组织解决了在更大规模更高程度上建立信任纽带和管理信任纽带的问题。

另外一家位居乡村社区进行旅游与生态农业开发的社会组织则是更典型的社会企业参与者，更能看出当下社会组织所致力的方向，看到社区营造在这一方向上的开创性与引领性作用。

（3）协商议事

协商议事本来也是一项引领性的工作手法与工作领域，但在当下很少有社区能够自发地达到这一层面，政府的推动在形式上普遍建立起了协商议事会，但其实并没有实质性地展开工作，而社会组织的介入则产生了一小批成功的协商议事案例，它们在不同的社区里开展工作，解决了社区里化解矛盾冲突的问题，并让社会组织开展自身能力的建设，树立了信心。

一些社区开始朝向物业问题的协商，这是最具难度的工作之一，但通常也是社区中最令人关注的话题之一。

（4）更基础的层面

当然在更多的社区自我治理方面，社会组织仍然做了大量的工作，他们不像上面几种类型那样处于一个引领者的位置，但在不同社区，它们通常也是一种首创性的做法，起到了一种引领性作用。

与此同时，在一些表面上显得更基础层面的社区治理事务中，社会组织的一些手法则又具有特殊的创新和引领性作用。前面的论述中涉及这一点，这里不再赘述。

（五）形成社区治理的初步模式

这一部分考虑的是社区治理中的不同主体之间的关系。社区营造活动的开展已经逐渐进入了一种良性的社区治理模式，即不同社区治理主体之间的平等合作的关系模式中。

1. 三大主体

社区治理主体可以分为三大类：第一，体制内、半体制内的力量；第二，社区公众参与进来之后形成的力量；第三，社区外进入的社会组织。三大主体汇聚各自的资源、能力特长，一同致力于社区的共同目标，最终形成一种有机合作共同完成任务的行动模式。在这一意义上社区治理不再关注具体的服务或管理内容，而关注从事服务或管理的主体之间的关系模式，从而也进入了当下最新话语体系下的社会治理的含义。

三大主体中体制内的力量最为复杂多样，在一些做得好的社区它们可以包含如下构成，一是党支部；二是居委会；三是上级政府部门进入社区参与活动的力量，比如说老干部局、司法局等；四是群团组织（也是典型的具有行政色彩的社会组织）。社区公众的参与类型比较清晰明确，也就是我们所说的以文体活动、公益互助、矛盾协调化解等功能为载体的那些社会公众自组织，还可以是社区公众个人的形式参与进来的情形。外来社会组织则是那些意欲在社区里开展社区营造等活动的组织，本报告中主要就是指参与社区营造的承接政府购买服务资金的那些组织。三者之间在社区里已经形成了良好的合作模式，从中可以看到它们的特长是如何得以发挥的，以及如何与另外主体的特长形成有机结合模式的。

社区治理的精髓在于不同主体之间的平等而有机的合作，我们如果还原到起点位置上，把社区治理简化为社区自治，就是社区公众通过自我组织而自我服务自我管理，那么似乎不需要更多的主体，但目前起点处的状况是社区公众的自我组织能力较弱、自我组织水平低，更多地需要外部力量的动员和支持，而社会组织在目前的项目中恰好起到的就是这样一种作用。但社会组织本身也有它的短板，那就是社会合法性低、资源缺乏，于是政府或其他体制内、半体制内的力量就可以给社会组织以特定的支持，于是三个主体之间的特长都得到了有效的发挥。

还可以从另外一个起点处看，就是在没有社区营造项目时，社区中并不缺乏公众的需求，同时又有三套班子，因而应该能够有效完成社区治理的任务，简言之，“公众的参与＋党支部＋居委会（村委会）＋议事会”就应该能够有效地满足社区治理的模式。但是这次社区营造项目中看到了一个令人吃惊的现象就是在过去的状况下，社区公众动员的水平很低，社区治理向前推进的程度很低，而正是社区营造项目的开展，让社会组织进入社区，他们最典型的特点是充满活力，充满使命感，并将这种朝向特定目标努力的激情在社区中到处激活，将社区三套班子动员起来将社区公众由少到多地动员起来，开始瞄准社区需求产生社区治理的效果。因此正是新组织的加入才让社区治理的模式启动起来，因而社区治理的主体在当下真正不能缺少的恰好是这份最后加入的角色。

2. 相互关系

社区中的不同主体以特定的模式平等合作，这是社会治理的精髓。它们之间的关系不是机械地相加，而是有机地整合。整合的依据是各自的特长。三类主体的各自特征是：

• 体制内的力量具有：

社会合法性；

资金资源的优势；

提供整体组织方面的能力特长。

• 社会公众是最终参与行动的主力军，他们的特征是：

他们的需求代表确立社区行动目标的依据；

他们的行动动机被激活，才能让这整个行动拥有一份最庞大和最基础的力量；

只有他们参与进来才能自我负责任，避免进入养懒依赖的轨道。

• 社会组织其最大的特点是：

充满着自主性的活力空间；

具有明确的社会责任感，因而可以保证目标准确；

它们具有动员公众、组织公众的专业性基础。

上面三类主体各有自己的特长，它们就可以形成一种良好的结合，形成一种"三位一体"的结构，而在其中将三者结合的模式更简单、明确地表达出来则是社会组织可以率先进入，并把通过社区营造活化社区的激情点燃；政府或体制内资源则起到赋予合法性，赋予资金支持，在更一般层面上给予组织动员的作用；社区公众则行动起来参与进来，自我负责任起来，成为行动中的责任主体，并让自己成为最终的受益人。

3. 合作中越来越走向理想的模式

这次社区营造项目最大限度地促使了社区治理模式朝向理想状况迈进了一步，突出表现在两个方面：

第一，通过购买社会组织的服务让社区治理的最短板一环得到补充，即外界社会组织进入社区，而我们从上面分析中看到他们是当下社区治理中不可或缺的一个主体。

第二，民政部门作为政府机构的职能部门，第一次以这样一种支持而非控制的方式发挥作用，它们把空间让渡给社区和社会组织，但把社会合法性和资金资源赋予后者，使得它们能够最大限度地发挥功能作用。

在一些社区中我们看到民政部门这种做法是独一无二的，而其他一些政府、半政府机构通常是以自己进入社区做项目或委托别人做项目但同时进行监管的方式开展工作，导致它们的服务在社区中仍然位于半官僚化、形式化的泥潭中而无法自拔。在与众多的自上而下机构的对比中民政部门如此的工作方法具有一种质变的作用，同时促使社会效果开始跃上了新的台阶。

（六）对于机构的生存与能力提升作用突出

1. 社区治理的作用同时也是社会组织发展的作用

整个社区营造项目对于社会组织能力与信心的提升作用同样不可忽视。在我们阐述社区营造推进社区治理作用的同时也是社会组织不断积累提升自己能力的过程，与此同时也是社会组织员工自信心增长的过程。于是我们看到，社区治理的激活、推进与实现，社会组织手法能力的创新发展，社会组织工作人员信心的增加，三者同步增长。

在社区营造项目运作过程中，社区社会组织中的绝大多数是第一次介入这样一种项目模式中，比如通常我们遇到最多的是社工组织，它们以前所做的社会服务与社区营造并不相同。当它们由针对老人、儿童、妇女、残障人士等群体的服务转向针对整个社区的公共事务的启动和社会公众的动员的时候，很多组织都是首次介入，但它们中的一半以上都获得了明显可见的成效，尤其是那些最终评分获得了优和良的社会组织更是如此。这就说明社区营造作为一个创新性的社会事物已经在社会组织发展方面起到了质变性的促进作用。

2. 已经形成了关键性的自信心积累机制

社会组织在能力和信心方面的提升速度之快令人吃惊。例如机构R，而在它们最初介入社区进行议事协商的时候还需要挨家挨户动员公众参与进来，尽管这只是一个几十户最多上百户的小院落区，但是大家却并不参与，这给它们工作的开展当头一棒，也给它们的自信心当头一棒，但是经过一个项目周期的工作之后它们顺利地动员公众参与进来，并且看到了大家参与进来解决问题的效果，这让它们信心大增。

R机构的员工正是在这样一个过程中得到不断发展的。我们经常说社会组织留不住人，通常只强调工资要素这样一个单一方面，但其实更重要的方面就是社会组织工作人员能否在工作中看到他们能力所实现的效果，看到他们项目运作中所蕴含的专业性，而这个时候就需要给他们舞台，给他们资金，给他们自主性空间，这一作用在当下项目中如此明显地体现出来，让我们不得不书写一笔。

3. 人员工资上的贡献

当然员工工资方面的支持作用也不可忽视，社会服务社区营造正是通过社会组织员工开展活动来实现效果的，项目的经费相当程度上就是员工的经费，员工是有特定技术特长的人员，因此他们必须得到足够的保障；但另一方面我们看到项目资金的主要部分也会体现在员工工资身上。公共财政资金投入进来，其中一个很重要比例的资金会充实员工工资的保障，促使社会组织员工队伍的发展壮大。

XH这家组织是有着一定时间积累的社会组织，属于社会组织中的相对老牌的机构，但是它们同样面临着严峻的工资挑战，该组织的负责人在民政部门的事业单位工作，由于事业单位的特殊性可以干一天休三天，于是他便利用休息时间来做社会组织，因此他可以不拿社会组织这里的收入，这样才得以缓解社会组织资金需求上的燃眉之急；但与此同时它们仍然不敢雇用足额数量的社工人员，而需要减少人员的数量，让少数人干多数人的活，这样他们才能够拿到高一些的薪酬，能够在组织中生存下来。

4. 社工组织进入社区营造的有力性分析

社区营造项目对于社会组织能力成长的贡献还有这样一个特殊的维度，就是在原来的意义上社会组织尤其是社工机构主要做社会服务等方面的工作，他们只是面向特定的人群来工作，希望组织的努力能在这些人群身上得到效果。但这是一份很具挑战性的工作，需要的技术含量相对较高，社会效果在短期内很难明显体现出来，一旦转向社区营造社区治理的领域情况就大有不同，他们的主要工作不再是服务而是动员，是通过动员社区公众、社区资源、社区力量，让后者自己解决自己的问题。

这样一份工作对于类似于心理学、社会学的很专项的技术要求相对要低些，而对于社会责任感、行动的热情、尊重平等的观念要求更高，而这些社会组织不乏这样一些特殊的价值理念和行动品质，因而就可以在短期内通过有限的努力产生更大规模的效果，让他们看到自身可以产生独特的社会作用，可以让自己胜任这份工作，并因此而产生信心，这也是社区营造项目的一个独特贡献。同时这样一个视角也对社会服务机构提出某种启示，就是在初期阶段进入社区营造项目看起来活动规模更大，社会发展意义更深刻，但是对能力的挑战却并不一定更加严苛，而有可能还会放低行动的门槛。

（七）一种观念超前的整体项目管理模式

1. 支持性评估的理念

从整个项目的设计与执行来看，其一个最突出的特点就是支持性的运作，这在政府出资的项目体系中是十分难能可贵的，支持性运作与监管性运作相对应，二者分别是指在资助方出资让社会组织运作项目的时候是以监管为主旨精神还是以支持为主旨精神，二者是两条不同的思路。关于监管式运作的思路，它的主要依据是政府出资支持社会组织运作，就需要对结果进行考核，就需要达到相应的目标，尤其是公共财政资金作为资金来源就更应该如此。当然其中又包含两种观点，一种观点是政府设定目标以及不同阶段的子目标分目标，然后实行不同程度的监管考核，但如果社会组织认为自己应该拥有更高程度的自主性，那么它可以来设计各种目标，作出各种承诺，然后政府作为出资方来进行考核和监管，这成了当下社会诸多政府购买服务中所遵循的一条评估规则。

但另外一种观点则认为政府出钱社会组织运作，在这个过程中如果严格细化目标进行考核，就会导致事业单位化的监管，最终扼杀社会组织的活力，导致形式上规范但实质上没有社会效果。沿着这种思路进一步往下走则是社会组织用公共财政资金工作也的确应该设立自己的方向与目标，但在实际运作中应该更灵活掌握。简言之，应该给社会组织一种灵活调整的空间，即使非常严密的计划也需要调整，给社会组织更多的自主创新空间，很多项目的运作模式、阶段性的成果、时间表以及最终社会效果的模式都很难在开始阶段预见出来。

社会组织需要做的是拥有自主性空间，拥有运作的活力，拥有向前行进的目标和方向，政府可以做的是要减少监管。社会组织在运作中遇到的各种困难和障碍，政府应该增加支持的力度，支持社会组织加以探索，并在支持的过程中与社会组织一道来解决问题。

成都市民政部门当下支持的社区营造项目正是遵循支持性运作、支持性评估的策略来进行的，表面上看监管力度的减弱会孕育更大的风险，但恰好是在这样一种方式中让我们看到了大批创新性的成果产生出来，看到了社会组织在社区中的诸多新创意得到落地，诸多过去没有解决的问题被解决了，以及看到社区治理不断向前行并进入一个引领性发展的地带。

2.“三合一”的项目运作模式

支持性运作又表现为具体运作过程中的“三合一”模式上，“三合一”模式是指出资方即民政部门，社会组织运作方和专业机构的支持方三者合而为一。

其中民政部门作为出资方并不亲自参与监督，而是委派第三方来进行运作中的支持，并在最后对项目进行把关。

从事支持的组织都是精心挑选出来的，在公信力与专业性方面都可信可靠，可以依托的组织类型。在该项目中有两家组织分别是 GH 和 CZ，一家来自成都市，一家是来自社区营造做得好的外地组织，两家组织在运作过程中都本着支持性的能力建设性的角度来进行。这一点特别符合 2016 年 12 月 30 日财政部和民政部出台的《关于通过政府购买服务支持社会组织培育发展的指导意见》的相关要求。

100 家社会组织则是具体的运作方，它们能力参差不齐，有些甚至连自身的队伍都还不健全，但是通过支持性的运作，他们在社区营造项目中不仅作出了不少贡献，还获得了资金和能力的支持，自身能力也得到成长，这种三合一模式的独特优势就产生了出来。

三、下一步工作的建议

（一）项目的延续至关重要

我们至少能够看到以下三个方面的理由：

第一，绝大多数社会组织都因社区营造项目而开始受益。社会组织已经进入一个新平台，在组织的方面上表现为他们开始有了全新的感觉，队伍被激活，有的甚至招收了新的成员。他们正处在一种组织发展的转折点上，很多组织需要社区营造项目的持续开展和深度挖掘而沿着原来积极的脉络向前行进。

第二，项目本身更是有待于继续前行。许多优秀和良好的社会组织已经有了自身项目的初步模式，这通常代表他们的某种创意和探索，代表技术含量的增加和项目模式的逐渐成熟，他们需要将项目模式进一步加强巩固，需要积累沉淀，最终成熟起来，并且在本社区内扎根并扩大更多的受益人群上，然后再向周围的社区辐射。

第三，社区治理是一个独特类型的项目，它代表社会发展当下最前沿的方向，代表在社会治理方面的改革精神。它的出现让社区公众开始在服务上受益、民主式的参与。这种模式继续向前推进，在深层次上符合社会发展的理念。

（二）支持平台性机构的能力位居核心地位

当下社区营造项目的运作中，其核心精髓就是支持型运作，通过“三合一”的方式让支持型社会组织来协助具体服务的实施与能力提升。

尽管当下两家支持型社会组织的能力已经属于领域里的佼佼者，但是要想提高整体性的项目运作水平，关键的突破点仍然在于支持型机构的能力。我们看到整个购买服务的理念方向、实施运作的社会组织的动机、自主性空间、社区公众的需求的激活水平都已经达到了较好的水平，要想在整体上再提升该项目的服务效果与运作水平，关键还是支持性平台本身的能力提升。

要想做到这一点也是有路径可循的，关键是要突破本地资源的局限性，在全国范围内进行学习与交流。例如，可以让更多的支持力量进入支持性平台，它们未必亲自操作，却可以进行相互交流与学习，让真正实施支持作用的社会组织开阔眼界提升能力，从而更好地为具体开展社区营造的社会组织服务。

（三）一些机构可以改进项目模式

经由一年的运作以及最后的评估可以看到，当下100家社会组织的项目中，许多项目的模式具有一定的改善潜力，许多社会组织的认识可以继续提升，具体表现为以下几个方面。

第一，从社会服务到议事协商的距离问题。许多社会组织是从社会服务入手的，有的会快速切入议事协商，有的则在社会服务上停留很久很深入。其实两者都有可取之处，那些快速进入议事协商的社会组织未必做得不成功，而那些在社会服务做得更为深入的机构也奠定了一个良好的基础。另外社会服务本身也可以成为社区营造、社区治理的一个初级组成部分，关键的是让社会组织认识到从社会服务到议事协商以及更高层级的社区治理之间的距离并没有想象的那样长，不管是快速向前递进还是在初级阶段停留更久都要成为自己的主动决策，而不要成为畏惧的产物，进而拒绝自我突破、自我成长和自我改善。

第二，从基础性社区组织到议事协商的距离。有的社会组织希望进入后者，但却不敢前行，而是在基础性社区组织的建设上下功夫。但一些社会组织的运作经验显示，这其中的距离没有想象的那么长。尽管社区自组织的建设有助于议事协商的解决，但一些组织的运作经验表明通过单纯的服务也可以快速直接进入目的地，而不用在前期阶段过多地投入。

第三，一些社会组织的项目模式需要改善，比如社区青年志愿者项目，它纯粹是为了动员社区里的青年的参与而设计的项目。但是通常更应该以社区的需求为核心而不是以社区里的特定群体为核心来设计项目。当然社区里的青年是需要得到动员和加入，这个时候可以让这个项目与其他社区营造项目结合起来，将它们动员志愿者的理念加入进来。不然，如果以特定群体的动员为项目的核心内容，那么就有可能会落空。

第四，第一年得分低的项目未必在来年不值得支持，得分低有诸多原因，比如某机构有良好的人员队伍，有良好的理念和行为动机，但在第一年做得并不成功，得分也并不高。如果给它们的项目模式的改善加以指点，让它们走入正确的轨道，那么在第二年便有希望做出更好的效果来。

（四）未来的项目发展：一个值得深化讨论的空间

在我们走访社区中会发现，一些项目在接下来的一年具有进一步深化的潜力。这里谈到的是深化而不是改善，它们在第一年的项目运作模式是对的，但在来年的运作过程中可能就意味着项目模式的改善或深化。比如某组织的“坝坝宴”项目，经由宴席场所的建立，传统习俗生活有一个特定的活动空间，但我们恰好也可以利用这个空间来影响居民进入更现代更具文明性的现代“坝坝宴”的轨道上来。再比如老年人活动中心，现在已经有了空间有了活动模式，但在未来该模式可能有两条发展轨道，一条是建得外表更漂亮，更具外在的观赏性；另一条是做得更落地，从老年人加入日常活动到为一些特殊老年人进行特殊的照料，显然后者更符合社区的需求，也使服务项目更加深化，可以鼓励和引导他们往这方面走。

另外一些项目的模式将更加成熟起来并沉淀下来，运作社区营造的组织也已经意识到了自己的这份收获，整个社区营造项目可以基于单个组织的收获将各自组织的优秀项目总结出来，成为社区营造的成果之一，可以用于指导社区营造里的其他社会组织，也可以用于其他未进入社区营造的项目、未进入社区营造的社会组织，甚至非本地的社会组织参考和学习。

附录3：肖家河街道社会组织发展中心中期评估报告

【摘要】

受成都市高新区肖家河街道委托，本评估小组承接了肖家河街道社会组织发展中心（以下简称中心）的评估工作。评估小组由四人组成，采用参与式的评估工具，从项目管理、机构管理、员工和志愿者管理、财务规章制度、危机管理、沟通和参与机制六方面作出评估。

通过对肖家河街道社会组织发展中心的全面评估，评估小组认为，该中心正按照项目计划稳步推进各项工作。从机构资料、员工介绍、受益人访谈三种方式了解的情况看，项目执行达到预期。

评估结论和建议如下：

1. 项目管理

中心工作人员于2017年8月启动了肖家河街道社区“需求与资源调研”工作。中心通过调查的方式为后期项目的设计和执行提供了依据。项目执行方基本按照项目进度执行本项目，团队内部对项目进度进行监测，预期在项目结束前能够完成项目计划。中心通过社区需求与资源调研完成了3万余字的调研报告，同时根据项目计划书和项目执行计划逐步完成项目内容，每项内容都有相应的材料辅助说明。

项目执行机构制定了政策和方法用以搜集服务对象的满意度，通过对中心服务的社会组织的访谈，它们对中心提供的服务非常满意。未见中心根据项目目标指定相应的成效指标。未见中心对项目成效的自评。

评估小组建议：调查问卷的设计可以更加科学，以便需求调研更有针对性，调查结果更加准确。拓宽意见搜集的渠道，组织社会组织会议时在内容和会议形式上作一些改进。

2. 机构管理

评估结论：项目执行机构上海恩派社会创新发展中心内部管理制度完善，机构有专家全程对项目进行监测和督导，能够确保对项目进行有效监管和支持。项目管理计划完善。内部汇报和反馈机制完善，项目组保持和项目委托方的定期交流。

评估建议：定期召开由街道、社区、社会组织、社工、中心、公益创投项目督导等相关方共同参与的“肖家河街道社会组织发展中心三社联席会议”，是一种良好的创新，是否可以通过更好的方式，将这一机制进行延续。

3. 员工和志愿者管理（本评估不涉及该部分内容）

4. 财务制度管理

中心建立了《财务管理制度（肖家河街道社会组织发展中心守则）》，对财务审批权限及流程管理、财务印章管理制度、财务报销制度、开具发票管理制度、项目管理财务制度进行了详细的说明。

5. 危机管理

评估结论：未查询到对服务对象隐私权、申诉权和知情同意权相关的管理制度条款。尚未涉及需要越过中心工作人员向其上级投诉、举报的情况。未见关于服务对象个体的保密条款。未见中心场地配置消防器材和应急用品。没有了解到中心是否制定安全应急预案。未见关于人身保护的相关规定，未见相应的风险预案。

评估建议：中心可根据实际情况，完善管理制度手册，增加保障服务对象隐私权的条款；明确服务对象申诉的渠道畅通、反馈机制健全；增加“对人”的保密条款。增加消防器材和应急用品，悬挂安全逃生图。增加人身保护的相关规定。

6. 沟通和参与机制

评估结论：中心通过简报、会议、社工督导、微信群等方式和街道、社区、社会组织保持密切沟通。从社会组织的反馈来看，这样的沟通方式有效。目前中心工作人员直接受理服务对象的意见和反馈，未评估到街道和社区对中心的意见处理渠道。

评估建议：多增加一些社会组织间的横向沟通，帮助打破社会组织间的屏障，拓宽组织负责人的服务思路和理念，协调组织间互通有无、取长补短。建议中心建立公开、透明、有效的问责处理机制，包括内部处理问题的渠道、责任人，以及外部的信息搜集、信息反馈方式。

【详细内容】

受成都市高新区肖家河街道委托，本评估小组承接了肖家河街道社会组织发展中心（以下简称中心）的评估工作。

肖家河街道社会组织发展中心项目由上海恩派社会创新发展中心承接。自 2011 年开始，肖家河街道开始尝试引入社会组织参与社区发展治理。近年来，肖家河街道逐步推动政府职能转变，积极培育和发展社会组织以不断满足辖区公共服务需求，在社区发展治理方面取得一定成果，但也面临社区治理专业性不强、组织化不够等瓶颈。2018 年，在学习中共中央、国务院《关于加强和完善城乡社区治理的意见》，以及 9 月 2 日成都市社区发展治理会议的内容，并结合成都市社区治理领域的一系列重大举措和本街道社区治理工作的推进步伐下，肖家河街道与上海恩派社会创新发展中心合作，建立了肖家河街道社会组织发展中心。

中心致力于打造肖家河街道层面的集办公、活动、展示和外联等于一身的社会组织与社区营造支持型区域枢纽平台。通过引入和培育社会各领域的优秀社会组织，向社区居民提供优质公共服务、引导居民参与社区治理，实现社会组织参与社区服务、政府购买服务、资源整合与能力建设功能，致力于落实肖家河“党委领导、政府负责、社会协同、公众参与、法制保障”的创新社会治理格局。

中心通过联结政府、社会组织、社区三方联动，围绕培育支持引导、社会建设咨询、调研社区需求图谱等方面，提供社会组织发展的管理、服务工作。同时，解决探索（社区）社会组织发展模式、社区自治路径，以提升（社区）社会组织参与社会治理的能力和服务水平。

目前，项目执行时间过半，评估小组确定开展本次中期评估的工作，旨在通过参与式评估的方式，帮助中心对半年来的工作进行梳理和回顾，试图深度挖掘项目执行过程中的亮点和特色。同时，找出缺点和不足，在下一个项目周期进行完善。希望通过评估的方式，帮助中心工作人员进行反思和总结，以行动研究的视角，帮助项目和机构实现发展。

本次评估采用的工具为“参与式社区公益服务项目评估体系”。评估体系包括五个范畴：项目管理、机构管理、员工和志愿者管理、财务制度管理、危机管理、沟通和参与机制。本工具由成都市民政局委托四川大学民政部国家社会工作专业人才培训基地进行研发。评估小组认为，使用该工具可以达到全面评估肖家河街道社会组织发展中心的目的。

（一）评估流程

本次评估分为前期准备、实地评估、撰写评估报告三个阶段。

1. 前期准备阶段（2017. 12. 1—18），评估小组主要完成了以下工作：（1）同中心进行沟通，确定评估的时间、内容和范畴；（2）中心搜集、整理评估需要的材料，并发送电子版给评估小组；（3）评估小组成员认真阅读评估相关材料；（4）评估小组确定评估方案，发送给中心；（5）双方确认评估方案；

2. 实地调查阶段（2017. 12. 18），评估小组完成了以下工作：（1）双方介绍参加评估的人员；（2）中心介绍近半年来的工作；（3）评估小组查阅纸质材料；（4）访谈项目利益相关方（中心支持的机构负责人）；（5）评估小组讨论，汇总初步的情况和意见；（6）将初步意见反馈给中心，双方就其中一些不太清楚的情况再次进行讨论；（7）评估小组最后审议，确定评估结论。

3. 撰写评估报告阶段（2017. 12. 19—30），评估小组完成了以下工作：（1）专人撰写评估报告初稿；（2）其他成员审阅初稿，提出修改方案；（3）评估报告定稿。

（二）评估模块

1. 项目管理

标准 1——服务需求：项目执行机构应确保项目设计客观、真实、及时、有效。同时，项目设计应满足社区的需求，并一定程度上满足机构自身、资方的需求，并符合当地行政主管部门的政策要求。

评估结论：中心工作人员于 2017 年 8 月启动了肖家河街道社区“需求与资源调研”工作。用四个月时间进行了面向社区干部、居民领袖、居民团体、社区居民的调查。通过分析问卷和访谈内容，加深了对社区的认识，挖掘了居民的需求，明确了当地行政主管部门的政策要求，了解了社区干部的工作。可以认为，中心通过调查的方式为后期项目的设计和执行提供了依据。

评估小组建议：调查问卷的设计可以更加科学，例如面对不同年龄段的居民，应该分别设计不同的调查问卷，以便需求调研更有针对性，调查结果更加准确。

标准2——项目目标：项目执行机构针对服务对象和项目内容确定项目目标，并制定项目进度表。

本项目的总目标为：在肖家河建设1个硬件和软件结合的肖家河街道社会组织发展中心，通过肖家河街道社会组织发展中心的制度建设，日常运营管理，集中力量打造肖家河街道的公益力量聚集地，使肖家河街道社会组织发展中心集公益组织办公、公益活动开展和公益创想“三位一体”的公益建设阵地。

分目标为：

(1) 通过搭建肖家河街道社会组织发展中心这一有形载体，整合驻区单位、专业社会组织、街道各科室等社区内外部资源，探索建立肖家河街道社会组织培育与引导社会组织参与社区营造工作的可持续性发展机制。

(2) 完善肖家河街道社会组织发展中心管理运营制度：制定社会组织服务中心基础制度、社会组织管理服务制度、群众活动团队规范管理、建立项目引入和项目监测机制。

(3) 通过系统的能力建设，提升和改善社区干部、社区工作者、社会组织工作人员等相关方参与社区营造的能力水平，使其更好地发挥作用。

评估结论：

(1) 硬件建设：在评估过程中，评估小组看到了中心的建设实体，也通过图片了解到了打造之前的状况。据工作人员介绍，该中心位于肖家河街道养老服务中心（目前在三楼经营）的二楼，由多功能空间、走廊、办公区三部分组成。多功能空间可用于开会、排练、举办小型活动等，有电源和投影设施，墙上有彩绘和粘贴的宣传品；走廊目前交由社区自组织“故事小屋”管理，用于摆放该组织的图书等物品，同时也是该组织开展活动的场地；办公区有中心工作人员和引进的社会组织的办公位，还有一个小型的会议区域。评估小组认为，中心硬件建设已经完成。至少可以实现总体目标中“集公益组织办公、公益活动开展和公益创想三位一体的公益建设阵地”中的前两项。同时评估小组提出，一楼中心的标示较小、室内布置可以更加活泼、办公位可以设置更多等建议，中心工作人员解释是因为明年中心将搬往另一办公地点，因此目前的场地为临时使用。

（2）软件建设：目前中心按计划正常运营。按照项目进度，已经完成组建肖家河社区营造智囊团、设计社会组织培育工具包、组织公益创投等工作。另有几项工作正在进行中，分别是：组织社区书记联席会、中心日常运营、重点培育10个居民团队、微公益项目监测、线上20门课程学习、公益创投后续服务等。另“社区治理论坛”板块为项目后期重点工作。

通过对照项目方提供的项目“执行计划”，评估小组认为，项目执行方基本按照项目进度执行本项目，团队内部对项目进度进行监测，预期在项目结束前能够完成项目计划。

标准3——服务范围：项目执行机构确保服务的时间、周期、区域、人群、活动符合项目设计和当地社区、服务对象的需求。

评估结论：中心通过社区需求与资源调研完成了3万余字的调研报告，对项目背景进行了整理和归纳。同时根据项目计划书和项目执行计划逐步完成项目内容，每项内容都有相应的材料辅助说明。中心同时提供了活动总结和活动简报。通过访谈也部分印证了材料的真实性。

标准4——服务质量评估：项目执行机构关注服务对象的满意度，并在客观、公正的基础上，持续改善服务质量。

评估结论：项目执行机构制定了政策和方法用以搜集服务对象的满意度，包括问卷、电话、微信等方式。中心提供了满意度调查表，辅助说明被服务对象对中心工作的满意程度和建议。通过对中心服务的社会组织的访谈，他们对中心提供的服务非常满意。几乎所有被访谈者对中心的服务都给了满分。被访谈者对工作人员的敬业精神、专业能力、项目思路等方面都有较高的评价。同时，中心通过会议和微信的方式（即面对面和在线两种方式）向服务对象征求意见，并能及时提供反馈信息，根据建议调整工作。

评估建议：虽然执行机构建立了质量评估的办法，但是从服务对象填写“2017 年肖家河街道公益创投项目满意度调查表”的情况来看，很少有服务对象用文字的形式反馈他们的意见。然而在访谈的时候，他们有一些明确的意见，也有很多非常好的建议。因此，是否可以考虑拓宽意见搜集的渠道，例如一对一面谈、主动提问、借助社工督导反馈、询问社会组织的服务对象等方式。另外，我们观察到，通过评估访谈，各个社会组织分别介绍了自己的工作情况和工作内容，也谈了自己的困惑和需求。而这些困惑和需求恰恰是另外一些组织可以帮助解决的。因此，会后部分社会组织成员进行了进一步的沟通，就下一步的合作达成了初步意向。我们了解到，中心之前也举办过社会组织参与的会议，因此建议在会议内容和会议形式上作一些改进。

标准 5——服务成效：项目执行机构在项目设计阶段确定项目预期成效，并指定相应的指标。

评估结论：未见中心根据项目目标指定相应的成效指标。未见中心对项目成效的自评。

2. 机构管理

标准 1——机构内部管理：项目执行机构通过组织内部管

理（包括组织领导、项目质量、资本管理、实施方案、工作计划等），确保承接的项目按照计划顺利推进。

评估结论：项目执行机构上海恩派社会创新发展中心内部管理制度完善，机构有专家全程对项目进行监测和督导，能够确保对项目进行有效监管和支持。项目管理计划完善。内部汇报和反馈机制完善，项目组保持和项目委托方的定期交流。

标准2——机构对外交流：项目执行机构确保机构与社区的融合、项目负责人的专业性，并促进社区的内部交流。

评估结论：项目执行机构为项目进去社区做了大量的铺垫工作。例如长达四个月的“街道与社区需求与资源调研”，和社区书记建立联席会议，

评估建议：值得一提的是，据工作人员反映，原计划定期召开由街道、社区、社会组织、社工、中心、公益创投项目督导等相关方共同参与的“肖家河街道社会组织发展中心三社联席会议”，因为种种原因没有很好地得到执行。评估小组认为，这样的活动是一种良好的创新，是否可以通过更好的方式，将这一机制进行延续。

（1）项目执行机构确保项目融入服务的社区，并与在地的各利益相关方充分交流，健全沟通和问责机制。

（2）项目执行机构确保项目之执行人员的专业资格和专业性，并提供有关证明，以确保服务对象能够得到专业的服务。

（3）项目执行机构通过建立管理制度及措施，促进社区内部交流，建立社区支持网络、凝聚社区力量，并且保持可持续性。

3. 员工和志愿者管理（未进行评估，略）

4. 财务制度管理

标准1——财务管理制度：项目人员确保在本项目执行过程中，严格执行相关的财务政策和制度。

中心制定了《财务管理制度〈肖家河街道社会组织发展中心守则〉》，对财务审批权限及流程管理、财务印章管理制度、财务报销制度、开具发票管理制度、项目管理财务制度进行了详细的说明。

需要核实工作人员是否接受过财务培训，是否知晓如何执行财务政策和制度。

5. 危机管理

标准 1——权利保障：服务对象的隐私权、申诉权和知情同意权得到保障。

评估结论：从现场评估的情况看，中心为开放场所，场地比较公开，暂没有需要为服务对象提供隐私场所的需求。在《肖家河街道社会组织发展中心管理制度手册》中，未查询到对服务对象隐私权、申诉权和知情同意权进行保护的相关管理制度条款。在对服务对象访谈的时候，服务对象和中心工作人员的沟通都是双向、直接的，尚未涉及需要越过中心工作人员向其上级投诉、举报的情况。

《管理制度手册》中有关于信息、协议、会议记录、知识产权等资料的保密条款，但未见关于服务对象个体的保密条款。

评估建议：中心可根据实际情况，完善管理制度手册，增加保障服务对象隐私权的条款；明确服务对象申诉的渠道畅通、反馈机制健全；确保服务对象的知情同意权得到保障；确保儿童参加活动的时候，家长知情且同意。建议增加“对人”的保密条款，包括中心对服务对象的保密以及接受服务对象对提供服务的社会组织的投诉、建议的保密条款。

以上条款，建议以公开方式，确保服务对象、街道、社区、社会组织和其他利益相关方都能够了解到。

标准 2——环境安全：项目执行机构采取恰当措施以确保环境安全，进而保障服务对象和相关人士的人身、财产安全。

评估结论：未见中心场地配置消防器材和应急用品，悬挂安全逃生图。没有了解到中心是否制定了安全应急预案。

评估建议：增加消防器材和应急用品，悬挂安全逃生图。可以考虑对员工进行安全教育，制定应急预案，并定期组织逃生演练，以确保服务对象的安全。

标准3——人身保护：项目执行机构制定相关的程序规范，保障服务对象和相关人员免受语言、人身、性侵等伤害。

评估结论：未见《管理制度手册》中有人身保护的相关规定，未见相应的预案。

评估意见：在管理制度手册中增加人身保护的相关规定，制定预案，以确保伤害发生后能有效处理和问责。同时通过员工培训的方式提高员工识别、处理伤害事件的敏感度和警惕性。

6. 沟通和参与机制

标准1——知情：项目执行机构设立有效沟通机制，建立可行的沟通途径，以确保服务对象、合作机构以及其他利益相关方对于服务的提供、内容具有知情机会和途径。

评估结论：中心通过简报、会议、社工督导、微信群等方式和街道、社区、社会组织保持密切沟通。从社会组织的反馈来看，这样的沟通方式有效。同时，社会组织对中心还有很多比较细节的需求，他们通过私卜交流的方式，和中心校工作人员保持良好的互动。对此，参与评估的社会组织负责人都有很高的评价。

评估建议：多增加一些社会组织间的横向沟通，帮助打破社会组织间的屏障，拓宽组织负责人的服务思路和理念，协调组织间互通有无、取长补短。

标准2——问责：项目执行机构有渠道获得服务对象和其他相关方的意见和反馈。

评估结论：目前中心工作人员直接受理服务对象的意见和反馈，未评估街道和社区对中心的意见处理渠道。

评估结论：建议中心建立公开、透明、有效的问责处理机制，包括内部处理问题的渠道、责任人，以及外部的信息搜集、信息反馈方式。

【展望】

通过评估，整个评估小组见证了半年来中心的运营和发展，了解了中心工作人员和协议方恩派的工作思路。因此，评估小组对中心下半年的工作充满期待，并为下一步的工作提供一些建议：

1. 案例集：根据项目计划书，项目后半期计划完成一份案例集，案例集不是简单的对公益创投项目的总结和汇编，也不仅仅是对中心一年工作的记录，而应该是对中心的政策指导、利益相关方分析、运营模式、经验和不足等相关问题的全面系统整理、总结和反思。是对中心从无到有协调各方张力的体现，是一次全面的梳理和升华。

2. 社区督导：将辖区内持有社工证的人员动员起来，参与到辖区的营造是非常好的想法，目前看来也卓有成效。通过评估小组和中心以及接受访谈的组织负责人的交流来看，从接受督导的社会组织的角度看，社工督导既可以帮助组织加强项目管理和机构管理，也能够协助组织及时发现项目执行过程中遇到的问题和困难，还能帮助组织进行活动信息的上传下达。从政府角度看，社区督导能够增加街道和社区了解社会组织工作的途径，遇到和社会组织相关的问题的时候能够直接获取专业的意见，也能够更好地把党的政策和方针通过督导转化成社会组织熟悉的工作方式。虽然社区督导这一模式正处在起步阶段，期待的这些目的没有完全达到，但我们有理由相信，梳理这些方式方法、整理经验教训，将这一创新形成有特点、可复制、可推广的模式，可能成为下一步工作的亮点。

【反馈、解释权、保密与投诉】

反馈：被评估机构可在收到评估报告 5 个工作日内，向评估小组进行反馈。反馈的内容包括但不仅限于评估小组提出疑问的章节、评估报告里描述不准确的地方内容、评估小组描述错误的地方内容、评估小组没有评估到但是被评估机构认为应该在报告中体现的内容等。评估小组和被评估单位应根据相应内容和相关证据再次进行沟通，修改评估报告内容或由评估小组长给予解释。

解释权：评估小组对评估报告的内容负有解释权。本评估的委托方肖家河街道办事处对评估工作负有最终解释权。

保密：评估小组承诺，对被评估机构提供的项目和机构相关文件、材料、影音资料等所有资料进行保密，不做本次评估之外的其他用途。对评估过程中对被访谈对象进行的录音，仅做评估使用，不对外公布，也不擅自分享给被评估机构和委托机构。评估结束 1 个月后，删除备份的电子文档。

投诉：为保证评估工作公正、透明，被评估单位可就评估内容、评估员行为规范、评估流程、评估保密条件等内容向委托方或评估仲裁委员会投诉。

委托方投诉受理人：××× 电话：××××

评估仲裁委员会投诉受理人：××× 电话：××××

附录4：成都市武侯区社会企业扶持办法（试行）

第一章　总　则

第一条　为贯彻落实成都市人民政府办公厅《关于培育社会企业促进社区发展治理的意见》、武侯区人民政府办公室《成都市武侯区关于培育社会企业促进社区发展治理的意见》，大力培育扶持社会企业，引导鼓励社会企业参与社会事务、协助解决社会问题，充分发挥社会企业在社区发展治理与服务中的积极作用，按照有关法律、法规、政策要求，结合武侯区实际情况制定本办法。

第二条　参照《成都市武侯区关于实施产业立区战略若干政策的意见》，对本办法所涉及扶持、奖励、补贴和资助予以保障。

第三条　本办法支持对象为武侯区社会企业，是指登记注册、税务解缴、统计关系均在武侯区，以协助解决社会问题、改善社会治理、服务弱势和特殊群体或维护社区利益为宗旨和首要目标，以创新商业模式、市场化运作为主要手段，所得盈利按照其社会目标再投入自身业务、所在社区或公益事业，且社会目标持续稳定的特定企业类型。

第四条　组织管理。为加强在社会企业发展方面的统筹协调，建立武侯区社会企业发展联席会议制度，联席会议成员单位主要包括区国资和金融办、区委社治委、区发改局、区民政局、区财政局、区商务局、区投促局、区行政审批局、区市场和质量监管局、团区委、区妇联、区工商联、区残联、区税务局等单位，主要负责社会企业支持项目申报、评审及其他支持社会企业发展的工作事项，联席会议至少每个季度召开一次会议。

第二章　主体支持

第五条　便利社会企业登记。制定社会企业登记管理具体措施、办法、社会企业章程示范文本，开辟社会企业登记注册绿色通道，简化行政审批流程，提供一站式服务。

第六条　放宽社会企业住所（经营场所）登记条件。允许社会企业的住所和经营场所分离登记，实行“一址多照”“一照多址”。社会企业可按照《成都市企业集群注册登记管理办法》，以住所托管方式申请企业集群注册。

第七条　放宽社会企业经营范围登记条件。尊重社会企业对其经营范围表述方式、表述内容的个性化需求，允许社会企业参照《国民经济行业分类（GB/T4754—2017）》自主申报经营范围，对涉及偏、冷、新产业（业态）的，可参照相关行业标准、参考文献或约定俗成的方式予以核定。

第八条　放宽社会企业名称登记条件。支持企业在名称中使用能够体现其行业经营特点的创新组织管理形式、创新商业经营模式等表述用语。对获得认定的社会企业，申请人可以使用“社会企业”字样作为企业名称中的经营特点，向登记机关申请名称变更。

第九条　鼓励参与认定。对通过成都市工商局认定的武侯区社会企业，经区市场和质量监管局核定，给予一次性 10 万元支持；对通过美国 B-Corp 等国外社会企业权威认证机构认定的武侯区社会企业，经区市场和质量监管局核定，给予一次性 8

万元支持；对被国内社会企业权威认证机构中国慈展会认定为“金牌企业”“中国好企业”“社会企业”的武侯区社会企业，经区市场和质量监管局核定，分别给予一次性8万元、5万元、3万元支持。每年根据实际情况调整年度支持总额。

第三章 业务支持

第十条 孵化培育支持。通过政府购买服务的方式，引进第三方专业机构，负责运营区级社会企业孵化培育平台，依据社会企业发展的不同阶段对接各界资源，并按阶段、按需求为武侯区社会企业提供登记认证辅导、业务模式梳理、能力建设、品牌传播、产品对接、社企金融等服务。

第十一条 建立观察社会企业库。进入武侯区观察社会企业名录库的可优先享受孵化培育平台提供的各类免费、低偿服务。

第十二条 办公用房租赁补贴。对通过成都市工商局认定的武侯区社会企业，自通过认定之日起，按不超过20元/平方米/月的标准给予房租支持。同一社会企业享受房租支持不超过2年，在100平方米内据实补贴。享受房租支持期间不得转租、转借或者闲置享受补贴的租房，但为开展实现社会企业经营宗旨的业务活动所需而转租、转借的除外。

第十三条 人才支持。对全职在武侯区社会企业工作的高层次专业人才，经区人才工作领导小组认定，按照《成都市武侯区引进高层次创新创业人才实施办法（试行）》和《成都市武侯区关于开展“武侯区优秀人才培养计划”的实施办法（试行）》有关规定，享受相应的资金资助，并且在户口迁移、人才公寓、子女入学、医疗保障等方面由区级相关部门给予便利。

第四章　财税支持

第十四条　政府购买服务支持。将社会企业纳入政府购买服务范围，其购买服务的流程、标准和权责，参照《成都市武侯区政府向社会组织购买服务实施意见》执行，享有与社会组织同等的购买服务政策支持。

第十五条　税收支持。对通过成都市工商局认定的武侯区社会企业，经区市场和质量监管局核定后，自通过认定之日起，以其对武侯区实际经济贡献为参照值，前两年按 100% 给予扶持。

第十六条　信贷支持。对获得“武侯成长贷”，且通过成都市工商局认定的武侯区社会企业，按同期人民银行贷款基准利率计算给予贷款利息 10%、每户每年总额最高 10 万元的经费补助。

第五章　资源支持

第十七条　学术研究支持。鼓励相关专业机构、专家开展社会企业学术研究。每年安排一定资金，设立学术支持项目，鼓励相关专业机构、社会企业、专家申请项目，通过项目立项的方式支持学术研究。研究项目包括理论研究、政策研究、企业实践、行业数据库研究等，对在社会企业领域具有重要影响，并且对武侯区社会企业发展具有重要贡献的学术成果给予相应支持。

第十八条　鼓励成立社会企业协会或联合会。对符合《社会团体登记管理条例》，并在武侯区登记，企业会员数量达到 50 个以上，组织管理规范，能够有效地为社会企业提供其所需要的信息服务、资源整合服务、管理能力提升服务、宣传服务，并产生良好社会效益的社会企业协会或联合会给予一次性 5 万元的活动经费支持。

第十九条 公益创投支持。鼓励成都市武侯社区发展基金会以公益创投的方式筛选出市场潜力大、创新能力强的社会企业项目给予资助，支持社会企业发展。

第六章 创新支持

第二十条 鼓励招新引优。对通过成都市工商局认定的非武侯区社会企业，企业总部落户武侯区的给予一次性12万元支持；对通过美国B-Corp等国外社会企业权威认证机构认定的社会企业，企业总部落户武侯区的给予一次性10万元支持；对被国内社会企业权威认证机构中国慈展会认定为“金牌企业”的社会企业，企业总部落户武侯区的给予一次性10万元支持；被中国慈展会认定为“中国好企业”的社会企业，企业总部落户武侯区的给予一次性6万元支持。

第二十一条 鼓励参与各类社创大赛。每年组织“优秀社会企业案例”评选活动，对获奖者给予最高5万元奖励。鼓励武侯区社会企业代表武侯区参加市级及以上政府主办的公益类、企业类大赛，对获得前三名的参赛社会企业，给予最高10万元的奖励。

第二十二条 重要活动及论坛支持。对承办与社会企业相关，国际性、全国性、全省重大活动及论坛的服务机构，活动方案报经区政府审批同意，根据活动的影响力、规模、效果及实际支出等情况，给予最高50万元的经费补助，主要用于场地、设备租赁和专家嘉宾交通、食宿、酬金等。

第七章 扶持申报与审核

第二十三条 项目申报。符合条件的社会企业和组织都可以申报本办法所提供的支持，采用集中申报和随时申报相结合的方式。由相关主体提出申请，区委社治委联同区市场和质量监管局进行初步评审，然后提交武侯区社会企业联席会审定立项。

第二十四条 项目评估。采用政府购买服务的形式委托第三方对已获得支持的企业进行跟踪评估。发现有违规操作行为或未达到扶持期望的结果，提示整改或取消后续扶持，必要时追还已享受的扶持金额。

第八章 附 则

第二十五条 申报本办法的法人应承诺至少在3年内对法人登记注册、税务解缴和统计关系不做出改变。如确需变更，须提前告知并退还享受的扶持资金。因违规违法造成不良后果的，取消其享受本办法的资格，已享受的扶持资金须全额追还。

第二十六条 符合本办法扶持条件的社会企业，同时又满足武侯区其他扶持政策条件的，可按最优政策申报，不得重复享受；同一项目的同一事项或本办法中的同类扶持奖励政策不能重复申请，按照就高原则执行。

第二十七条 本办法中涉及扶持、奖励、补贴和资助的各项规定在执行过程中若遇国家、省、市新出台相关政策，则以国家、省、市最新政策为准，予以调整。

第二十八条 本办法自发布之日起30日后试行，有效期2年。

第二十九条 本办法由中共成都市武侯区委社区发展治理委员会、成都市武侯区市场和质量监督管理局负责解释。

中共成都市武侯区委社区发展治理委员会

成都市武侯区市场和质量监督管理局

2019年1月7日

后 记

读完此书，一幅成都社区营造的全景图完整呈现。这也是一个富有中国特色式的社区营造镜像。

为了应对社区居民缺乏社区公共参与、缺乏公共精神这一社区治理的历史性难题，2008 年以来，成都社区治理制度设计围绕“还权、赋能、归位”，用“社区—社会组织—社工”的“三社联动”模式力求改善社区中的种种问题，并取得了一定成效。但在“三社联动”如何联、怎么动的问题上遇到了瓶颈。四年前，成都在“社区是居民的”这个朴素的思想指引下，在全国率先开展了城乡社区可持续总体营造。它以“还权、赋能、归位”为主要思想，真正发动居民的主动性和主体性，通过支持型社会组织陪伴、社工对居民自组织进行能力建设、协助自组织集体行动提供社区生活公共问题解决方案，对社区资源进行全方位经营，建立社区可持续发展的社区基金，建立协商共治的治理机制，使社区成为有温度的生命共同体。三年多以来，成都的社区营造给成都城乡社区带来了新的变化，在全国产生了示范效应。

为了记录和总结这一必然对成都社区发展与治理产生重大历史影响的事件，成都伊甸社会工作服务中心申请了成都市社会组织发展专项基金的项目资助，在成都市民政局的指导下，邀请了四川省社会科学院、成都市社会科学院的研究人员，在成都参与社区营造实践中卓有成效的街道、社区、社会组织等行动研究者、参与者，共同组成了《社区营造工作指南》编辑委员会。我们尝试筛选成都市三年多的社区总体营造的案例，提炼社区营造的基本思路、原则、路径和模式，归纳社区营造的成功经验，整理社区营造过程中的教训，汇集成册，呈现于此，以期给全国目前正在兴起的以“三社联动”为主要形式的社区治理提供借鉴。

本书是集体智慧的结晶。总论由在全国率先推进社区营造的成都市民政局原基层政权和社区建设处处长江维负责撰写；政策篇内容由成都市民政局基层政权和社区建设处黄小宇提供；运营篇——地方政府视角下的社区营造由成都市民政局基层政权和社区建设处叶怀敏负责撰写；执行篇——社区调查、社区动员，政策篇以及创新篇，由成都市社会科学院社会学与法制研究所副研究员李春艳负责撰写；工具篇由成都市社会科学院社会学与法制研究所副研究员徐睿负责撰写；路径篇、他山之石由成都市社会科学院社会学与法制研究所副研究员卢晓莉负责撰写；执行篇——社区营造项目评估由原四川大学民政部国家社会工作专业人才培训基地钟平博士负责撰写；执行篇——社区营造项目设计由成都家园行动公益服务中心韦罗东负责撰写；执行篇——社区营造项目执行由成都市武侯区晋阳街道党工委委员、晋阳社区党委书记李含荣负责撰写。本书在一年多的写作过程中，还得到了很多社会组织的大力支持，为本书写作提供了大量素材。他们是：成都市高新区社会工作者协会、成都市锦江区爱有戏文化发展中心、成都幸福家社会工作服务中心、四川尚明公益发展研究中心、成都汇智社会工作服务中心、广州市天河区新塘街家庭综合服务中心、成都农禾之家公益发展中心、成都都江堰市春晖社会工作服务中心、成都市温江区涌泉滴水公益社会组织服务中心、成都市营养学会、成都市高新区爱有戏社会工作服务中心、成都爱达迅社会工作服务中心、成都责仁社会组织发展促进中心、袁天鹏议事规则工作室、武侯区红牌楼街道龙腾社区惠民综合服务中心、锦江区社会组织发展基金会、成都市和谐社区发展促进会、成都大同社会工作服务中心、肖家河街道社会组织发展中心、成都曙光社区发展能力建设中心、四川光华社会工作服务中心、成都公益组织服务园、成都童萌社会工作服务中心、成都朗力养老服务信息咨询有限责任公司。本书的插图由四川外国语大学社会学系肖彦老师创作。另外，全书统稿由李春艳负责，徐睿、卢晓莉等参与了修改；成都伊甸社会工作服务中心的周晓翔、张翠、朱晓彧参与了策划、出版等协调工作。四川省决策咨询委员会委员郭虹研究员、成都市社会科学院社会学与法制研究所所长王健研究员负责全书最终的统稿审稿。该项目同时也获得了2018 年度成都市哲学社会科学规划项目《成都城乡社区总体营造手册》（项目编号 2018M01）的最终成果。成都伊甸社会工作服务中心对以上参与者表示衷心的感谢。

尽管，社区营造一词是“舶来品”，可一旦在成都落地，呈现的全景及精彩程度已经充满了成都气息。本书梳理已经发生在成都的经验与案例，尽可能地覆盖这几年成都社区营造的镜像，但是，限于学识与眼界，百密一疏在所难免，若有遗漏或错误，敬请读者指出，以便再版时增补。

社区营造是一个漫长的过程，未来的精彩无法预览，但可期待，尤其是成都市委城乡社区发展治理委员会的成立，必将在统筹推进城乡社区发展治理体制机制改革，构建新型城乡社区治理体系方面发挥重要作用。成都伊甸社会工作服务中心《社区营造工作指南》编辑委员会全体成员衷心希望成都的社区总体营造能够持续深入开展下去，更希望由此产生的鲜活生动的案例，对全国同行有借鉴意义，以便让成都社区营造的星星之火，尽早、尽快在全国社区发展与治理的大地上燎原成势。

成都伊甸社会工作服务中心

《社区营造工作指南》编委会

2019 年 4 月 8 日

图书在版编目（CIP）数据

社区营造工作指南 / 王健主编．-- 北京 ：中国社会出版社，2019.6（2023.4 重印）
ISBN 978-7-5087-6190-9

Ⅰ．①社… Ⅱ．①王… Ⅲ．①社区建设－中国－指南 Ⅳ．①D669.3-62

中国版本图书馆 CIP 数据核字（2019）第 130994 号

出 版 人：程　伟　　终 审 人：王　前
责任编辑：郑双梅　刘延庆　　策划编辑：孙　研
封面设计：时　捷

出版发行：中国社会出版社　　地　　址：北京市西城区二龙路甲 33 号
邮政编码：100032　　编 辑 部：(010)58124831
网　　址：shcbs.mca.gov.cn　　发 行 部：(010)58124864；58124845
经　　销：新华书店

印刷装订：中国电影出版社印刷厂　　开　　本：145 mm × 210 mm　1/32
印　　张：12.75　　字　　数：300 千字
版　　次：2019 年 7 月第 1 版　　印　　次：2023 年 4 月第 3 次印刷
定　　价：60.00 元

中国社会出版社微信公众号

中国社会出版社天猫旗舰店